ŒUVRES COMPLÈTES

D'ÉDOUARD OURLIAC

THÉÂTRE
DU
SEIGNEUR CROQUIGNOLE

CHEZ LES MÊMES ÉDITEURS

ŒUVRES COMPLÈTES

D'ÉDOUARD OURLIAC

FORMAT GRAND IN-18

La Marquise de Montmirail............................	1 vol.
Nouvelles..	1 —
Les Portraits de Famille.............................	1 —
Les Confessions de Nazarille........................	1 —
Contes Sceptiques et Philosophiques.................	1 —
Théatre du seigneur Croquignole.....................	1 —
Les Contes de la Famille............................	1 —

Les autres Ouvrages paraîtront successivement.

POISSY. — TYP. ET STÉR. DE A. BOURET

THÉATRE

DU

SEIGNEUR CROQUIGNOLE

PAR

ÉDOUARD OURLIAC

PARIS
MICHEL LÉVY FRÈRES, LIBRAIRES ÉDITEURS
RUE VIVIENNE, 2 BIS, ET BOULEVARD DES ITALIENS, 15
A LA LIBRAIRIE NOUVELLE
—
1866
Tous droits réservés

LA
PREMIÈRE TRAGÉDIE
DE GOETHE

LA PREMIÈRE TRAGÉDIE DE GŒTHE

PERSONNAGES

WOLFGANG GOETHE.
FRITZ.
WILLIAMS.
MARGUERITE.

LE PÈRE.
LA MÈRE.
VOISINS, VOISINES.
ENFANTS.

u salon. — Un théâtre de marionnettes dans le chambranle d'une porte.

PROLOGUE

LE SEIGNEUR CROQUIGNOLE.

Permettez-moi, messieurs, en mouchant mes chandelles,
De causer un instant de ce qu'on joue ici ;
Ce ne sont, il est vrai, que farce et bagatelles,
Mais, si l'on est content, je le suis fort aussi.

Ma foi ! vive la joie et les parades folles
Où le héros survient, la perruque à l'envers,
Un bas gris, l'autre bleu, le chapeau de travers,
Et débute, s'il veut, par quelques cabrioles.

Ma catastrophe, à moi, c'est un coup de bâton;
Mon poignard, Arlequin le porte à sa ceinture;
Nos sabres sont de bois, nos noirceurs en peinture;
Et, si le dénoûment vous touche d'aventure,
C'est qu'on doit immoler un pâté de carton.

Je l'avoue, un soufflet qui se trompe de face,
Au fort de son courroux Cassandre qu'on fait choir,
Un coup de pied qu'on donne et reçoit avec grâce,
Un grand plat de bouillie en un manteau bien noir;
Gille, en fouillant au pot, qui se brûle à la braise
Et qui lèche en hurlant ses doigts enfarinés;
Quand celui-ci s'assied, l'autre tirant la chaise,
Et les portes toujours se fermant sur les nez,
Sont divertissements qui me font pâmer d'aise.
J'ai cru qu'il n'était rien pour vous mieux divertir.
Le tragique n'est sain qu'autant qu'il fait dormir.
D'ailleurs, je jouerais mal de pareilles sornettes,
On sait, quand vous pleurez, quelle mine vous faites,
Et je mourrais de rire en vous voyant gémir.

Qui, moi? j'irais vous dire une histoire effroyable,
Pleine d'horreur étrange et d'ennuyeux discours,
A vous, petits seigneurs, qui soupez tous les jours
Et qui ne savez rien de la vie et du diable!
Vous si purs, si joyeux, j'irais rider vos fronts,
Trousser à chaque coin vos lèvres si merveilles,
Pour un conte, un vain rêve, allonger vos oreilles
Et faire hérisser vos petits cheveux blonds!

C'est bien assez qu'on doive à quelque tragédie
S'assoupir et de pleurs inonder son voisin,
Quand on a quarante ans, une veste arrondie,
Un toupet, et qu'on est notaire ou médecin,
Comme votre grand-oncle ou votre vieux cousin.
C'est bien assez pour vous de pleurer le dimanche,

Quand il fait mauvais temps pour s'aller promener,
Quand un beignet trop chaud vous tombe sur la manche,
Ou qu'on ne vous sert point de la crème à dîner,
Ou lorsque par derrière on vous fait la grimace.
Ah! vous n'aurez que trop de sujets de souci,
Et plus tard, pour la joie il reste peu de place.
Riez, mes chers enfants, riez du moins ici.
Arlequin de plus belle aiguisera sa latte,
Gilles vous garde encor ses lazzi les plus fins,
Nos vieux, pour vos beaux yeux, voudront bien qu'on les batte
Et Pierrot chantera ses plus jolis refrains.

Mais pour ce que j'en dis, au moins, n'allez pas croire
Que nos fifres usés ne sachent plus qu'un son
Et que l'on joue ici d'une seule façon.
Le cœur de notre auteur est comme une écritoire
Où l'on puise aussi bien le rire que les pleurs,
Et dont l'encre à son gré, quoique toujours fort noire,
Crayonne une épitaphe ou des couplets railleurs.
Il n'en coûte pas plus de hurler que de braire,
Et qui feint de pleurer peut feindre le contraire.
Assurez-vous de nous, Dieu merci, nous avons
Deux cordes à notre arc comme à nos violons.

C'est une tragédie; et du meilleur poëte !
Que nous avons enfin voulu vous faire voir,
Quant à l'auteur, messieurs, il suffit de savoir
Que ceux de mon pays l'appellent Wolfgang Gœthe.
Gœthe que l'on connaît universellement !
Gœthe qu'on prisa tant ! qui fut un si bon maître !
Vous pourriez néanmoins ne le pas bien connaître,
Je vous dirai qu'il fut un auteur allemand.
Vous le lirez beaucoup dans un autre moment.
Ladite tragédie est son premier ouvrage ;
Il avait bien sept ans quand il la composa
Pour de petits pantins qu'un jour on lui laissa.

Voilà ce que lui-même en conte à quelque page.
Or, ces mêmes acteurs sont tombés en nos mains
Après avoir longtemps couru les grands chemins,
Et ce sont eux, ce soir, qui rejoûront la pièce.
N'allez pas leur crier qu'ils manquent de noblesse
Et n'ont qu'un mouvement, comme les avocats,
Qui va de bas en haut et puis de haut en bas.
Songez qu'ils sont du bois dont on fait une équerre,
Et savent mille tours que d'autres n'osent guère :
Ils se peuvent sans peur casser jambes et bras ;
Ils feignent d'être morts mieux qu'hommes de la terre,
Et vos sifflets d'ailleurs ne les blesseraient pas.

S'ils vous tournent le dos de façon malhonnête,
Ou mêlent au débit quelque geste douteux ;
S'ils bégayent parfois, la faute est au poëte,
Qui tire la ficelle et doit parler pour eux.
Le fond de l'œuvre est grave et le détail frivole.
Quand l'auteur l'écrivait, il allait à l'école,
Il était tout petit, comme vous aujourd'hui.
Amusez-vous aussi de cette faribole
Et tâchez quelque jour d'être grands comme lui.

SCÈNE PREMIÈRE

WOLFGANG, seul.

Quoi ! il n'est encore que trois heures ! maudite pendule, maudites aiguilles ! comme elles marchent doucement ! on dirait qu'elles le font exprès pour m'impatienter. Oh ! si l'on pouvait les fouetter comme de vieux chevaux autour d'un manége, que je les ferais bien trotter ! — N'est-ce point le bruit de la sonnette que j'entends ? — Ce sont peut-être nos voisins Keil, ou nos voisines Goritz, ou mon oncle Frédéric... — Ce n'est personne. Ils ne viennent pas. Ils ne viendront pas. — On leur avait pourtant dit qu'on commencerait à cinq heures. — Mais il n'en est que trois. — Ah ! quel ennui ! — Si M. Fritz venait du moins, nous achèverions d'accommoder le théâtre et de tout préparer. — Nous n'aurons point le temps. — Tant pis pour lui. — Je sais toute la pièce, moi ! C'est moi qui commence : (Il déclame.) « Bonjour, mon cher monsieur Samuel ; j'étais ce matin à prendre le frais devant ma tente par delà les montagnes d'Ephrata, quand on m'est venu dire de votre part... » Eh ! je n'y pensais plus. Et les acteurs, et les costumes tout cela est-il en ordre ? les ressorts sont-ils solides ? les fils ne sont-ils point mêlés ? n'y en a-t-il point qui fassent mouvoir le pied au lieu de la main ? cela ôterait toute la majesté du personnage. (Il prend son faisceau de marionnettes derrière le théâtre.) Ah ! bon, voici le grand Goliath avec son sabre aussi grand que lui... Tra deri dera la re la rela la. (Il les fait danser successivement.) Voici Jonathas, le fils du roi !... Tra tra de ri de ri. —Voilà le petit David avec sa petite perruque rousse... La la la la la ! — Et puis le roi Saül qui a l'air fort méchant avec sa barbe... La la la lère la ière la ! — Saluez, monsieur ; allons donc ! et par ici, et par là, et soyez gentil. — Oh ! Dieu, quelle vilaine ceinture vous avez là ! Où vous êtes-vous fourré, petit polisson ? Un roi ne peut paraître fait de la sorte. — Vous, mon petit Jonathas, il vous faudrait aussi une collerette neuve, car enfin vous êtes le fils de ce mauvais garnement. — Vous, géant, je suis content de vous, et vous, Samuel, je vais vous faire un peu plus de moustache. — Ah çà ! maintenant, êtes-vous prêts ? savez-vous bien vos rôles ? n'allez pas me faire de gaucheries devant le public, et surtout n'allez pas vous intimider ; d'ailleurs, j'y tiendrai la main et je serai là derrière. Prenez confiance. — Je m'en vais bien prier ma mère et courir toute la maison pour me procurer une ceinture et une collerette neuves.

SCÈNE II

WOLFGANG, FRITZ.

WOLFGANG.

Ah! vous voilà, monsieur Fritz; il me tardait bien que vous vinssiez.

FRITZ.

Donnez-vous patience, mon jeune poëte; il n'est point encore venu un seul spectateur.

WOLFGANG.

Oui, mais ils vont venir. Il faut que tout soit bien prêt. Qui est-ce qui frappera les trois coups? Ce sera moi, si vous voulez. Il y a trois changements à vue. Je m'en chargerai. Je les ai essayés. J'ai mis une sonnette là pour avertir les acteurs. On jouera de la serinette pour l'ouverture; si vous me la laissez tenir, j'en jouerai. Qui est-ce qui parlera pour Jonathas? Moi, n'est-ce pas? et pour Goliath, et pour Samuel, et pour David? Moi, n'est-il pas vrai?

FRITZ.

Eh! un instant, de grâce! vous n'y suffirez pas, et il ne me resterait rien à faire.

WOLFGANG.

Bien, bien; comme vous voudrez, je vous écoute.

FRITZ.

Goliath ne peut répondre à David sur le même ton et avec la petite voix flûtée de David.

WOLFGANG.

C'est vrai.

FRITZ.

Il faut au moins une grosse et une petite voix.

WOLFGANG.

Vous avez raison.

FRITZ.

Or, mon petit ami, vous trouverez bon que je me charge

de Saül, Goliath et Samuel, qui sont de graves personnes, en vous laissant Jonathas et David.

WOLFGANG.

Oui, c'est cela ; je ferai Jonathas, David, les plus courageux, les plus braves gens, les plus innocents. Oh ! je suis content.

FRITZ.

A présent, si vous voulez, nous pourrons faire une dernière répétition.

WOLFGANG.

Je veux bien, je suis prêt... Tenez, voici Saül avec un beau manteau noir et sa couronne d'or ; voilà Jonathas avec un joli turban de cannetille. — Je commence. (Il déclame.) « Oh ! oh ! qu'est-ce que j'entends dire par là ? quoi ! les Philistins sont venus jusqu'auprès de Socho ! Ces marauds poussent loin l'insolence ; mais patience ! cela ne saurait se passer ainsi, et toutes nos tribus rassemblées... » Oh ! monsieur Fritz, j'oubliais ; et la ceinture de Saül, voyez la vilaine ceinture ! il faut que je lui en aille chercher une autre, et une collerette pour Jonathas ; je sais la pièce, soyez tranquille. Mon Dieu ! où pourrais-je trouver ma mère. (Il s'enfuit.)

FRITZ.

Hé ! Wolf, holà ! Au diable ! il ne m'entend plus ; la joie lui tourne la cervelle.

SCÈNE III

FRITZ, LE PÈRE, des voisins.

LE PÈRE.

Eh bien ! qu'y a-t-il enfin, que doit-on me faire voir ?

FRITZ.

On m'a recommandé là-dessus le plus grand secret.

LE PÈRE.

Ah ! oui, c'est une surprise, n'est-ce pas ? une surprise de famille ; il ne manquera rien à celle-là, pas même d'être connue de tout le monde depuis un mois.

FRITZ.

Vous n'avez plus rien à me demander au milieu de cet attirail ?

LE PÈRE.

Des pantins! des chiffons! quelque drôlerie d'ombre chinoise!

LA MÈRE, entrant.

Oui, mon ami, c'est le petit Wolf qui s'ingénie depuis trois semaines pour vous régaler d'un petit spectacle de sa façon.

LE PÈRE.

Ah! c'est pour de pareilles babioles qu'on me dérange?... Je m'en retourne où j'étais.

LA MÈRE.

Allons, de grâce, restez; vous gâteriez toute la joie de ces enfants. Ils se sont tant donné de peine et ils comptent si bien sur votre approbation !

LES VOISINS.

Restez avec nous. Nous n'avons pas dédaigné d'accourir à la comédie de Wolf. C'est bien le moins, vous qui êtes son père, que vous en fassiez autant pour lui.

LES ENFANTS.

Restez, monsieur, restez à la comédie, ce sera bien joli.

LA MÈRE.

Je vous assure que vous ne serez pas fâché de voir comment s'en tirera votre fils. Je n'aurais jamais cru qu'il s'entendît si bien à ces bagatelles.

LE PÈRE.

La, la, la ! laissez donc.

LA MÈRE.

Il fait manœuvrer toutes ces poupées comme si c'était son métier.

LE PÈRE.

Bah ! bah ! je ne vous écoute point.

LA MÈRE.

Il les fait parler fort bien, ma foi ! J'en étais toute surprise, l'autre soir.

LE PÈRE.

Belle merveille !

LA MÈRE.

Il a retenu toute la pièce. Il a si bonne mémoire, qu'il lui suffit de voir faire une chose pour en faire autant.

LE PÈRE.

Voyez, voyez-moi ça ! Vous voilà bien, vous autres femmes, toujours vantant, admirant, exagérant la moindre fredaine d'un de vos garçons !

LA MÈRE.

Mais, si cela est bien, ne puis-je le dire ?

LE PÈRE.

Il ne faut point laisser voir aux enfants combien on les aime.

SCÈNE IV

Les Mêmes, WOLFGANG.

LES ENFANTS, avec des trépignements.

Le voilà, le voilà ! voilà Wolf qui va nous jouer la comédie !

WOLFGANG.

Oui, mes amis, me voilà. Je suis tout essoufflé. Je craignais qu'on n'eût commencé sans moi. Bonjour, Williams ! bonjour, Marguerite ! bonjour, mes petits voisins !

WILLIAMS.

Est-ce que c'est vous qui ferez marcher les marionnettes.

WOLFGANG.

Oui, messieurs, c'est moi.

MARGUERITE.

Est-ce vous qui les ferez parler ?

WOLFGANG.

Oui, ma petite, c'est moi.

UN ENFANT.

Cela est-il bien difficile?

WOLFGANG.

Extrêmement difficile.

LES ENFANTS.

Comment avez-vous appris cela?

WOLFGANG.

J'ai appris cela tout seul.

LES ENFANTS.

Comme il est heureux!

WOLFGANG.

Ah çà! tout est-il prêt? Est-on placé, est-on tranquille? cela va commencer. Monsieur Fritz voulez-vous que nous commencions? Et la musique, et la sonnette, et le rideau, et la serinette, je vais m'occuper de tout cela, moi. A propos, chère mère, n'auriez-vous point un bout de ruban, un linon, une gaze?

LE PÈRE.

Qu'est-ce que c'est? Vous menez bien grand train, monsieur, pour vos cabotins de bois peint.

WOLFGANG.

Des cabotins, mon père!

LE PÈRE.

C'est bien la montagne en travail d'une souris.

WOLFGANG.

Vous verrez, monsieur, s'il ne s'agit que d'une souris.

LE PÈRE.

Surtout que vos acteurs n'aillent pas manquer de mémoire.

WOLFGANG.

L'on tâchera.

LE PÈRE.

Et qu'ils se gardent des pommes cuites.

WOLFGANG.

Voyez-les d'abord. Vous plaisanterez ensuite, si vous l'osez.

FRITZ, *derrière le théâtre.*

Allons, Wolf, à notre poste.

LE PÈRE.

Ça, qu'on ne nous fasse point attendre.

LE PUBLIC.

Nous sommes tout prêts.

WOLFGANG, *derrière le théâtre.*

On va commencer. (Un air de serinette.)

LE PUBLIC.

Ah ! (On entend les trois coups et le rideau se lève. Le théâtre représente une multitude de bancs de gazon. La scène est en Judée. Dans le fond, le temple de Jérusalem.)

SCÈNE PREMIÈRE

ISAI, DAVID.

ISAI.

Hélas ! que viens-je d'apprendre ? bon Dieu, que deviendrons-nous ? Seigneur ! où me cacher ? ciel ! la triste aventure ! Il n'est que trop vrai, les ennemis sont proches. Leur armée est campée sur une montagne, la nôtre sur une autre montagne. Il y a une vallée entre les deux. Je ne sais qui me tient de me mettre la tête dans un sac. Approchez, mon fils bien-aimé.

DAVID, *d'une voix très-aiguë.*

Me voici, cher papa.

ISAI.

Mon enfant, vous avez les cheveux très-roux, et le ciel vous a regardé avec bonté. Voici l'heure où vous menez paître vos moutons sur les collines; vous n'irez point sur les collines aujourd'hui, et vous irez porter cette mesure d'orge et ces dix pains à vos frères qui sont à l'armée. Vous y joindrez ces dix fromages pour leurs maîtres-de-camp. La Providence vous destine à de grandes merveilles.

DAVID.

Oh! s'il ne tient qu'à moi, je vous jure que ce méchant Goliath aura bientôt son compte, et je m'en vais lui donner une si bonne dose de coups de trique...

FRITZ, derrière le théâtre.

Eh! mais, vous n'y pensez point.

DAVID.

Qui m'a planté un drôle de Philistin de cette espèce?...

FRITZ, à Wolfgang.

Arrêtez! arrêtez donc, vous nous la baillez bonne. Vous m'allez parler de Goliath avant qu'on sache seulement s'il existe...

DAVID, d'un ton plus aigu et plus pressé.

Oui, cela est vrai, je n'y pensais plus... Eh bien, non... Goliath... Je n'en ai point entendu parler... J'irai... mon père... où vous voudrez.

ISAI.

Allez-y donc, mon enfant, et que Dieu vous garde. Bon voyage! surtout, ne mangez pas mes fromages en chemin.

DAVID.

Non, papa, je ne ferai pas de bruit. Bonsoir.

FRITZ, à Wolfgang.

Et la fronde que vous oubliez!

DAVID.

Ah! oui... Excusez-moi... Il faut que je prenne une fronde... Voyez-vous, mon papa... pour tuer Goliath... non point... c'est-à-dire... on ne sait pas ce qui peut arriver... Je prends ma fronde. Ah! et, cette fois, je m'en vais. Bonjour.

WOLFGANG, derrière le théâtre.

Vite, vite le changement à vue. (Le théâtre change et représente l'envers d'une décoration.)

UN ENFANT.

Oh! que cela est joli!

LE PÈRE.

Hé! hé! M. le machiniste perd la tête.

UN VOISIN.

Qu'est-ce que cela? (Rires et murmures dans l'auditoire.)

FRITZ, à Wolfgang.

Que faites-vous, malheureux, vous avez glissé la toile sens dessus dessous.

WOLFGANG.

Mais non! mais si! O Dieu! remettons-la. (Il crie.) Ceci représente les camps des deux armées.

LE PÈRE.

A la bonne heure! au moins qu'on s'explique.

LE PUBLIC.

Ah! ah! ah! ah!

WOLFGANG, prêt à pleurer.

Ah! fi! les vilains moqueurs. Oh! bien, ils sont trop méchants. Je ne joue plus, moi.

FRITZ.

Y songez-vous? au second acte, au plus beau moment! vous allez faire manquer toute la pièce. Voyons, reprenez la ficelle de votre David, je vais commencer, moi.

LE PÈRE.

A quand le second acte?

FRITZ.

Voici, messieurs.

ABINADAB.

Eliab, mon frère aîné, Samma, mon frère cadet, ne voyez-vous rien venir? Déjà le soleil descend dans le firmament et le petit David ne nous apporte point à déjeuner. Notre père nous a-t-il oubliés, ou David s'est-il égaré?

DAVID.

Voici, mes chers frères, que je vous apporte de la part de mon père dix pains pour vous et dix fromages pour vos maîtres-de-camp. Permettez-moi de vous embrasser.

ABINADAB.

Nous sommes de vaillants guerriers, mais nous sommes en ce moment dans une grande affliction, parce qu'il y a là-bas, de l'autre côté de la vallée du Térébinthe, un soldat ennemi qui se meurt d'envie de se battre contre l'un de nous.

DAVID.

Comment appelez-vous ce méchant homme? Je ne suis qu'un pasteur, mais je me fais fort de le coucher par terre comme une bête des forêts.

ABINADAB.

Le voici tout justement qui vient se promener entre les deux armées, sans égard pour aucun de nous. Il a sept coudées de haut, il porte un casque d'airain sur la tête, et sur les épaules aussi un bouclier d'airain. Il a de longues moustaches et des éperons d'une aune. Je souhaite de tout mon cœur que Dieu le confonde...

WOLFGANG, à Fritz.

Faut-il faire entrer Saül ?

FRITZ.

Non, sans doute, puisqu'il s'agit maintenant de Goliath.

WOLFGANG.

Quoi! Saül ne dira donc rien?

FRITZ.

Vous avez amené David.

WOLFGANG.

Je vais amener Saül.

FRITZ.

Non pas, vous dis-je.

WOLFGANG.

Mais si.

FRITZ.

Mais non.

WOLFGANG.

Je l'amènerai.

FRITZ.

Vous ne l'amènerez pas.

WOLFGANG.

Eh bien! je ne ferai plus rien.

FRITZ.

Je vous quitte la place.

WOLFGANG.

Mon Dieu! mon Dieu! que vous êtes méchant aussi!

LE PÈRE.

Comment, voilà David qui reste muet. Dieu me pardonne! je crois que ses jambes fléchissent. Il s'assied, fi! le vilain poltron!

UN VOISIN.

Et Abinadab, indigné, qui lui tourne le dos!

LA MÈRE.

Et Goliath qui met le nez hors de la coulisse sans oser se montrer.

UN ENFANT.

Oh! le petit soldat qui a les jambes cassées!

FRITZ, à Wolfgang.

Tenez donc mieux votre fil de fer.

WOLFGANG, pleurant.

Je ne veux point, moi... hi! hi!... je ne dirai plus rien... ils se moquent de nous... hi! hi!...

FRITZ.

Vous plaisantez, la pièce est en si bon train; et que dirait-on si vous vous intimidez? Allons, allons, c'est David qui reprend la parole; de la hardiesse! ils n'en feraient point autant.

DAVID.

Or çà. vous n'avez qu'à me le montrer... hi! hi! ce Philistin.. hi! hi! ce maraud, et je m'en vais lui apprendre à vivre... hi! hi! hi!

GOLIATH.

Eh bien, mes pauvres ennemis, n'avez-vous rien de nouveau à m'apprendre depuis tantôt quarante jours que je viens vous tirer les poils de la barbe. Quoi! il ne se trouvera point parmi vous un cadet de bonne maison qui veuille me pousser une botte? A quoi vous servent ces pertuisanes que je vous vois dans les mains? Vous eussiez mieux fait de venir à la guerre avec des quenouilles et des fuseaux. Vous n'êtes bons qu'à filer devant vos tentes en branlant la tête.

DAVID.

Me voici, vil païen, me voici, lâche mécréant, je vais te faire voir comment les gens de mon pays répondent aux faquins de ta sorte.

GOLIATH.

Quel est ce mirmidon? et qui es-tu pour t'oser remuer devant moi, et qui suis-je pour que tu viennes à ma rencontre avec un bâton? me prends-tu pour un épagneul?

DAVID, en courant et saisissant sa fronde.

Attends, attends, je fermerai ton insolente bouche avec le caillou que voici... (David tombe.)

LE PÈRE.

Eh bien, qu'est-ce? qu'y a-t-il? David meurt avant le combat. C'est contre toute vérité.

WOLFGANG, à Fritz.

Hélas! hélas! j'ai laissé tomber David.

FRITZ.

Je le vois bien, relevez-le.

WOLFGANG.

On verra ma main, je n'ose point, hi! hi! hi!

LES ENFANTS.

David est mort, quel dommage!

LE PÈRE.

Ah çà! la pièce est donc finie?

LE PUBLIC.

Oh! oh! oh!

UN VOISIN.

Ma foi! ce drame n'est pas correct.

LA MÈRE.

Un peu de patience! David ressuscitera.

LE PÈRE.

Non pas, la pièce est mauvaise.

UN VOISIN.

C'est une chute complète, l'auteur est tombé avec l'acteur. (Bruit, rires, sifflets.)

LE PÈRE.

Voilà, monsieur le poëte, qui vous guérira de vos manies de théâtre. (Il siffle.)

FRITZ, passant la tête au-dessus du théâtre.

Mesdames et messieurs, la pièce finit par une double catastrophe, le héros de la pièce est mort prématurément, et Wolf s'est allé coucher de chagrin de l'avoir tué. (Applaudissements.)

CHACUN SA CROIX

PROVERBE

CHACUN SA CROIX.

PERSONNAGES

LOUIS, dauphin de France.
M. DE MONTRÉSOR, son gouverneur.
L'ABBÉ.
BLAISEAU.

MARCEL, garde-chasse.
Le Marquis DE VILLA-RÉAL.
Le Comte FOSSOMBRONI.
Valets.
Suisses.

SCÈNE PREMIÈRE

Un parc royal. — La lisière d'un taillis.

LE DAUPHIN, LE GOUVERNEUR, BLAISEAU, derrière une haie, puis MARCEL.

LE DAUPHIN.
Dites-moi un peu, monsieur de Montrésor, pourquoi nous venons tous les jours à la même heure dans le parc?
LE GOUVERNEUR.
C'est afin de vous récréer l'esprit, monseigneur.
LE DAUPHIN.
Mais ne pourrais-je me récréer l'esprit ailleurs?
LE GOUVERNEUR.
Si vraiment!

LE DAUPHIN.

Est-il nécessaire que nous prenions cette allée, puis cette autre, puis le grand carré, puis la pièce d'eau?

LE GOUVERNEUR.

Cela n'est pas absolument nécessaire.

LE DAUPHIN.

Faut-il aussi que vous me suiviez toujours pas à pas et que nous marchions gravement côte à côte comme deux soldats aux gardes?

LE GOUVERNEUR.

Monseigneur, il est de mon devoir de surveiller vos amusements.

LE DAUPHIN.

Mais, en vérité, je ne m'amuse pas.

LE GOUVERNEUR.

Mon poste, en tous les cas, est auprès de votre auguste personne.

LE DAUPHIN.

Et vous, monsieur de Montrésor, est-ce que cela vous amuse?

LE GOUVERNEUR.

Moi, monseigneur, je ne suis pas ici pour cela.

LE DAUPHIN.

Ah! je le pense bien, et nous nous amuserions beaucoup mieux chacun de notre côté.

LE GOUVERNEUR.

Mais, monseigneur, je ne refuse rien à Votre Altesse : vous n'avez qu'à dire et je vous procurerai tel divertissement qui vous plaira.

LE DAUPHIN.

Ah bien, en ce cas, vous voyez là-bas ces enfants qui courent dans la clairière; je m'en vais courir avec eux.

LE GOUVERNEUR.

Oh! pour ceci, il m'est impossible de vous l'accorder.

LE DAUPHIN.

Hélas! c'est pourtant le moins qu'un enfant de ma qualité puisse demander.

LE GOUVERNEUR.

Oui, mais c'est plus qu'il ne saurait obtenir.

LE DAUPHIN.

Voyez cependant, ces enfants n'ont point de gouverneur avec eux, et ils paraissent bien joyeux.

LE GOUVERNEUR.

Monseigneur, ces enfants ne sont point destinés comme vous à régner sur un grand peuple.

LE DAUPHIN.

Ah! monsieur de Montrésor, pourquoi ne puis-je m'amuser comme eux, et pourquoi ne règnent-ils point comme moi!

LE GOUVERNEUR.

Un jour viendra, ô mon prince, où vous comprendrez la différence de vos conditions, et où, je l'espère, vous ne vous en plaindrez point.

LE DAUPHIN.

Voyez, monsieur de Montrésor, ce petit paysan, derrière la haie, qui mord dans un gros morceau de pain noir. Il a de grosses joues toutes rouges. Il doit être bien heureux!

LE GOUVERNEUR.

Pas autant que vous le croyez peut-être.

LE DAUPHIN.

Me permettez-vous de lui parler?

LE GOUVERNEUR.

Je n'y vois point d'obstacle.

LE DAUPHIN.

Holà! petit, petit, par ici!... Mais voyez donc ce petit sauvage qui a peur de moi et qui s'enfuit. Par ici, mon petit, je ne te ferai point de mal.

LE GOUVERNEUR.

Écoute donc, petit drôle!

LE DAUPHIN.

Ma foi, je m'en vais le courre comme un daim à travers les arbres et je le ramène par l'oreille.

LE GOUVERNEUR.

Ne le poursuivez point ; il courrait plus fort, et vous ne l'attraperiez jamais. Montrez-lui plutôt quelque pièce de monnaie.

LE DAUPHIN.

Bien dit. Tiens, mon petit, tu vois, nous sommes de bonnes gens. (Blaiseau avance la tête entre les branches.) Voyez comme il est gentil ! Qu'il est dommage qu'il soit si malaisé à approcher ! On dirait un jeune faon. Venez, mon petit, l'on vous donnera des friandises. (Blaiseau s'approche à pas lents : le dauphin le prend par la main.) Ah ! je vous tiens enfin, mon fuyard ! Pourquoi êtes-vous si farouche ? Avons-nous la mine de méchantes personnes ?

BLAISEAU, avec un gros rire.

Hi hi hi euh oh hi hi !

LE DAUPHIN.

Je veux que vous me veniez manger tout à l'heure dans la main.

BLAISEAU.

Hi hi hi hi !

LE DAUPHIN.

Est-ce que tu ne sais point parler autrement ? Ah ! monsieur de Montrésor, vous verrez qu'il est muet à présent.

BLAISEAU.

Hi hi hi hi !

LE DAUPHIN.

Il est donc bien bon, ce vilain pain noir dans lequel tu mords de si bon appétit ?

BLAISEAU.

Oui, hi hi hi !

LE DAUPHIN.

Veux-tu bien m'en donner un morceau, que je le goûte ?

BLAISEAU.

Oui, hi hi hi !

LE DAUPHIN.

Mais oui vraiment, il est fort bon ce pain-là. Où te le donne-t-on ?

BLAISEAU.

Tout là-bas, cheux m'sieu Marcel le forestier.

LE DAUPHIN.

Et t'en donne-t-il quand tu veux ?

BLAISEAU.

Dame ! quand j'ons ben faim et quand j'ons ben travaillé.

LE GOUVERNEUR.

Dis-moi, mon petit bonhomme, sais-tu à qui tu parles !

BLAISEAU.

Que oui qu' je l' savons. J' parlions au dauphin.

LE GOUVERNEUR.

En ce cas, sois plus respectueux et ôte ton chapeau.

LE DAUPHIN.

Ah ! monsieur de Montrésor, ne le grondez pas, vous allez encore le faire sauver. — Et quel travail faut-il que tu fasses ?

BLAISEAU.

Dame ! vous l'voyez ben : j'faisions des bourrées, j'cueillons de l'harbe pour les vaches et d'la mauve pour mame Marcel.

LE DAUPHIN.

Et tu restes ici tout le jour. Cela doit t'ennuyer.

BLAISEAU.

Oh ! pour ça, non. J'grimpions aux arbres donc, j'dénichions des marles, j'ramassions des fraises, des alizes, j'faisions des bouquets pour ma p'tite sœur qui m'apportiont la soupe.

LE DAUPHIN.

Oh ! oui, tout cela est fort amusant. Je voudrais bien être à ta place. Pourquoi me regardes-tu comme ça ?

BLAISEAU.

Oh ! c'est beau, ce qu'vous avez là pendu à vot'cou.

LE DAUPHIN.

Tu as là un bien joli ruban à ton chapeau, toi ; montre-le-moi un peu.

BLAISEAU.

C'est-il du vrai or qu'vous avez là dessus vos souliers. Oh ! qu'ça reluit, qu'ça reluit !

LE DAUPHIN.

Où as-tu trouvé ces belles fleurs que tu as à ta boutonnière ?

BLAISEAU.

Vous êtes ben habillé, vous, tout d'même.

LE DAUPHIN.

Tes habits me plaisent bien davantage.

BLAISEAU.

Hi hi hi ! vous êtes biau, vous.

LE DAUPHIN.

Ah ! tu déniches des merles, toi !

BLAISEAU.

Si j'en dénichions ! T'nez, y en avions là tout à l'heure qui sifflons qu'y a plus d'un mois qu'j'les guettions. Les petits doivent êtr' gros à ct'heure. T'nez, là haut, là haut, à c'te branche. J'vas y grimper.

LE DAUPHIN.

Ah ! quelle joie ! ah ! mon petit, que je suis content ! Je n'en ai jamais vu qu'empaillés. Comment t'appelles-tu ?

BLAISEAU.

Blaisiau !

LE DAUPHIN.

Comment ?

BLAISEAU.

Blaisiau, pour vous servir.

LE DAUPHIN.

Ah bien, mon petit Blaiseau, puisque tu aimes mes habits, je vais te les donner ; tu me donneras les tiens, et nous ferons la chasse ensemble.

LE GOUVERNEUR.

Eh! eh! doucement, monseigneur; vous trouverez bon que je m'oppose à cette équipée.

LE DAUPHIN.

Là! toujours ce M. de Montrésor qui me chagrine. Je veux les merles et les habits de Blaiseau.

LE GOUVERNEUR.

Je vous assure, monseigneur, que vous n'en ferez rien.

LE DAUPHIN.

N'est-ce pas, Blaiseau, que tu changerais bien volontiers avec moi?

BLAISEAU.

Ah! je crois ben!

LE DAUPHIN.

Tiens, voilà ma veste.

BLAISEAU.

Jarni qu'j'allons être biau. V'là mes sabots.

LE GOUVERNEUR.

Doucement, monseigneur, je vous en prie; et toi, mon petit drôle, passe ton chemin.

LE DAUPHIN.

Non vraiment! il ne s'en ira pas.

LE GOUVERNEUR.

J'espère que l'on ne me forcera point à plus de rigueur.

MARCEL, dans le bois.

Blaiseau! Blaiseau!

BLAISEAU.

Ah! jarni! v'là m'sieur Marcel qui m'appelions.

MARCEL, paraissant.

A quoi diable se peut amuser ce maraud? Ah! te voilà, petit coquin. Va-t'en à la maison sur-le-champ. (Apercevant le prince et le gouverneur.) Monseigneur, vous m'excuserez...

LE GOUVERNEUR.

Vous arrivez fort à propos pour nous délivrer de ce petit paysan. Qui est-il?

MARCEL.

Monsieur le comte, c'est le fils du bûcheron que j'occupe dans le parc à la belle saison. Vous aurait-il manqué de respect?... A la maison tout de suite, méchant paresseux!

LE DAUPHIN.

Qu'il reste, je vous en prie!

LE GOUVERNEUR.

Emmenez-le, vous dis-je! Et vous, monseigneur, daignez prendre l'avance de ce côté. Je vous suis.

LE DAUPHIN.

Ah! mon cher Blaiseau, que ton sort est digne d'envie, et que je suis malheureux!

BLAISEAU.

Ah! jarni! vous êtes pus riche que moi; i n'osions pas vous donner des verges.

LE DAUPHIN.

Je vais être bien affligé en songeant à toi.

BLAISEAU.

J'aurons le cœur ben gros quand j'penserons à vous.

LE DAUPHIN.

Adieu, Blaiseau! ah!

BLAISEAU.

Adieu, monseigneux! oh!

(Ils s'éloignent en se regardant tristement, tandis que le gouverneur parle bas à Marcel.)

LE GOUVERNEUR.

Vous entendez?

MARCEL.

A merveille!

LE GOUVERNEUR.

Monseigneur se réveillera chez vous, et le petit paysan au château... C'est une leçon convenable.

MARCEL.

Cela suffit, monsieur le comte.

SCÈNE II

La chaumière de Marcel. — Un grabat dans un coin.

LE DAUPHIN, puis MARCEL.

LE DAUPHIN, endormi et rêvant.

Nous irons goûter sous les marronniers avec des fromages à la crème... Ne gâtez pas le bavolet de Fanchette... Vous trouvez que ces rubans me vont à ravir? Vous avez raison. — Oh! les jolis petits agneaux blancs!... Toute la journée à jouer sur l'herbe!... Entends-tu les pinsons qui chantent dans leur nid? Tiens, les voilà pris; comme ils battent de l'aile! — Oh! gentils! gentils! — Les pauvres sont heureux; mon livre a raison, le bonheur est aux champs. Petite! petite! pchitt! pchitt!... Prrrrt! ils s'envolent... Par ici, par ici, Blaiseau!

MARCEL, au dehors.

Blaiseau! Blaiseau!

LE DAUPHIN.

Pchitt! pchitt! par ici, Blaiseau!

MARCEL.

Blaiseau! Blaiseau!

LE DAUPHIN, à demi réveillé.

Qui va là?... je rêvais!... C'est vous, monsieur l'abbé!

MARCEL.

Çà! te vas-tu lever, grand fainéant! ou je vais te frotter les côtes. Il est huit heures.

LE DAUPHIN.

Oh! mon Dieu, quel est cet horrible endroit? — Ces draps de lit qui m'écorchent la peau... Je rêve... Monsieur de Montrésor, j'ai peur.... Au secours!

MARCEL, entrant.

Ah çà! petit drôle, tu pousses ma patience à bout, et je te ferai voir si c'est à ne rien faire qu'on gagne son pain chez moi.

LE DAUPHIN.

Ah! monsieur, ayez pitié de moi!

MARCEL.

Qu'est-ce à dire ? tu rêves encore? Attends, attends, je te vais dégourdir à coups de gaule, méchant morveux!

LE DAUPHIN.

Monsieur, je ne suis point un méchant morveux.

MARCEL.

Et qui êtes-vous donc? Par la morbleu! faut-il se décoiffer pour parler, ce matin, à M. Blaiseau? Çà, çà, voici ta veste, et à mes fagots tout de suite!

LE DAUPHIN.

Je ne suis point M. Blaiseau, et ces haillons que vous me donnez ne sont point ma veste.

MARCEL.

Ah! corbleu! ne m'échauffe pas davantage les oreilles. Voilà assez de temps que tu barguignes ; mais je te jure bien, foi de Dieu, que, si tu n'as pas coupé un quart de bottes de jonc à midi, tu n'auras point ta soupe.

LE DAUPHIN.

Ne criez point comme cela. Je vous obéis, je vais m'habiller. — Oh! les affreux habits! oh! oh!

MARCEL.

Ils sont trop bons encore pour un petit misérable comme toi.

LE DAUPHIN.

Par pitié, monsieur, je tombe à vos genoux. Je vous reconnais.

MARCEL.

Ah! oui dà.

LE DAUPHIN.

Ne vous nommez-vous point Marcel?

MARCEL.

Après?

LE DAUPHIN.

Marcel le garde-chasse?

MARCEL.

C'est cela même.

LE DAUPHIN.

Ne me reconnaissez-vous pas aussi?

MARCEL.

Si vraiment.

LE DAUPHIN.

Eh bien, monsieur...

MARCEL.

Eh bien, eh bien, je vais casser mon fouet de chasse sur l'échine d'un petit malheureux qui se moque de moi.

LE DAUPHIN.

Quoi vous oseriez porter la main sur moi?

MARCEL.

Mais vraiment oui, je me gênerais avec toi, cher Blaiseau!

LE DAUPHIN.

Encore un coup, je ne suis pas Blaiseau.

MARCEL.

Et qui donc êtes-vous, mon petit monsieur?

LE DAUPHIN.

Je suis... le Dauphin.

MARCEL.

Ah! en vérité, je crois qu'il a perdu la raison. Ce petit nigaud s'est décidément troublé la cervelle à lorgner les équipages de la cour dans le parc. — Ah! tu me la bailles belle! quoi! tu me soutiendras que tu n'es pas le fils cadet d'Antoine le bûcheron, que tu ne t'appelles pas Blaiseau, que tu ne t'es point réveillé tout à cette heure dans ce lit, et que ne voilà pas tes habits qui s'ajustent comme un bas de soie?

LE DAUPHIN.

Je n'en sais rien, je suis confondu, mais cela n'est pas vrai. C'est quelque méchante fée qui m'aura porté ici. Oh! mon Dieu!

MARCEL.

Çà, çà, prends ta serpe et allons au bois.

LE DAUPHIN.

Non, vraiment, je ne vous suivrai pas.

MARCEL.

Ah! oui-dà, nous allons voir. Gare le fouet!

LE DAUPHIN.

Vous me faites violence, monsieur; vous êtes un méchant homme et je saurai vous punir.

MARCEL.

Ah! oui, j'ai grand'peur, mon brave bûcheron; mais viens t'en seulement faire quelques fagots en attendant. Le grand air te fera du bien.

LE DAUPHIN.

Si j'étais Blaiseau, je saurais faire des fagots et je n'en sais point faire.

MARCEL.

Ah! ventrebleu! c'est là que je t'attends... Je te le rapprendrai, si tu l'as oublié.

LE DAUPHIN.

Hélas! mon Dieu, s'il était vrai que je fusse, en effet, Blaiseau

MARCEL.

Ah! ah! voilà le sens qui te revient. Tu rêvais tout debout. Partons.

LE DAUPHIN.

J'ai grand'faim!

MARCEL.

Tant mieux! tu déjeuneras de grand appétit quand tu auras travaillé.

LE DAUPHIN.

Je vous en prie, qu'on me donne à manger.

MARCEL.

Tu ne le mérites point; cependant voilà un morceau de ain; il sera trop bon pour toi, car le dauphin l'a trouvé hier assez bon pour lui. C'est un déjeuner de prince.

LE DAUPHIN.

Pouah! l'exécrable nourriture!

MARCEL.

Tu le jettes? morbleu! je veux être pendu si tu en as d'autre aujourd'hui.

LE DAUPHIN.

Ne vous fâchez point! en ce cas, je vais le ramasser.

MARCEL.

Charge-toi de la serpe; bien. Prends la petite échelle, bon! mon havresac, mon fusil, la cognée.

LE DAUPHIN.

Ah! grand Dieu, je vais mourir sous le faix!

MARCEL.

N'y prends pas garde. Allons, un refrain de chasse et en route!

LE DAUPHIN.

Blaiseau me semblait heureux hier, et c'est moi qui suis aujourd'hui Blaiseau. — Malheureux Blaiseau!

SCÈNE III

La chambre à coucher du Dauphin. — Un suissse à la porte. Un valet de chambre, Blaiseau, puis l'abbé et le gouverneur.

BLAISEAU, LE VALET puis L'ABBÉ, LE GOUVERNEUR, LE Cte FOSSOMBRONI et LE Mis DE VILLA-RÉAL.

BLAISEAU, endormi et rêvant.

Qu'est qu'ous dites donc, monsieur le curé? vous radotez. Portez arme! En avant marche! Les riches sont plus heureux, jarni! — Ran plan plan! V'là la parade. — Tout galonné d'or — je suis t'y pas ben comm'ça. — Oh! jésus! je m'sis mouché sur ma dentelle. — Merci de vos confitures! jarni que c'est bon. — Ran plan plan!

LE VALET.

Monseigneur!

BLAISEAU.

Me v'là, m'sieu Marcel, — queu dommage! j'révions bien gentiment. — Mais, mordienne! v'là le soleil qu'est haut. Me v'là, me v'là!

LE VALET.

Monseigneur!

BLAISEAU.

Hein? — Je n'm'éveillons pas. Je n'sommes pas cheux nous.

LE VALET.

Plait-il à Monsigneur de s'habiller?

BLAISEAU, confus.

Ce n'est... pas... moi...

LE VALET.

Monseigneur veut badiner.

BLAISEAU.

Ne m'chassez point, ne m'chassez point; j'nous en allions, je n'ons rien pris.

LE VALET.

Monseigneur a sans doute encore envie de dormir; il était fort las hier au soir.

BLAISEAU.

Je n'sommes pas monseigneux, moi.

LE VALET.

Mais, à ce qu'il me semble, c'est monseigneur qui s'est couché dans ce lit que voici et qui a quitté ses habits que voilà.

BLAISEAU.

C'est la bonne Vierge qui m'aviont porté ici. — Faut prier l'bon Dieu, faut prier l'bon Dieu!

LE VALET.

Voici d'abord la culotte de Monseigneur, la grand'croix, les manchettes. Je vais introduire l'abbé.

L'ABBÉ, entrant.

Comment Votre Altesse a-t-elle passé la nuit?

BLAISEAU, avec des sanglots étouffés.

Heu! heu! heu! bonjour, m'sieu!

L'ABBÉ.

Puis-je savoir de quoi s'afflige monseigneur?

LE VALET.

Voici le déjeuner de Son Altesse.

BLAISEAU.

C'est-il pour moi ça?

L'ABBÉ.

Et pour qui serait-ce donc?

LE VALET.

Voici des fruits confits que madame la maréchale envoie à Son Altesse.

BLAISEAU.

Voyons voir ça un peu.

L'ABBÉ.

Doucement, monseigneur; il n'est pas temps de déjeuner.

LE VALET.

Voici la tarte à la crème qu'a demandée hier Son Altesse.

BLAISEAU.

Quoi! quoi! c'est pour moi aussi?

L'ABBÉ.

Répétons d'abord la leçon que vous avez apprise hier soir. (Au valet.) Qu'on dresse la table en attendant.

BLAISEAU.

Mais, jarni! j'commençons à me sentir de l'appétit.

L'ABBÉ.

Ah fi! monseigneur a de vilains mots ce matin; et puis est dans l'usage de répéter sa leçon avant de goûter à ces friandises, qui ne sont que la récompense de son travail. Voici le livre. — Nous en étions à la page huitième : *Cesar pugnantibus Romanis...*

BLAISEAU.

Euh!... euh!...

L'ABBÉ.

Cesar pugnantibus Romanis hostes. — La version que vous avez apprise hier?

BLAISEAU.

J' l'avons apprise hier?

L'ABBÉ.

Cesar pugnantibus Romanis hostes interfecit. — Allons!...

3

BLAISEAU.

Je n'l'on point apprise hier !

L'ABBÉ, avec une grande révérence.

J'en suis fâché pour Monseigneur, je crains de lui déplaire. (Au valet.) Remportez le chocolat de Son Altesse !

LE VALET, avec une grande révérence.

Oui, monsieur l'abbé.

L'ABBÉ.

Passons à la géographie. — Deuxième partie. Fleuves et montagnes. — J'écoute, monseigneur.

BLAISEAU.

Qu'est qu'vous voulez que j' disions à ça ?

L'ABBÉ.

Ce que vous savez. — Deuxième partie. Fleuves et montagnes.

BLAISEAU.

Je n'savons rien du tout.

L'ABBÉ, avec une grande révérence.

Hélas ! qu'on remporte les fruits confits chez madame la maréchale.

LE VALET, avec une grande révérence.

Oui, monsieur l'abbé.

L'ABBÉ.

Monseigneur sait-il au moins sa démonstration géométrique ?

BLAISEAU.

Oh ! qu' non !

L'ABBÉ.

Pourquoi cela, monseigneur ?

BLAISEAU.

J'n'ons point pu.

L'ABBÉ, avec une grande révérence.

Ah ! je suis profondément affligé. Qu'on me remporte à l'office la tarte à la crème de Son Altesse.

LE VALET, avec une grande révérence.

Oui, monsieur l'abbé.

BLAISEAU.

Hi hi hi hi! j'ons grand'faim, moi!

L'ABBÉ.

Je supplie Son Altesse de m'excuser, si elle avait étudié ses leçons...

BLAISEAU.

Je n'y étions point.

L'ABBÉ.

Je suis désolé de ce contre-temps. Si monseigneur veut étudier, il en est temps encore.

BLAISEAU

J' n'allons point à l'école.

L'ABBÉ, avec une révérence.

Je me retire désespéré.

BLAISEAU.

Hi hi hi hi!

L'ABBÉ, avec une révérence.

Croyez, Monseigneur, que c'est bien malgré moi que pareille chose arrive.

BLAISEAU.

Hi hi hi hi!

L'ABBÉ, avec une révérence.

Je demande en grâce à Votre Altesse de ne s'en point prendre à moi. (Il sort toujours en saluant.)

BLAISEAU.

Est-il méchant, c't homme noir! — Queu chienne de maison! (Au valet) Mon bon mosieu, j'ons ben faim; enseignez-moi ous que je pourrions trouver une miche?

LE VALET, avec une révérence.

Il nous est impossible de désobéir à M. l'abbé.

BLAISEAU, à un autre valet.

Si vous m'disiez seulement c' qui gnia dans ce livre.

LE VALET, avec une révérence.

Votre Altesse me pardonnera, je ne le puis.

BLAISEAU, à un autre valet.

Otez-moi c't'affliquet que j'ons là au cou, que ça m'blesse.

LE VALET, avec une révérence.

Monseigneur, je ne me permettrais pas d'y toucher.

BLAISEAU.

Oh! les vilaines gens! i se moquiont de moi, j' crois ben, avec leux çarimonies; monseigneur par-ci, monseigneur par là; des coups de chapeau jusqu'à parterre, eh! jarni, pas une croûte. — J'aimerions mieux courir là-bas dans le parc. (Il s'approche d'une fenêtre). Ah! ma fine, queu beau temps! Y doit y avoir des fraises de mûres sous les chênes; — oh! jarni! v'là tout là-bas le gros Thomas et sa sœur, et le p'tit Piarre, et Guillot; y courrions tretous, et y mangions des tartines. — Ah! jarni! si j'pouvions les joindre. — Ces monseigneux avions le dos tourné — et pst!... (Il s'élance vers la porte.)

LE SUISSE, allongeant sa hallebarde.

Hé! hé! là! doucement, monseignur.

BLAISEAU.

J'allons voir l'gros Thomas, qu'est là bas dans le parc.

LE SUISSE.

Che temante pien pardon à monseignur, mais fous pas sortir.

BLAISEAU.

Mon Dieu! mon Dieu! les p'tits monseigneux comme moi i n'aviont donc ni père, ni mère, ni rian du tout! (A un valet.) Pour qui c'p'tit batiau qu'etiont si bariolé de rouge dans la pièce d'eau.

LE VALET.

C'est tantôt pour la promenade sur l'eau de monseigneur.

BLAISEAU.

Ben obligé! Et pour qui ce joli p'tit cheval qu'i teniont dans la cour?

LE VALET.

C'est pour Votre Altesse quand elle ira au bois.

BLAISEAU.

Ma fine! j'en sommes ben aise! Et pour qui ces galettes que les marmitons portiont?

CHACUN SA CROIX

LE VALET.

C'est pour le goûter de Monseigneur.

BLAISEAU.

Ah! grand marci! Vous êtes un bon mossieu, vous. Et quand je pourront'y manger, me promener et aller sur l'eau?

LE VALET.

Aussitôt que M. de Montrésor le permettra.

BLAISEAU.

Tra la la deri dera! Ah! queu joie! Où donc qu'il est ce mosieu? tra deri dera!

LE GOUVERNEUR, entrant.

Je suis ravi, Monseigneur, de vous voir de si belle humeur.

BLAISEAU.

Ah! c'est ce grand mosieu de tantôt dans le parc. — C'est-i vrai que nous allons manger et nous promener?

LE GOUVERNEUR.

Monseigneur oublie donc que c'est aujourd'hui son jour de réception; et d'ailleurs, M. l'abbé est fort mécontent de lui. Nous allons recevoir les étrangers; vous savez l'italien et l'espagnol, vous leur répondrez dans leur langue. — Qu'on passe le grand-cordon à Son Altesse. — Je n'ai pas besoin de lui rappeler les devoirs dont il convient qu'elle s'acquitte.

BLAISEAU.

Hélà! Hélà!

UN HUISSIER, annonçant.

M. le comte de Fossombroni! M. le marquis de Villa-Réal!

LE COMTE FOSSOMBRONI.

Altezza giungendo dai nostri in questi suoi bellisimi paesi; ci e forza cosi dimenticare la propria patria anzi sparisce ogni memoria innanzi alla somma felicita, de cui a colma la di lei alma presenza.

LE GOUVERNEUR.

Que répond à cela Votre Altesse? — Promptement, je l'en supplie.

BLAISEAU.

J'la savons pas, la leçon.

LE GOUVERNEUR.

Je ferai remarquer à monseigneur qu'il choque tous les usages, et que ces étrangers en peuvent prendre mauvaise opinion.

LE MARQUIS DE VILLA-RÉAL.

Alteza, nuestra voluptad en el momento que nos esta dado de contemplar vuestra grandeza, esta tanto fuerta que no potemos decir quien sobrepuja o nuestro amor o nuestra admiracion.

LE GOUVERNEUR.

De grâce, monseigneur, quelques mots.

BLAISEAU.

Hi hi hi! je m'ennuyons et j'ons ben faim.

LE GOUVERNEUR.

Voilà, monseigneur, qui est tout à fait indigne de vous. Ces gentilshommes se retirent furieux et ils en ont bien sujet. Je ne m'explique pas votre conduite d'aujourd'hui ; vous avez des paroles et des façons qui me couvrent de confusion.

BLAISEAU.

Pourquoi qu'i m'teniont enfermé et qu'i ne m'donniont pas à manger.

LE GOUVERNEUR.

Pourquoi Votre Altesse n'a-t-elle point étudié? elle doit savoir ses leçons avant tout. Cependant je veux bien vous venir en aide, vous les étudierez au parc avec moi, après quoi l'on vous servira vos friandises et l'on vous récompensera comme il convient.

BLAISEAU.

J'trouvions monseigneux ben heureux hier, et c'est moi à c'te heure qu'est monseigneux. — Malheureux monseigneux!

(Ils sortent.)

SCÈNE IV

Le parc. — La lisière d'un taillis comme à la première scène.

LE DAUPHIN assis sur des fagots; puis **BLAISEAU, LE GOUVERNEUR, L'ABBÉ** et **MARCEL.**

LE DAUPHIN.

Hélas! ne passera-t-il personne qui puisse venir à mon secours? J'ai prié Dieu et Dieu m'abandonne aussi. — Je suis si malheureux et si fatigué, que je n'ai pas le courage de me lever d'ici. Je n'ose ni travailler ni m'enfuir; d'ailleurs, je ne sais point le chemin du château et je me suis écorché les doigts rien qu'à toucher à ces vilaines branches. — Ce méchant garde-chasse est capable de me tuer quand il reviendra. Mon Dieu! mon Dieu! j'ai l'air d'un petit mendiant; les loups peuvent me dévorer ici à leur aise. — J'ai oublié de demander s'il y en avait dans le parc. — Holà! quel est ce bruit! — Du monde! Oh! mon Dieu! je cours me cacher.

(Il se cache derrière la haie. Entrent Blaiseau, le Gouverneur, l'Abbé, Marcel, des valets, des suisses.)

LE GOUVERNEUR.

Monseigneur, je suis charmé de voir votre mélancolie se dissiper.

L'ABBÉ.

Je ne saurais dire à Votre Altesse combien je suis ravi que cette promenade lui plaise.

MARCEL.

Je serai trop heureux, monseigneur, si les soins de vos gardes chasse peuvent servir à récréer Votre Altesse.

LE DAUPHIN, caché.

Eh quoi! c'est ce petit bourru de paysan qui est à ma place et on le traite comme un prince.

LE GOUVERNEUR.

Voici la faisanderie où l'on couronnera ce soir le vainqueur de la chasse. Ce prix revient à votre adresse.

L'ABBÉ.

Sans flatterie, personne ne le saurait mieux mériter.

MARCEL.

Sans vanter Votre Altesse, il n'y a pas un tireur parmi nos jeunes seigneurs pour lutter avec elle.

LE DAUPHIN.

Ah! c'est mentir trop fort. (Il s'élance sur le chemin.) Holà! Messieurs, me voici!

UN SUISSE.

Feux-tu de daire, bétit drôle, et aller de gacher tout de suite!

LE DAUPHIN.

Me voici, monsieur de Montrésor, et c'est là Blaiseau le bûcheron.

LE SUISSE.

Che te avre tit de redirer doi, bolisson! ou moi basser mon alleparde au dravers du corps.

LE GOUVERNEUR.

Qu'est-ce? qu'y a-t-il par là?

L'ABBÉ.

Rien; c'est un petit paysan qu'on renvoie.

LE DAUPHIN.

Hélas! c'est moi qui suis à la place de ce paysan et l'on me traite comme un méchant bûcheron.

L'ABBÉ.

Ici, monseigneur, vous pourrez étudier tout à l'aise; après quoi, vous prendrez part aux divertissements de la soirée.

LE GOUVERNEUR.

Nous, nous écartons afin que vous soyez moins distrait,

sans vous perdre de vue toutefois. (Le gouverneur sort avec toute sa suite.)

LE DAUPHIN, caché.

Ah! nous allons nous voir seul à seul, mon petit camarade.

BLAISEAU.

Pardienne! me v'là ben loti. J'venions au parc, mais y m'accompagnions comm'une procession et j'n'pouvions remuer ni pied ni patte. Y m'promettions ben de l'agrément, mais faut que j'sachions de par quieur auparavant ce qui gnia d'dans cet enragé de livre. — Ma fine j'l'saurions jamais et j'nous amuserions itou.

LE DAUPHIN, le serrant à la gorge.

Ah! ah! je te prends enfin avec mes habits, petit voleur!

BLAISEAU.

Voleux vous-même, jarni! V'là-t-il pas ma veste qu'vous avez là sur le dos, mes sabots, mon chapiau et tout?

LE DAUPHIN.

Je ne sais qui me tient que je ne t'assomme.

BLAISEAU.

Jarni! ne tapez point ou j'tapons ben pus fort.

LE DAUPHIN.

Holà, holà, tu as raison, lâche-moi un peu la gorge.

BLAISEAU.

Vous m'direz un peu comment qu'ça se fait qu'vous m'avez pris mes hardes et mes fagots.

LE DAUPHIN.

Mon Dieu, je n'en sais rien, c'est sans le vouloir, je te jure. Mais, maraud, comment se fait-il que toi-même tu m'aies pris mon rang et ma croix.

BLAISEAU.

Ma fine, je n'en savons rien non plus; mais gn'ia pas d'offense. Je n'lons point fait exprès.

LE DAUPHIN.

Rends-moi sur-le-champ mes habits.

3.

BLAISEAU.

Ah ! pardienne ! j'n'en voulons point. Rendez-moi les miens et pus vite que'ça.

LE DAUPHIN.

Tu peux les prendre, je n'en ai point envie.

BLAISEAU.

Ah ben, vous êtes un brave p'tit tout d'mème, touchez là.

LE DAUPHIN.

Volontiers : je t'aurais cru plus fripon.

BLAISEAU.

Oui-dà. Mais dites donc, nous n'savons point ce qui peut arriver ; apprenez un peu pour moi ce qui gnia dans ce livre. Vous lisez là d'dans, vous ?

LE DAUPHIN.

Cela m'est aisé, mais à condition que tu me feras ces fagots ; tu dois y être habile.

BLAISEAU.

Ah ! mon Dieu ! j'faisons ça comme rien.

LE DAUPHIN.

En vérité, c'est une leçon que j'ai apprise hier et que je sais à moitié.

BLAISEAU.

Tant mieux donc. — V'là déjà une demi-douzaine de bourrées d'abattues.

LE DAUPHIN.

Eh bien, sur ma foi, j'aimerais mieux apprendre des leçons que faire des bourrées.

BLAISEAU.

Ah ben ! jarni ! j'aimerions ben mieux, moi, faire des bourrées que des leçons. (Entre la suite.)

LE GOUVERNEUR.

Il n'en sera point autrement pour vous, monseigneur, ni pour toi, Blaiseau.

MARCEL.

As-tu fait tes bourrées, garçon ?

B ISEAU.
Les v'là, m'sieu Marcel.
MARCEL.
Fort bien, tu en feras désormais tout ton saoûl.
BLAISEAU.
Ma fine ! j'en sommes ben aise.
LE GOUVERNEUR.
Et vous, monseigneur, savez-vous votre leçon ?
LE DAUPHIN.
Oui, mon gouverneur.
LE GOUVERNEUR.
Vous n'aurez jamais, monseigneur, qu'à en étudier de pareilles.
LE DAUPHIN.
Je comprends la vôtre, monsieur de Montrésor, et je vous en remercie. Je nomme Blaiseau bûcheron du dauphin, et, quand je serai roi, il sera garde-chasse.
BLAISEAU.
Vive monseigneur !

CONQUÊTES
GRANDEURS ET VICISSITUDES
POLITIQUES
DE L'ÉCOLE DE PALAISEAU

CONQUÊTES

GRANDEURS ET VICISSITUDES POLITIQUES

DE L'ÉCOLE DE PALAISEAU

PERSONNAGES

M. L'abbé TRUFLET.
PÉTRONILLE, gouvernante.
FAGOTIN,
CALIFOURCHON,
GILLES,   } écoliers.
ARLEQUIN,
TRIOLET,

BRISCANDILLE,
NICOLET,
GASPARD,   } écoliers.
TORTICOLIS,
COQUESIGRUE, valet de ferme.
Autres écoliers.
Des Voisins, des Paysans.

SCÈNE PREMIÈRE

L'école. — Des bancs renversés. Les tableaux barbouillés de caricatures à la craie. — Groupes animés. — Exemples tachés d'encre, bonnets d'âne foulés aux pieds, figures découpées au plancher, capucins de cartes, cocottes, boulettes de papier mâché, hannetons captifs et autres insignes séditieux arborés çà et là.

TRIOLET, CALIFOURCHON, FAGOTIN, TORTICOLIS, et tous les écoliers.

TRIOLET.

Non, cela ne saurait durer ainsi. Cinq heures d'études, à présent ! pour qui nous prend-on !

CALIFOURCHON.

Nous sommes grands à cette heure, et nous n'avons qu'à le faire voir.

FAGOTIN.

Le temps est passé où l'on nous mettait à genoux à la porte, les bras en croix.

TRIOLET.

Et de quel droit nous faire lever à six heures, coucher à huit, travailler, griffonner, baragouiner tout le jour? Nous payons notre pension; nous sommes les maîtres. Nous ne payons point pour nous rompre la tête ou avoir le fouet.

GILLES.

Et de quel droit aussi nous empêcher de toucher aux espaliers, quand nous y avons traîné plus de cent arrosoirs ce printemps? Que nous donne-t-on pour la peine? Cinq à six malheureux abricots à chacun. Les espaliers sont à M. l'abbé, c'est nous qui payons M. l'abbé; donc, les espaliers sont à nous.

CALIFOURCHON.

Et de quel droit ce Gaspard et les quelques cuistres de son espèce dînent-ils à la table du maître, tandis que nous dévorons ici notre pain bis et nos déclinaisons? Ils vous disent qu'ils savaient leurs leçons et qu'ils ont fait le meilleur thème, mais il y a déjà huit jours de cela. Pourquoi ne serait-ce point notre tour? Nous ne savons pas nos leçons, mais nous pourrions les savoir; ce sont de vils flatteurs qui enjôlent le maître.

FAGOTIN.

Et puis aussi, de quel droit ont-ils de beaux livres et un ruban à la boutonnière en guise de prix? Cela fait qu'ils nous méprisent, nous qui n'avons rien. C'est une injustice.

TOUS.

C'est une injustice!

CALIFOURCHON.

Nous sommes tous égaux ici. Nous sommes plus nombreux d'abord. N'es-tu pas de mon avis, Torticolis?

TORTICOLIS.

Oui, rossons-les. Vous avez raison. Je suis, moi, pour le bacchanal. Et allons donc, le maître n'y est pas, à bas les tables, à bas les bancs! A toi cette torgnole! à vous ce horion!

NICOLET.

Eh! eh! on me marche sur les pieds, on me casse la tête. Doucement! qu'y a-t-il, je vous prie? Je ne comprends pas précisément pourquoi l'on se bouscule ainsi.

TRIOLET.

Te plaît-il de recevoir de temps à autre vingt-cinq férules bien chaudes, ou préférerais-tu t'en passer?

NICOLET.

Avec plaisir.

FAGOTIN.

Serais-tu bien fâché de jouer à la fossette toute la journée, au lieu d'être injustement enfermé parmi ces bouquins?

NICOLET.

Cela me plairait fort.

CALIFOURCHON.

Ne trouves-tu pas qu'il serait bon de faire une fois à sa tête sans plus de crainte du cachot, des pensums, du fouet et du pain sec?

NICOLET.

Vous avez raison. Si cela se peut, je suis de votre avis.

FAGOTIN.

Eh bien, c'est ce dont il s'agit. Nous allons porter nos plaintes à M. l'abbé. Il faudra bien qu'il nous fasse justice.

TORTICOLIS.

Portons nos plaintes, hurlons, faisons vacarme. Je m'en vais casser un peu les lanternes.

TRIOLET.

Doucement! qui est-ce qui portera la parole?

TOUS.

Nous porterons la parole.

TRIOLET.

Entendons-nous, il n'en faut qu'un. Personne ne dit mot?

GILLES.

Cela ne peut pas être moi.

TOUS.

Ni moi.

TRIOLET.

Ce sera Fagotin !

FAGOTIN.

Vous n'êtes pas gênés. Pourquoi moi plutôt qu'un autre ?

GILLES.

Oui, ce sera Fagotin, le plus fort, le plus brave, le plus hardi et celui qui parle le mieux. Oui, Fagotin, tu es un bon camarade, tu n'as peur de rien, tu sais te tirer de tout. Vive Fagotin !

TOUS.

Vive Fagotin !

FAGOTIN.

Eh bien, oui, messieurs, ce sera moi. Laissez-moi faire. Seulement, si je suis puni vous ne m'abandonnerez pas. Et puis ceux qui auront des biscotes à goûter m'en donneront quelques-unes. C'est bien juste.

TOUS.

Oui, oui.

FAGOTIN.

Je m'en vais, en attendant, vous faire un discours.

TOUS.

Silence ! il va faire un discours. Monte sur la table. Vive Fagotin !

FAGOTIN, sur la table.

Messieurs... ah ! bien ne riez pas... on nous a fait une injustice ! que dis-je ?... plusieurs... plusieurs injustices... n'est-ce pas ? — Tais-toi donc, toi, Nicolet. — On nous fait une injustice... c'est injuste... c'est injuste parce que... c'est une injustice. — Si l'on me jette des boulettes, je n'en joue plus.

VOIX à gauche.

Taisez-vous donc, vous autres. Va toujours, Fagotin.

Bravo, Fagotin! (Entre l'abbé Truflet. L'orateur disparaît. Chacun retombe à sa place. Silence profond.)

SCÈNE II

Les Mêmes, L'Abbé Truflet.

L'ABBÉ.

Eh! bon Dieu, que se passe-t-il par ici? La maison tremble, les planchers craquent. Vous êtes donc de bien belle humeur? Qui est-ce qui s'amuse si fort? Personne ne répond?

GILLES.

Allons, Fagotin! Monsieur l'abbé, Fagotin a quelque chose à vous dire.

FAGOTIN.

Oui, monsieur l'abbé... il est vrai...

L'ABBÉ.

Parlez, mes chers enfants, je suis là pour vous écouter et vous faire raison.

FAGOTIN.

Eh bien donc, monsieur l'abbé, nous nous levons trop matin et vous trouverez bon que désormais nous dormions la grasse matinée.

L'ABBÉ.

Ouais!

FAGOTIN.

Après quoi, il nous est insupportable de demeurer quatre heures durant cloués sur les bancs sous peine du fouet qui est un instrument déplorable.

L'ABBÉ.

Vraiment!

FAGOTIN.

Nous estimons encore que les repas, depuis quelque temps, sont trop fournis de légumes et pas assez de tartelettes. Ce n'est pas ainsi qu'on nourrit des gens à qui l'on veut du bien.

L'ABBÉ.

Oui-dà !

FAGOTIN.

Enfin, nous voyons avec ennui de petits messieurs mieux traités que nous sous prétexte qu'ils sont plus savants. Nous désirons qu'on nous récompense tous ou qu'on ne récompense personne.

L'ABBÉ.

Vous avez fini? Mes chers enfants, vos réclamations, avant tout, ne sont pas faites du ton qui convient : néanmoins, je veux bien les prendre en considération ; j'y songerai, je m'assurerai de ce qu'il y a de raisonnable, et je vous promets d'en rendre bon compte. Reprenez cependant vos livres et continuez.

FAGOTIN.

Oh! bien non, il fait beau, le travail est malsain. Nous avons résolu de ne plus travailler qu'on ne nous ait accordé ce que nous demandons.

TOUS.

Il a raison. Au jardin! Vive Fagotin!

L'ABBÉ.

Puisque vous le prenez sur ce ton, je déclare tout net que je n'écoute plus rien, et les plus turbulents, vous, Fagotin, vous, Gilles, vous, Triolet, vous allez vous rendre à l'instant même au cachot. (Murmures.)

TRIOLET.

Ah! ouiche!

FAGOTIN.

On nous y traînera plutôt.

TOUS.

C'est une tyrannie !

L'ABBÉ.

Fort bien; je m'en vais vous y traîner, puisque vous le voulez.

VOIX à gauche.

Il n'osera pas, il n'osera pas. Ah! le despote! le barbare! le dictateur!

UNE VOIX, à l'extrême gauche.

Filou! (L'abbé emmène les condamnés.)

SCÈNE III

LES MÊMES, moins L'ABBÉ et les TROIS PRISONNIERS.

TORTICOLIS.

Bon! le voilà reparti. Je reprends mes exercices. Je m'en vais vous faire quelques manœuvres de voltige sur la corde roide. Je continuerai par des passes de jongleur avec divers dictionnaires et rudiments. Enfin je terminerai par une série de transformations à l'aide des lunettes de M. l'abbé et de plusieurs chapeaux faits d'un seul et même exemple d'écriture. (Il se met à gambader sur les tables.)

NICOLET.

Holà! qui est-ce qui marche dans mon encrier. Tiens-toi donc en repos, Torticolis.

CALIFOURCHON.

Messieurs, il n'est pas question de badiner. Nos camarades sont dans les fers; les y laisserons-nous? les abandonnerons-nous aux horreurs d'un pain sec ou seulement trempé de leurs larmes? Non, messieurs, il faut les délivrer, il faut faire tapage.

TOUS.

Oui! la grâce des prisonniers! faisons du bruit.

TORTICOLIS.

Je ne fais que cela, c'est mon fort. Allons, morgué, une gavotte sur la chaise du maître. Un peu d'encre dans sa tabatière: cela ne peut pas nuire. Quelques hannetons dans sa perruque, bon! Détraquons un peu la pendule! (Il contrefait l'abbé dans la chaire.) Nous-al-lons-com-men-cer-par le (Avec un fausset aigu.) Cornélius. (Éclats de rire.)

CALIFOURCHON.

Non, ce sont là des niaiseries. Il ne faut point qu'on mette Fagotin en prison. Allons délivrer Fagotin.

TORTICOLIS.

Fort bien. Nous démolirons le cachot.

TOUS.

Oui, oui, le cachot ne servira plus.

UNE VOIX.

Mettons-nous en rang. Prenons des armes. (Les livres volent, les bancs s'écroulent, la chaire est bouleversée. Sortie en tumulte.)

SCÈNE IV

Le jardin. — La révolte ouverte. — Marche guerrière, tambour battant, mouchoirs déployés. — Les écoliers armés de règles, de badines. Quelques armes à feu en papier. Chapeaux, plumets, épaulettes du même métal.

CALIFOURCHON, BRISCANDILLE, NICOLET, ARLEQUIN, TORTICOLIS, FAGOTIN, TRIOLET et GILLES.

CALIFOURCHON.

C'est moi qui suis le général. — Tra tra tra dera dera dera !

BRISCANDILLE.

Non, tu seras le trompette. C'est moi le général. J'ai un baudrier.

CALIFOURCHON.

Veux-tu t'aller cacher, beau général !... Voilà pour toi. (Il lui détache une claque.)

BRISCANDILLE, pleurant.

Hi hi hi ! je le dirai à M. l'abbé.

CALIFOURCHON.

Ah ! je m'en moque.

BRISCANDILLE.

Hi hi hi ! galopin ! — Eh ! bien, je serai le trompette, tra tra dera dera dera ! Au galop !

NICOLET.

Arrête, arrête, on me donne de grands coups de pied sur les talons... mon soulier s'en va... holà !

CALIFOURCHON.

C'est ici, messieurs, halte! La porte du cachot est fermée. Ouvrons la fenêtre.

ARLEQUIN.

Un instant... je ne joue pas... M. l'abbé pourrait venir.

NICOLET.

Oui... c'est ce qu'il me semble... c'est assez.

CALIFOURCHON.

Ah! les lâches! les poltrons! ce sont des traîtres!

NICOLET.

Non, non, ne tapez pas sur moi.

CALIFOURCHON.

Allons, messieurs, montons à l'assaut. Poum! poum! (Simulacre d'un feu bien nourri. Ils ouvrent la fenêtre. Les prisonniers s'échappent.)

TORTICOLIS.

Les voilà! les voilà? Fagotin va nous commander.

CALIFOURCHON.

Ne crie donc pas si haut, nigaud.

FAGOTIN.

Oui, mes amis, il faut nous venger; nous sommes vainqueurs.

TORTICOLIS.

Voilà les espaliers; qu'est-ce qui nous empêche de faire bombance?

TOUS.

Aux espaliers! la courte échelle! (Ravage des arbres à fruit.)

TORTICOLIS.

Si nous déracinions les arbres à cette heure pour en faire un feu de joie!

TRIOLET.

Non, forçons plutôt le treillage du parterre où l'on nous défend d'aller. Commande, Fagotin.

TOUS.

Oui, vive Fagotin!

FAGOTIN.

Garde à vous! croisez la baïonnette, pas de charge! En avant, marche!

TOUS.

Marche! hourra! (Siège des treillages.)

GILLES.

Alerte! aux-armes! voici Pétronille.

SCÈNE V

Les Mêmes, PÉTRONILLE.

FAGOTIN.

Attention! feu de ce côté.

PÉTRONILLE.

Eh! doucement, mes petits drôles, je ne viens pas vous battre, ni me faire battre: c'est M. l'abbé qui m'envoie vous parler.

FAGOTIN.

C'est un parlementaire. Laissez approcher. Mon cousin, qui est cadet dans le régiment de Flandres, m'a dit que cela se faisait ainsi. Parlez.

PÉTRONILLE.

C'est heureux. M. l'abbé, qui est furieux... (Le parlementaire est frappé d'une moitié d'abricot gâté entre la joue et le nez.)

FAGOTIN.

Corbleu, finissez, M. Torticolis, ou je vais vous châtier.

TORTICOLIS.

Eh! tu m'ennuies, cela me plaît.

FAGOTIN.

Veux-tu bien...

TORTICOLIS.

Penses-tu me faire peur! Approche donc un peu.

FAGOTIN.

Je suis ton chef, tu dois m'obéir.

TORTICOLIS.

Qui est-ce qui a dit cela ? Mon chef ! (Il lui tire la langue.)

PÉTRONILLE.

Je te reconnaîtrai, petit mauvais sujet, et j'en parlerai à M. l'abbé.

FAGOTIN.

Continuez.

PÉTRONILLE.

M. l'abbé m'envoie vous dire que vous vous conduisez horriblement, et que cependant, ce désordre n'étant causé que par deux ou trois mutins, tous ceux qui seront rendus, d'ici à un quart d'heure, à leur place accoutumée dans la classe, recevront deux belles prunes de plus, en récompense de leur docilité. J'ai dit.

CALIFOURCHON.

Il est trop tard. Qu'en dites-vous ?

TORTICOLIS.

Nous avons mangé des prunes à discrétion, et j'aime mieux rester ici à jouer.

PÉTRONILLE.

Ah ! les garnements ! voulez-vous bien venir ! (Elle avance en tirant le martinet.)

CALIFOURCHON.

Elle porte les armes contre nous, en avant !

FAGOTIN.

Oui, tirez dessus. hurrah ! (Charge au galop sur le parlementaire. Il s'enfuit en désordre. On le poursuit jusqu'aux portes de l'office. Le martinet reste sur la place. On rapporte aussi quelques balais et lèchefrites pris sur l'ennemi. Marche triomphale, le désordre est à son comble.)

SCÈNE VI

LES MÊMES, moins PÉTRONILLE.

PLUSIEURS VOIX.

Victoire !

FAGOTIN.

Messieurs, nous nous sommes couverts de gloire, nous avons reconquis notre liberté; qu'est-ce que nous pourrions bien faire à présent pour nous amuser?

NICOLET.

Nous pourrions, d'aventure, aller dîner; mais il est midi passé et je n'entends pas sonner la cloche.

CALIFOURCHON.

Nigaud! quand on est libre on ne dîne plus; crois-tu pas que les tyrans que nous avons terrassés, vont encore te tremper ta soupe? D'ailleurs, n'avais-tu pas des fruits là-bas.

NICOLET.

Vous avez si bien fait, que je n'en ai pas mangé.

TORTICOLIS.

Après tout, qu'est-ce donc tant que vos fruits à côté d'un morceau de lard?

GILLES.

Il est certain que je dînerais volontiers.

BRISCANDILLE.

Quoi! est-ce que nous ne dînerons pas?

FAGOTIN.

Il est vrai que je me sens moi-même un appétit de grand capitaine. (Murmures, relâchement général.)

CALIFOURCHON.

Vous ne dînerez pas, vous pouvez y compter. Cependant, comme cela ne peut durer, il me vient un expédient. Gaspard a des provisions dans son panier, son petit frère Maurice, également; c'est bien le moins que nous les prenions à ces drôles.

NICOLET.

Quoi! les leur voler?

TORTICOLIS.

Eh! je me souviens que Nicolet lui-même a reçu une boîte de confitures tout récemment.

NICOLET.

Doucement, messieurs, ceci m'appartient, et l'on me l'a envoyé pour me régaler.

CALIFOURCHON.

Tu en feras bien le sacrifice à tes camarades.

NICOLET.

Non pas, messieurs ; on ne m'a fait aucun sacrifice.

TORTICOLIS.

On saura bien t'y forcer, après tout.

NICOLET.

Ah ! doucement ! je cours défendre ma boîte.

TORTICOLIS.

Bah ! défends-toi de ceci. (Il lui allonge des gourmades.)

NICOLET.

Monsieur l'abbé, monsieur l'abbé, au secours !

TRIOLET.

Je te conseille de l'appeler. Pleure, nigaud. Nous allons voir cependant si tes confitures sont à la pistache. (On s'en va piller les malles de ces messieurs.)

NICOLET, pleurant.

Ah ! par exemple, je n'en joue plus, ce sont de méchants gamins.

GASPARD, pleurant.

Qu'avez-vous donc, Nicolet ?

NICOLET.

Ils me vont prendre une boîte de confitures que je gardais pour les jours de fêtes.

GASPARD.

Quoi, vous aussi ! pourquoi donc étiez-vous si bien ensemble ?

NICOLET.

Je ne sais : il me devait arriver, disaient-ils, beaucoup d'agréments. Si j'avais su, je ne me serais certes pas mis contre M. l'abbé ; il m'aurait fait rendre justice.

GASPARD.

Venez-vous-en donc avec moi, car s'ils nous voyaient, ils nous donneraient encore mille coups. (Ils se retirent à l'écart.)

SCÈNE VII

Les Mêmes, moins GASPARD et NICOLET.

TORTICOLIS.

Il s'agit à présent de faire les parts.

BRISCANDILLE.

Je te conseille d'en parler. Il a pillé à lui seul deux tiroirs et il a tout dévoré.

FAGOTIN.

Nous allons partager. Silence, messieurs! Combien sommes-nous?... Huit, dix, douze... Vous trouverez bon, d'abord, comme général, que je m'adjuge cette bergamotte qui flaire un goût excellent.

TRIOLET.

Ah! dis donc, j'ai été en prison comme toi; il me faut ce bâton de sucre de pomme.

GILLES.

Doucement; pour les grands services que j'ai rendus, je prends, quant à moi, ce sac de cédrats qui m'est dû.

BRISCANDILLE.

Mais que nous restera-t-il!

CALIFOURCHON.

Un moment; c'en est trop! C'est moi qui vous ai délivrés, et voilà palsambleu assez longtemps que vous vous gobergez à faire les capitaines. C'est mon tour à présent. Quoi! vous nous laissez les coquilles et les épluchures; n'avez-vous point de honte!... Messieurs, je prends le commandement, et je m'en vais faire vos parts.

FAGOTIN.

Toi!... C'est un mauvais joueur! je suis toujours le général, n'est-il pas vrai, messieurs? Qu'on le chasse de la partie.

CALIFOURCHON.

Ne l'écoutez point, c'est un mouchard! Il a épargné Gaspard parce qu'ils s'entendent ensemble. Il vous a menés aux malles de Nicolet; c'est à la cuisine qu'il fallait marcher. Il ne l'a point osé, parce que Pétronille le fournit en secret de tartines. Enfin, il ménageait tout à l'heure le parlementaire; n'est-il pas vrai, Torticolis?

TORTICOLIS.

Oui, oui, il m'a empêché de le fusiller.

FAGOTIN.

Fort bien, allez-vous-en ; ces messieurs restent mes soldats. Tout ira mieux sans eux, n'est-ce pas, Arlequin?

ARLEQUIN.

C'est ce que nous allons voir ; un moment !

CALIFOURCHON.

Pas tant de raisons ; à moi, Torticolis, et houspillons ce petit monsieur ! (Combat. Fagotin est battu et désarmé; il se retire inquiété par la cavalerie.)

ARLEQUIN.

Victoire ! Honneur à Califourchon ! Califourchon avait raison.

CALIFOURCHON.

Çà, maintenant, c'est moi qui suis le capitaine. Qu'on songe à m'obéir !

TORTICOLIS.

Et moi aussi, j'espère !

CALIFOURCHON.

Oui... nous sommes tous deux capitaines ! Mais toi... Oui, nous le sommes, — pour le coup, nous sommes invincibles. Aux grands maux les grands remèdes ! Nous allons envahir la cuisine.

BRISCANDILLE.

Diable ! cela me paraît hasardé.

CALIFOURCHON.

Quel est le poltron qui parle ?... Suivez-moi, et le premier qui bouge...

BRISCANDILLE.

Il me semble, puisqu'il y va de ma peau, que j'ai le droit...

CALIFOURCHON.

Au surplus, c'est juste : que ceux qui ne sont point de mon avis le déclarent. — Tu n'es point de mon sentiment

BRISCANDILLE.

Ma foi...

CALIFOURCHON.

Attachez-moi cet homme, et qu'on lui applique dix coups de mouchoirs à nœuds.

TORTICOLIS, rossant Briscandille.

Voilà.

GILLES.

Doucement, c'est un camarade ; vous n'avez pas la permission de...

CALIFOURCHON.

Quinze coups de pieds à celui-ci et je vais vous aider.

TORTICOLIS, frappant Gilles.

Voilà.

UN ÉCOLIER.

Ah ! ce n'est pas Fagotin qui nous eût traités ainsi.

CALIFOURCHON, lui cinglant un coup de gaule.

Et voici, toi, pour ton observation charitable. — Y a-t-il encore quelqu'un qui ne partage point ma manière de voir ? il vaut mieux le dire tout de suite.

ARLEQUIN.

Je tombe d'accord avec Califourchon. Vive Califourchon !
(Les battus se dispersent en pleurant.)

UN ÉCOLIER, accourant.

Aux armes ! aux armes ! Je viens vous en apprendre de belles ! Tout est perdu ; nous avons une armée sur les bras. Gaspard et les siens se sont réunis dans la première cour ; il a enrôlé ses petits cousins qui l'étaient venus voir ; ils sont armés jusqu'aux dents ; enfin, Pétronille ferme la marche avec un plumeau démesuré qui nous balaiera à dix pas de distance.

CALIFOURCHON.

Aux armes ! je suis en très-grand danger. Aux armes, Briscandille !

BRISCANDILLE.

Ah ! pour moi, je ne bouge point.

CALIFOURCHON.
Fagotin?

FAGOTIN.
Pas si sot.

CALIFOURCHON.
Triolet?

TRIOLET.
Grand merci!

CALIFOURCHON.
Arlequin?

ARLEQUIN.
Tout à l'heure.

CALIFOURCHON.
Gilles?

GILLES.
Je me repose.

CALIFOURCHON.
Ah! les misérables! et toi, Torticolis?

TORTICOLIS.
Il est vrai que je suis horriblement essoufflé.

CALIFOURCHON.
Embusquons-nous donc, et voyons ce qui arrivera.

NICOLET, dans un coin.
Nous voilà dans un bel embarras; M. l'abbé aiguise sans doute sa férule, et ce méchant Califourchon nous fait pis que M. l'abbé; que l'un ou l'autre nous rencontre, et c'est fait de nous; à qui donc se fier! (Il pleure.)

GILLES.
Hi hi! l'on m'a arraché tous les boutons de ma veste.

BRISCANDILLE.
Hi, hi! voilà l'heure de la récréation qui passe et nous ne nous sommes point amusés.

TRIOLET.
Et nous n'avons pas encore dîné! (Cris lointains du corps d'armée de Gaspard.)

NICOLET.
Que va-t-il arriver, et qui nous tirera de là?

SCÈNE VIII

Les Mêmes, COQUESIGRUE.

COQUESIGRUE, passant la tête derrière un mur.

Parguianne, y aviont assez de temps qu'j'entendions un tintamarre là-dessous ! Faut que j'sachions le fin mot.

GILLES.

Ah! ah!

COQUESIGRUE.

Qu'eu qui pleurniche par là ?

TRIOLET.

Qu'est-ce ! Un petit paysan.

COQUESIGRUE.

Qu'est-ce qu'ous avez donc, que vous pleurez si fort ?

NICOLET.

Ah ! nous sommes bien malheureux !

COQUESIGRUE.

Oui-dà ! Vous êtes bien bons. Quoiqu'i vous est donc arrivé, mes p'tits mosieurs ?

NICOLET.

Nous sommes des écoliers; c'est ici notre école.

COQUESIGRUE.

Ah! j'sais ben, ous qu'on apprend les livres de messe; allez, marchez, a pas peur.

NICOLET.

Notre maître est en colère, il veut nous fouetter; nos camarades sont fâchés et ils vont nous venir battre.

COQUESIGRUE.

Y gn'i a qu'çà qui vous gêne ?

NICOLET.

Quoi! n'est-ce pas assez !

COQUESIGRUE.

Comment qu'y sont jeunes, vos camarades?

NICOLET.
Ils sont grands comme nous.
COQUESIGRUE.
On y donne une bonne taloche.
NICOLET.
Mais ils sont beaucoup.
COQUESIGRUE.
On y donne un grand coup de sabot. Est-il encore ben vieux, vot'maître ?
NICOLET.
Oh! que oui.
COQUESIGRUE.
Comment qu'il est vieux ?
NICOLET.
Il porte des lunettes, un rabat, il a la goutte, il a les cheveux, blancs.
COQUESIGRUE.
On y poche un œil.
NICOLET.
Oui, mais il a une grande canne à bec de corbin.
COQUESIGRUE.
On y casse; il n'peut plus marcher. Ah ben ! ma fine, vous v'là bien embarrassés. Si y en avait tant seulement comme moi, y seriont bientôt tous nettoyés.
TRIOLET.
Quel âge avez-vous donc ?
COQUESIGRUE.
Quatorze ans à la Saint-Cloud, pour votre service. Ah ! mon Dieu, si vous voulez un tantinet me faire la courte échelle pour descendre là d'dans, j'vas un peu les rincer, vos camarades; c'est pour m'amuser.
BRISCANDILLE.
Ma foi, messieurs, ce n'est pas de refus. Venez, monsieur.
COQUESIGRUE, sautant par-dessus le mur.
Ouf! vous n'avez donc qu'à me les faire voir, et pisqu'y sont tant que vous dites, j'vas seulement cueillir un p'tit brin

de cornouiller, à celle fin d'en toucher pus à la fois. (Il casse une grosse branche d'arbre.)

TRIOLET.

Bravo ! bravo ! Qu'ils y viennent maintenant. Hé ! Fagotin, Torticolis, Califourchon, accourez ! nous avons à cette heure un fier général !

COQUESIGRUE.

Va pour général ! j'y tiens pas. C'est la chose de plaisanter, tandis qu'y m'attendiont à la ferme. J'aimons encore mieux donner des coups de trique que d'en recevoir.

CALIFOURCHON.

Voici les ennemis ! Voulez-vous que nous nous mettions en bataille ?

COQUESIGRUE.

A vot'commodité ! N'vous gênez point. (Il fait un moulinet avec son bâton.)

CALIFOURCHON.

Ce que j'ai dit n'est pas pour vous fâcher ! ce sera comme il vous plaira.

COQUESIGRUE.

N'bougez point, les v'là ! (Marche des troupes de Gaspard en bon ordre. Les trompettes sonnent ; les partis courent l'un sur l'autre. Horrible mêlée. Le gourdin de Coquesigrue fait d'effroyables ravages.)

GASPARD.

Holà ! On m'a donné un grand coup de bûche ; ce n'est pas de jeu. Qui est-ce qui frappe si fort ? Un moment ! je ne joue plus, défense... (Sa voix est couverte par les cris des combattants.)

UN DES SOLDATS DE GASPARD.

Vengeons notre général. Hardi ! vaincre ou mourir !... Ho ! quelle horrible torgnole ; j'ai la tête emportée, je saigne du nez... Maman !... Ho ! ho ! ho !

UN AUTRE.

Messieurs, nous sommes trahis ! il y a un grand paysan parmi eux ; c'est lui qui nous assomme.

GASPARD.

Arrêtez ! messieurs, je vais parlementer... Trêve, messieurs... Trompette, suivez-moi. (Le combat est suspendu. Gaspard s'avance l'épée basse entre les deux armées.)

LE TROMPETTE.

Tra tra tra dera dera tra tra.

COQUESIGRUE.

Tra tra tra ! C'est-il comme ça qu'ous parlez, vous ! Il est face, sti-là !

GASPARD.

Paysan, approchez ; nous voulons savoir comment il se fait que vous soyez dans les rangs ennemis, et, si vous n'avez rien à nous reprocher, comme je l'espère, nous vous prions de ne vous mêler de rien et de vous en aller.

COQUESIGRUE.

Pardine, j'ne parlons pas latin, moi ! je m'en irons si j'voulons, et, en attendant, v'là comme j'tirons la révérence. (Il lui assène un grand coup de chapeau. Gaspard et les siens se sauvent en criant ; on les poursuit. Déroute générale.

TORTICOLIS.

Victoire ! gloire à notre général !

COQUESIGRUE.

Fallait qué j'men mélions ! j'ons donc ben travaillé, à votre avis ?

TRIOLET.

Ah ! vous nous avez tirés d'un grand embarras.

COQUESIGRUE.

Ma fine, vous me donnerez ben queuque chose pour la peine.

GILLES.

Tout ce que vous voudrez. Faut-il qu'on vous porte en triomphe !

COQUESIGRUE.

Baste, me porter, y crèveriont ben dessous, ces petits. Prêtez-moi seulement un chiffon de mouchoir pour m'éponger le musiau.

ARLEQUIN.

C'est avec grand plaisir, et nous sommes trop heureux de vous être agréable.

COQUESIGRUE.

Vous me donnerez ben encore ces petits bouts de rubans; je les mettrons à mon chapeau.

NICOLET.

On nous grondera, mais s'ils vous plaisent...

COQUESIGRUE.

Ah! stapendant qué j'me reposions, allez donc quérir queuques prunes dans le clos, derrière là; j'étrangle de soif.

CALIFOURCHON.

Ce clos appartient au voisin, et nous n'osons pas.

COQUESIGRUE.

Allez, marchez, feignants... Et puis, dites donc, vous me donnerez ben encore, entre vous, une pièce de vingt-quatre sols; j'ons perdu pour vous une bonne demi-journée.

TORTICOLIS.

Une pièce de vingt-quatre sols! justes dieux! et où la trouver?

COQUESIGRUE.

Tu t'mêles aussi de prêcher, lanturlu?

TORTICOLIS.

Que dit-il? il pourrait parler, ce me semble, plus poliment.

COQUESIGRUE.

Qu'est-ce qui bouge?... j'tape.

TORTICOLIS.

Mais, vous n'êtes pas ici chez vous.

COQUESIGRUE.

Vous seriez dehors sans moi; c'est-il ça qu'ous vous voulez dire?

TORTICOLIS.

Nous le dirons à M. l'abbé.

COQUESIGRUE.

Vous pouvez le dire au loup-garou si vous le voulez! Vous savez ben que j'ne l'crains pas, vot'abbé, pisque vous vouliez me le faire rosser... Ah! vous faites les délicats, a pas peur.

(Il les frappe de son bâton. Des voisins paraissent derrière la haie.)

SCÈNE IX

Les Mêmes, des VOISINS.

UN VOISIN.

Je les ai vus sauter par là, mes voleurs, ne perdons pas de temps. Ils auront beau jeu.

UN AUTRE.

Je cours depuis ce matin après cet enragé Coquesigrue, je gage qu'il est un de ceux qui gâtaient votre verger.

LE PREMIER VOISIN.

Justement, le voilà au milieu de ces petits polissons. Ah! messieurs les maraudeurs!

LE SECOND VOISIN.

Ah! mon drôle! Suivez-moi, voisin. (Ils enjambent la haie. Coquesigrue s'esquive.)

LE PREMIER VOISIN.

Enfin je vous tiens, mes drôles. Vous allez tout payer d'un coup.

LES ÉCOLIERS.

Holà! ne nous faites point de mal.

LE SECOND VOISIN.

Vous allez nous suivre chez le prévôt, et d'abord nous vous corrigerons à notre façon. Vous n'êtes pas contents du vacarme, vous volez avec escalade, vous ravagez à main armée.

NICOLET.

Ces fruits n'étaient pas pour nous, c'est ce mauvais garnement qui nous forçait... Il s'en est allé; nous sommes assez malheureux.

LES VOISINS.

Point de pitié! vous êtes des vagabonds, des vauriens, des bandits, car je ne vois ici ni parents, ni maîtres. En prison. (Ils lèvent leurs bâtons, les écoliers tombent à genoux. L'abbé paraît à une fenêtre.)

SCÈNE X

Les Mêmes, l'Abbé.

L'ABBÉ.

Voisins, voulez-vous me permettre d'adresser quelques paroles à ces messieurs !

LES ÉCOLIERS.

Nous sommes sauvés.

L'ABBÉ.

Messieurs, consentiriez-vous bien, d'aventure, à rentrer dans le devoir et sous ma direction ?

NICOLET.

Bien volontiers, si vous n'êtes pas trop en colère. Cela est-il décidé, messieurs ?

TOUS.

Oui, oui.

ARLEQUIN.

Je suis bien encore de cet avis-là.

L'ABBÉ.

En ce cas, si vous rentrez immédiatement en classe, deux à deux, le dommage sera payé, il ne vous sera point fait de mal, et nos bons voisins voudront bien se retirer sur ma parole.

TORTICOLIS.

Je ne demande pas mieux. Dînerons-nous, monsieur l'abbé !

L'ABBÉ.

L'heure est passée; mais je puis vous promettre que vous souperez.

TORTICOLIS.

Rentrons, messieurs.

TOUS.

Rentrons !

TRIOLET.

Nous nous sommes pourtant bien amusés sous le premier général.

TORTICOLIS.

Califourchon a fait ce qu'il a pu.

BRISCANDILLE.

Coquesigrue avait du jarret.

ARLEQUIN.

Ils avaient tous leurs qualités.

GILLES.

J'aurais assez aimé garder Fagotin pour chef.

NICOLET.

Et moi, j'aimerais mieux n'en avoir eu aucun.

L'ABBÉ.

Je dois vous prévenir maintenant que si pareille chose arrive, je vous renvoie chez vos parents. Cette journée n'a pas été perdue pour votre instruction, et ceci est une leçon où vous pouvez étudier les révolutions des grands empires. (L'abbé referme sa fenêtre. Les voisins se retirent. Les écoliers rentrent la tête basse et défilent devant Pétronille au port d'armes.)

LE
FRUIT DÉFENDU

LE
FRUIT DÉFENDU

PERSONNAGES

LE DOCTEUR.
PASCARIEL, } ses valets.
GILLES,

CORBILLARD, } médecins.
GOUPILLON,

Une grande salle basse chez le docteur.

SCÈNE PREMIÈRE

GILLES, seul.

Allons, voilà une nouvelle qui me transporte, et la première chose raisonnable que mon père ait faite après moi. Où est-il donc, ce cher petit frère qu'on m'envoie? car il vient d'arriver, on l'a vu, on me l'a dit. Eh! c'est clair, cela, je ne puis aller voir mon frère : mon frère est venu me voir. Il a quinze ans, si je compte, et je ne l'ai jamais vu de ma vie, ni lui non plus de la sienne. J'aurai grand'peine à le reconnaître. Rien ne change les visages comme de ne les avoir jamais vus. Hé! comme ce bambin va me sembler grand, de si petit qu'il était pour moi. Je ne sais seulement s'il est roux, blanc, brun, blond, bai, pommelé; il peut me jouer, là-dessus, tous les mauvais tours, et me paraître aussi laid qu'il voudra.

SCÈNE II

GILLES, LE DOCTEUR.

GILLES.

Ah! monsieur le docteur, je suis tout ému, je cours çà et là. Est-il vrai que mon petit frère est arrivé?

LE DOCTEUR.

Ton frère? Oui-dà; j'aurais dû te l'apprendre; je l'ai reçu ce matin même.

GILLES.

C'est, voyez-vous, que ce cher enfant est né depuis mon départ. Je n'en ai jamais eu de nouvelles que par lettres, et cela n'est pas suffisant, quand on ne sait pas lire. Je crois que si je n'étais si content, j'aurais la douleur de mourir de joie en le voyant.

LE DOCTEUR.

Cela est bien naturel.

GILLES.

Mais pourquoi n'est-il pas venu d'abord droit à moi?

LE DOCTEUR.

C'est à moi qu'on l'a envoyé.

GILLES.

On vous l'a envoyé, sans doute, mais aussi pour que je le voie.

LE DOCTEUR.

Je veux dire que ton père m'en a fait présent.

GILLES.

Quoi! l'on vous a donné mon frère?

LE DOCTEUR.

A cause de la rareté. On a pensé me faire plaisir, et on a eu raison: c'est un excellent sujet.

GILLES.

Il est vrai que c'est un petit garçon accompli dans son genre, et l'on en raconte mille gentillesses. Je n'en aurais eu que plus de plaisir moi-même à le recevoir.

LE DOCTEUR.

J'étais fort pressé quand on me l'a apporté ce matin. Je l'avais laissé dans ma chambre, où tu l'aurais pu voir.

GILLES.

J'y suis monté plus de dix fois.

LE DOCTEUR.

Il était sur la table.

GILLES.

Sur la table ! Il n'est donc pas venu seul ?

LE DOCTEUR.

Heureusement ! Mezzetin a bien voulu s'en charger ; il lui serait arrivé malheur en voyage.

GILLES.

Laissez donc ! il est de race à se bien conduire. A son âge, j'aurais fait cinq cents lieues dans le coche sans courir la moindre aventure.

LE DOCTEUR.

Je te dis qu'il se serait perdu, brisé ou répandu vingt fois.

GILLES.

Il faut donc que la voiture l'incommode beaucoup ?

LE DOCTEUR.

Ces voituriers sont si brutaux ! ils l'auraient jeté pêle-mêle avec les paquets, ils l'auraient secoué, ils l'auraient cogné, et puis, au moindre choc, bonsoir.

GILLES.

Voyez-vous, les scélérats ! les croyez-vous bien assez féroces pour traiter de la sorte un innocent voyageur ?

LE DOCTEUR.

Il aurait fallu tout au moins l'encaisser proprement, le rembourrer de paille et le tenir chaudement contre les cahots.

GILLES.

Voilà un garçon de santé terriblement délicate.

LE DOCTEUR.

Mezzetin lui-même l'a sauvé à grand'peine ; il le tenait dans la voiture sur ses genoux.

5.

GILLES.
Quoi ! durant toute la route ? C'est de quoi étouffer.
LE DOCTEUR.
Et d'abord, les voisins se plaignaient qu'il sentait mauvais.
GILLES.
Il y a toujours comme cela des importuns qui se mêlent de vos affaires.
LE DOCTEUR.
Puis il y avait une petite-maîtresse qui en avait peur, et qui le prenait pour quelque bête malfaisante.
GILLES.
Voyez, la sotte !
LE DOCTEUR.
Puis, à chaque hôtellerie, Mezzetin était forcé de l'emporter sous son bras et de le serrer dans sa table de nuit, de peur qu'on ne le lui prît.
GILLES.
Les voisins n'avaient donc pas tort de se plaindre ?
LE DOCTEUR.
Puis, il s'est trouvé un officier en belle humeur qui l'a pris pour une conserve de ratafia, et qui le voulait boire.
GILLES.
Il fallait que cet homme fût bien ivre.
LE DOCTEUR.
Puis, un montreur de ménageries le voulait acheter pour le montrer dans les foires.
GILLES.
Le monde est plein de gens qui abusent de la jeunesse.
LE DOCTEUR.
Puis enfin, à l'entrée de la ville, les commis ont voulu lui faire payer les droits au bureau.
GILLES.
Et ceux-là, pour qui le prenaient-ils, je vous prie ? pour un porc, apparemment. Qu'est-ce que toutes ces visions ?
LE DOCTEUR.
C'était à cause de l'eau-de-vie qui était dedans.

GILLES.
Il avait donc bu comme une tonne, l'ivrogne?

LE DOCTEUR.
Eh non! c'est une préparation que tu ne connais pas; si bien qu'après l'avoir flairé...

GILLES.
Grand bien leur fasse!

LE DOCTEUR.
Ils ont voulu le déboucher.

GILLES.
Qu'appelez-vous le déboucher?

LE DOCTEUR.
Sans doute, pour jauger et introduire des sondes.

GILLES.
Voyez-vous, l'atrocité! sommes-nous chez des Turcs?

LE DOCTEUR.
Si bien qu'ils me l'auraient un peu gâté.

GILLES.
Malepeste! il n'en serait jamais revenu.

LE DOCTEUR.
Mezzetin l'a donc vaillamment défendu; il n'a pu néanmoins lui parer, dans la bagarre, un grand coup qui, par un grand bonheur, n'a porté que sur le bouchon.

GILLES.
C'est quelque partie notable?

LE DOCTEUR.
Où met-on les bouchons, monsieur le faquin?

GILLES.
Je n'en ai jamais vu qu'aux bouteilles.

LE DOCTEUR.
Eh! donc! maraud! n'ai-je pas raison?

GILLES.
Je pense que vous voilà de l'humeur de ce militaire du coche, qui voulait boire ce pauvre enfant. Çà, où est-il! je n'y tiens plus, je veux le voir.

LE DOCTEUR.

Je l'ai fait porter dans cette armoire, derrière la vaisselle.

GILLES.

Vous vous moquez, avec votre vaisselle? Ausi bien, j'ai l'esprit troublé de ce récit. Montrez-moi ce cher petit.

LE DOCTEUR.

Fallait-il le laisser traîner? Il est là, te dis-je; ouvre toi-même, et porte-le avec précaution.

GILLES, à part.

Il est fou, que je pense. (Il ouvre l'armoire. Haut.) Il n'y est pas, vous le savez bien; et comment diable tiendrait-il là-dedans, à moins d'être en hachis?

LE DOCTEUR.

A quoi servent donc les valets, s'ils se font servir par les maîtres. (Il ouvre l'armoire.)

GILLES, à part.

Les savants sont distraits. Vous verrez qu'il cherche une écuelle.

LE DOCTEUR.

Je sais ce que je dis : il est où je l'avais mis. Le voilà.

GILLES, sur le devant de la scène.

Quoi! mon frère!... ah! je n'étais point préparé. Mon cœur bat en retraite. Je ne puis faire moins que de m'évanouir. (Le docteur revient avec un bocal où nage dans l'esprit-de-vin une sorte de petite créature humaine.) Mon frère, pardonnez-moi de me trouver si mal de notre première entrevue. Venez, que je vous embrasse... Où est-il donc?

LE DOCTEUR, montrant le bocal.

Le voici.

GILLES.

Je ne le vois point.

LE DOCTEUR.

Il est là-dedans.

GILLES.

Ah çà! monsieur le docteur, à qui en avez-vous? Suis-je le frère d'une compote?

LE DOCTEUR.

Tu ne sais donc pas, bélître, que ton frère est renfermé là depuis sa naissance?

GILLES.

Il n'a guère profité pour son âge.

LE DOCTEUR, riant.

Tu comptais donc sur un beau garçon de quinze ans, gros et gras, marchant sur deux pieds?

GILLES.

Dame! monsieur, quand on vous parle d'un frère, tout le monde ne s'attend pas à voir une confiture. Me voilà averti pour l'avenir : on m'annoncerait toute une famille, que je rincerais une futaille pour la loger.

LE DOCTEUR.

Eh! sans doute. C'est un bon sujet pour nous autres docteurs, et l'on me l'a envoyé pour servir à des démonstrations.

GILLES.

Là, franchement, est-ce que cela me ressemble? Oh! doucement, je rengaîne mes tendresses. Serviteur aux bocaux.

LE DOCTEUR.

Puisque j'y songe, tu vas aller, de ce pas, chez le docteur Goupillon et le docteur Corbillard, mes amis, et tu leur diras que le sujet qu'ils désirent voir est arrivé, et que nous pouvons à l'instant commencer notre conférence.

GILLES.

C'est bien de l'honneur pour la famille. Aussi bien, je prendrai l'air pour me distraire, car il se pourrait bien que d'ici à une heure ou deux, je me sentisse quelque retour d'affliction. (Il renferme le bocal et sort.)

SCÈNE III

LE DOCTEUR, PASCARIEL.

LE DOCTEUR, appelant.

Pascariel! holà!

PASCARIEL, dehors, appelant.

Gilles !

LE DOCTEUR.

Pascariel !

PASCARIEL.

Gilles !

LE DOCTEUR.

Pascariel ! c'est toi que je demande.

PASCARIEL.

Gilles ! M. le docteur te demande.

LE DOCTEUR.

Monteras-tu, maroufle !

PASCARIEL, toujours dehors.

Monteras-tu, maroufle !

LE DOCTEUR.

C'est toi-même que j'appelle ?

PASCARIEL.

Gilles y peut aller.

LE DOCTEUR.

Il est sorti, butor !

PASCARIEL.

Et moi, je suis occupé à souffler l'écume de la marmite.

LE DOCTEUR.

Je vais m'occuper à te rompre les côtes.

PASCARIEL, entrant.

Ne vous dérangez pas.

LE DOCTEUR.

Va-t'en préparer une table et des fauteuils dans mon laboratoire. Des confrères vont arriver, tu les introduiras.

PASCARIEL.

Si ce n'est que cela, les voici qui s'introduisent sans moi.

LE DOCTEUR.

En ce cas, reste auprès de nous pour nous prêter la main.

SCÈNE IV

LE DOCTEUR, PASCARIEL, CORBILLARD, GOUPILLON.

Les médecins se saluent gravement.

CORBILLARD.

Votre très-humble valet, cher confrère. Il m'est revenu que vous aviez sous la main une belle occasion de servir la science, et j'accours en profiter, en votre illustrissime et savantissime compagnie.

GOUPILLON.

Nous avons beau faire, les morts sont rares. A qui la faute? et, en vérité, c'est une bonne fortune que de trouver par ci, par là quelque petit os à ronger.

CORBILLARD.

Croiriez-vous qu'on m'a demandé, l'autre jour, cinq pistoles d'un pendu, et j'avais entendu dire, de son vivant, qu'il ne valait pas deux sous?

GOUPILLON.

N'est-il pas cruel de songer qu'il ne faudrait souvent que dépecer une demi-douzaine de gaillards bien portants pour sauver la vie à un malade?

CORBILLARD.

Et puis, l'on se moque de la médecine! Mais laissez-nous d'abord vous tuer pour apprendre à vous faire vivre.

GOUPILLON.

Je suis tout stupéfait qu'il n'y ait pas plus de braves gens qui se laissent disséquer par pure humanité. Le mauvais temps que le nôtre!

CORBILLARD.

Vous avez là un beau valet, confrère. L'admirable homme! les belles chairs! je ne pourrais pas me tenir, s'il était à moi, de lui donner de temps en temps quelque coup de bistouri.

PASCARIEL.

Ah! le bon docteur! le charmant personnage! la douce figure! Je ne saurais m'empêcher, si j'étais à vous, de vous donner, par aventure, quelques vingt coups de pied dans le ventre.

CORBILLARD.

Hé, la! mon ami, ne te serait-il pas doux de sauver la vie à ton semblable au prix de quelques livres de chair qu'on te rendrait au double là-haut?

PASCARIEL.

Ne vous serait-il pas doux d'affranchir d'un coup vos clients, au prix de cinq cents fièvres quartaines qui vous puissent étrangler?

GOUPILLON.

Ces animaux sont tous les mêmes. Pour moi, j'avais un valet à qui j'avais promis de doubler les gages s'il se voulait seulement laisser ouvrir le ventre; il refusa!

LE DOCTEUR.

N'écoutez point ce que vous dit ce drôle. Il s'agit d'un morceau plus curieux que lui. (A Pascariel.) Va-t'en me chercher le bocal qui est dans cette armoire.

PASCARIEL, à part.

Je pense qu'ils vont disséquer des cornichons. (Il revient avec le bocal.)

CORBILLARD.

L'intéressant animal!

LE DOCTEUR.

C'est, comme vous voyez, un nouveau-né, âgé, tout au plus, de huit jours. Le distinguez-vous bien?

GOUPILLON.

Il est parfaitement conservé. Je ne lui donnerais, quant à moi, une semaine.

LE DOCTEUR.

Je soutiens, moi, qu'il n'a pas huit jours.

GOUPILLON.

Je gagerais, moi, qu'il en a au moins onze.

LE DOCTEUR.

Je m'en rapporte au confrère.

GOUPILLON.

Le confrère est de mon avis.

CORBILLARD.

Il se peut que le sujet ait vécu huit jours, il se peut qu'il en ait vécu onze; mais il me paraît fort clair, quant à moi, qu'il n'a pas vécu du tout.

LE DOCTEUR.

Que dites-vous là, confrère ? quel solécisme en physiologie ! quelle bévue en observations ! quel contresens en science ! quel péché mortel en pratique ! Voyez ce crâne déjà solide, ces traits déjà formés, ce cuir chevelu qui commence à germer.

GOUPILLON.

Remarquez aussi ces muscles saillants, ces os durcis, ces articulations bien attachées.

CORBILLARD.

Voyez vous-même ces tissus lâches, ces yeux noyés, ces...

PASCARIEL, à part.

Je n'y vois guère qu'une marmelade.

LE DOCTEUR.

Au surplus, nous allons l'examiner plus à l'aise. (Il ouvre le bocal.) Eh ! que vois-je ! Où as-tu pris ce vase, maroufle ?

PASCARIEL.

Dans l'armoire.

LE DOCTEUR.

Dieu me pardonne ! ce sont des prunes confites.

PASCARIEL.

Je m'en doutais bien.

LE DOCTEUR.

Le faquin ! le drôle ! N'y a-t-il pas un autre bocal ?

PASCARIEL.

Je m'en vais y voir.

LE DOCTEUR.

Tu nous le monteras donc là-haut, où nous converserons plus commodément.

GOUPILLON.

Je me disais bien aussi que je ne distinguais pas fort clairement certains phénomènes du sujet.

CORBILLARD.

Je m'explique à présent comment j'hésitais à constater le cas.

LE DOCTEUR.

A vous le pas, confrères. (Ils font des simagrées interminables à la porte, et ils passent tous à la fois en se bousculant. Pascariel les précède.)

SCÈNE V

GILLES, revenant tout essoufflé.

La triste condition que ces valets de médecins ! on les soigne, mais comme des malades. Ces messieurs leur ordonnent la diète, par habitude; ils ne s'en servent que pour essayer les remèdes les plus ignobles, et ils ne les nourrissent que des restants de drogues dont les malades ne veulent plus. Ces gens de chez M. Goupillon et M. Corbillard m'ont intéressé : ils avaient déjeuné ce matin d'un biscuit au séné, qui n'avait pas laissé de les tracasser. Ils ont dîné d'une salade de feuilles de mauve déjà bouillies en tisane, et ils vont souper ce soir d'un bon paquet de chiendent relevé d'une prise de rhubarbe. Si ces drôles ne se portent point à merveille, c'est qu'ils y mettront de l'entêtement. Pour moi, comme j'avais chaud, j'ai cru qu'on me ferait la politesse d'un rafraîchissement, comme, par exemple, un verre de genièvre ou de riquiqui; ils m'ont offert un lavement et trois pastilles d'ipécacuanha. Je les ai remerciés : l'intention me suffit. On pourrait trouver néanmoins quelque chose de plus cordial. Ouais ! qu'est-ce que cela ? Je ne suis pas gourmand, mais c'est la Providence qui me jette à la tête les fruits confits de notre maître. Respectons les décrets d'en haut. (Il mange goulument les fruits que Pascariel a laissés sur le buffet.) Holà ! du bruit ! Mort de ma vie ! c'est le docteur. (Il se cache derrière un paravent.)

SCÈNE VI
LE DOCTEUR, GILLES, caché.

LE DOCTEUR.

Ce drôle n'en finit pas de ranger là-haut, et nous sommes pressés. On n'est jamais si bien servi que par soi-même. Où est donc ce bocal ? Fort bien, le voilà ; est-ce bien celui-là ? oui, je le reconnais. — Nous allons donc commencer. — Mais c'est étrange, comme cela est léger. Le sujet se serait-il fondu ?

GILLES, caché.

Son sujet ! heuh !

LE DOCTEUR.

Plaît-il ? — que vois-je ! le bocal est vide ! on m'a volé mon sujet, un fœtus sans pareil. Au secours ! holà !

GILLES, caché.

Mon frère ! heuh ! heuh !

LE DOCTEUR.

Qui est là ? personne ? — Au secours ! holà, Pascariel ! Gilles ; je suis volé ! quelque envieux, quelque méchant praticien ! Un phénomène de dix écus ! (Il sort en criant.)

SCÈNE VII

GILLES, sortant de sa cachette, pâle, effaré, les mains sur l'estomac avec des contorsions.

Heuh ! heuh ! voilà une tragédie à laquelle je ne survivrai pas, et telle qu'il ne s'en est jamais passé dans la famille des Gilles. Quoi ! ce bocal, ces fruits dont je me léchais les doigts, c'était... En effet... j'y suis... j'ai mangé cet innocent ! O furies ! ô destinées !... Le bon petit garçon que c'était! c'est une justice à lui rendre. Et voyez l'aimable enfant, il n'a point de rancune : il me pourrait donner une bonne indigestion, il n'en fait rien; c'est à peine s'il me vient par ci, par là, quelques nausées... Heuh ! heuh ! pouah ! l'horrible anthropophage que je fais ! allez donc, méchant fratricide ! Je ne sais qui me tient de m'assommer à coups de pied ! mais cela n'en restera pas là, et, tôt ou tard, je tirerai de moi-même une vengeance éclatante.

SCÈNE VIII

GILLES, PASCARIEL.

PASCARIEL.

En voici bien d'une autre ! le docteur, ne sachant comment s'excuser envers ces messieurs de les avoir convoqués inutilement, puisqu'il a perdu ce qu'il leur voulait montrer, les prie à dîner ; et voilà de la belle besogne pour nous : il faut rincer, frotter, servir, mettre la maison au pillage. Que fais-tu là, cependant, les bras croisés ?

GILLES, d'une voix sombre, et s'avançant d'un pas pesant.
Pascariel !

PASCARIEL.
Qu'est-ce qui te prend ?

GILLES, le prenant par le bras.
Pascariel, mon ami, ne saurais-tu me dire le supplice que mérite un homme, lequel aurait commis un forfait inouï, étrange, abominable !

PASCARIEL.
A qui en a-t-il ?

GILLES.
Rêve, cherche, imagine, découvre, invente le plus grand châtiment qu'on puisse appliquer au plus grand crime.

PASCARIEL.
Que sais-je, moi ? la corde !

GILLES.

C'est trop doux !

PASCARIEL.

La roue.

GILLES.

C'est ordinaire.

PASCARIEL.

Le feu !

GILLES.

C'est pour en rire.

PASCARIEL.

La décollation ?

GILLES.

C'est un passe-temps.

PASCARIEL.

La fusillade ?

GILLES.

Ce ne sont qu'amusettes. Tu n'as nulles ressources dans l'esprit ?

PASCARIEL.

Attends donc. On pourrait brûler le patient à petit feu.

GILLES.

Je ne dis pas.

PASCARIEL.

Le pal n'est pas à mépriser.

GILLES.

C'est assez joli.

PASCARIEL.

Il y a les brodequins de torture, l'huile bouillante, le plomb fondu, les quatre chevaux, la chemise de force, l'estrapade, les fers rouges, les carcans...

GILLES.

Doucement, Pascariel, je vois qu'il est bon de te dire qu'il s'agit de ton ami intime.

PASCARIEL.

Diable !

GILLES.

Oui, un homme qui t'a toujours tendrement chéri, et qui espère que tu le lui rendais bien. Il faut le ménager en cette qualité. Je laisse cela à ta discrétion.

PASCARIEL.

Oui, sans doute. Et quel est cet ami?

GILLES.

C'est moi, c'est moi qui cherche un petit supplice sévère et benin à la fois, que je puisse m'infliger sur-le-champ.

PASCARIEL.

Qu'as-tu fait, mon pauvre Gilles?

GILLES.

Un crime sans pareil, qui fait dresser les cheveux rien que d'y songer!

PASCARIEL.

Bah! un vol?

GILLES.

Prrrr!

PASCARIEL.

Une querelle!

GILLES.

C'est bien autre chose.

PASCARIEL.

Il s'agit donc d'un meurtre?

GILLES.

La belle affaire!

PASCARIEL.

Serviteur! Je jette ma langue aux chiens.

GILLES, regardant çà et là.

J'ai mangé...

PASCARIEL.

Bon appétit!

GILLES.

J'ai mangé mon frère!

PASCARIEL.

Fi! que c'est vilain! Mais c'est signe que tu l'aimais. Tu l'as donc tué?

GILLES.

Dieu m'en préserve !

PASCARIEL.

Il était donc tout accommodé ?

GILLES.

Hélas ! oui.

PASCARIEL.

Et tu ne t'en doutais pas ?

GILLES.

Hélas ! non.

PASCARIEL.

Tu n'es donc pas si coupable, et c'est tant pis pour lui. Qu'allait-il faire dans une casserole ? On ne se déguise pas en ragoût.

GILLES.

C'était dans ce bocal que mon père a tantôt envoyé à M. le docteur. Je n'y songeais plus, je l'ai aperçu par hasard, j'avais grand soif, et je l'ai vidé du meilleur appétit, Dieu me pardonne !

PASCARIEL.

Bon, bon, je vois toute l'histoire. Quoi ! c'est toi qui as tant fait crier notre maître ? tu n'as plus à t'inquiéter de ton supplice : il t'assommera de coups de canne.

GILLES.

Non, je lui veux épargner cette peine, et je veux me tuer moi-même. Je me ferai moins de mal.

PASCARIEL.

Va, mon pauvre Gilles, tu peux te tuer à ton aise, nous ne manquerons pas de te regretter fort; je voudrais que tu fusses déjà mort pour te montrer comme je sais m'affliger dans l'occasion. Hâte-toi : ils ont fini de dîner là-haut, et je les entends qui descendent.

SCÈNE IX

PASCARIEL, LE DOCTEUR, CORBILLARD, GOUPILLON.

LE DOCTEUR.

Je ne saurais trop m'excuser, chers confrères, de tous ces contre-temps : la chair était mauvaise, les godiveaux roussis ; mes valets sont de si grands coquins !

GOUPILLON.

Vous badinez, confrère : je n'en goûtai jamais de plus fins.

LE DOCTEUR.

Nous allons cependant prendre le café. — Çà, drôles, qu'on se dépêche. Servez-nous le café.

CORBILLARD.

Pour cette fois, grand merci, cher confrère : le café m'échauffe le sang, m'agace les nerfs, m'épaissit les humeurs.

LE DOCTEUR.

De grâce, entre nous...

CORBILLARD.

Puisque vous me faites violence, j'aimerais mieux quelque chose de plus benin, de plus doux, de plus stomachique... de l'eau-de-vie, par exemple.

LE DOCTEUR.

Pascariel ! de l'eau-de-vie au confrère ! — Eh ! Dieu me pardonne ! je crois que j'ai fini ma provision... Mais, tenez, j'ai fort heureusement quelque chose à peu près. — Pascariel ! les confitures !

GOUPILLON.

Ce que j'en fais n'est que pour vous tenir compagnie, car j'ai le tube digestif bourré comme une bombarde, et je ne saurais y introduire un morceau de plus sans le faire éclater.

(Pascariel apporte le bocal de la première scène.)

LE DOCTEUR.

Vous goûterez cette friandise. Ce sont des prunes du Périgord, que mon cousin le bailli, m'envoya pour me distraire de la mort de ma femme. Je n'y ai guère touché. Servez-vous, confrère.

CORBILLARD.

Elles sont de merveilleuse couleur, et le parfum en est... là... capiteux !

LE DOCTEUR.

C'est le bon fumet. Eh ! quoi ! vous n'en pouvez pas prendre ?... cela est singulier... Eh ! mais ! l'enragée confiture... Justes dieux ! ce ne sont pas des prunes !

GOUPILLON.

Il me semblait bien.

LE DOCTEUR.

C'est mon sujet, c'est le bocal perdu ! Voyez, le bourreau qui nous allait servir de la chair humaine au dessert !

PASCARIEL.

En êtes-vous bien sûr ? Ah ! que j'en suis aise ! Me voilà hors d'une grande peine. Quoi ! c'est là le bocal ! quoi ! c'est là le sujet !

LE DOCTEUR.

Qu'est-ce à dire, butor ? Et que sont devenues mes prunes ?

PASCARIEL.

Le bocal en est vide !

LE DOCTEUR.

On les a donc mangées ?

PASCARIEL.

Je l'espère, ou plutôt, je n'en doute plus. Quelle heureuse aventure !

LE DOCTEUR.

Si je prends un bâton !... Qui les a mangées ?

PASCARIEL.

C'est Gilles, monsieur, et il s'allait tuer de douleur.

LE DOCTEUR.

Pour des prunes ?

6

PASCARIEL.

Eh ! non, monsieur ! pour son frère, qu'il croyait avoir digéré, et qui lui pesait sur la conscience.

LE DOCTEUR.

Je commence à voir ce que c'est, et, morbleu ! j'en aurai raison !

PASCARIEL.

Eh ! monsieur, ayez pitié de lui, il est assez embarrassé. — Tenez, le voici qui revient, voyez comme il est blême, et comme le remords lui revient en secousses; empêchez-le de se tuer trop fort.

LE DOCTEUR.

Cachons-nous, et laissons-le un peu dans cette gêne pour le punir.

SCÈNE X

Les Mêmes, cachés; GILLES, accourant et se prenant au collet, comme s'il poursuivait quelqu'un.

GILLES.

Halte-là ! arrête ! arrête ! ah ! faquin ! ah ! drôle ! ah ! fratricide ! vous comptez échapper au châtiment de votre indélicatesse ! ne l'espérez plus : on a l'œil et la main sur vous. — Eh ! monsieur ! que me voulez-vous ? (Il feint encore de s'échapper, et se rattrape au pan de sa veste.) — Quoi ! encore, maraud ? vous vous moquez de la justice, je crois. Réchappez-vous encore, si vous pouvez. — Eh ! bien ! non, messieurs, je me soumets ; mais, de grâce ! de quoi s'agit-il ? — De quoi il s'agit, scélérat ? feignez de l'ignorer ! n'avez-vous pas, tantôt, mangé... — J'avais si grand'faim ! — Votre propre frère ?... — Je ne savais point... — Taisez-vous, morbleu ! — Encore faut-il me défendre. — Pas de raisons !... Or, de toute justice, vous méritez la mort. — Ah ! monsieur ! — Vous serez pendu ! — Ah ! monsieur ! — Roué ! — Ah ! monsieur ! — Brûlé vif ! — Ah ! monsieur ! — Fusillé ! — Ah ! monsieur ! — Mais, tenez, nous voulons bien vous faire cette grâce, de choisir vous-même le genre de mort. — Eh! bien! monsieur, je voudrais mourir de joie, mais je vous avertis en même temps que cela est bien impossible, car je ne saurais mourir qu'avec le plus grand chagrin. — Tranchons la difficulté : vous serez assommé. — Ah! monsieur! — A l'instant, sans rémission! (Il feint de se débattre.) Vous résistez! l'on saura vous réduire. Happez-moi ce bandit, et v'li! et v'lan! (Il se bourre de coups de poing.) A la bonne heure! voilà comme on traite les récalcitrants. Là, voyons, soyez plus raisonnable, puisqu'il n'y a point moyen d'échapper. Vous êtes coupable, soumettez-vous donc. — Eh! bien! oui, monsieur, mais cela est bien douloureux, à mon âge. — Ce n'est qu'un moment à passer. Allons, venez, ça, qu'on vous voie. (Il se pose devant une glace, et menace son image d'un manche à balai.) — N'allez point frapper trop fort : je suis très-délicat. — On vous ménagera. Ne tremblez pas si fort. — Vous en parlez à l'aise. Êtes-vous prêt? — Aye! aye! (Il charge la glace grands coups de bâton, et se roule pêle-mêle avec les débris.)

SCÈNE XI

TOUS LES PERSONNAGES.

LE DOCTEUR.

Comment! cet animal casse ma glace, à présent! Relevez-moi ce drôle, que je l'achève tout de bon.

GILLES.

Eh! monsieur, me poursuivrez-vous après-le tombeau? n'avez-vous pas de honte de venir tracasser les morts? venez-vous insulter à mes mânes?

LE DOCTEUR.

Cet imbécile se croit mort, peut-être?

GILLES.

Hélas! monsieur, il ne s'en faut guère.

LE DOCTEUR.

Ne vois-tu pas que c'est ma glace qui est brisée en mille morceaux ?

GILLES.

Jugez donc de ce que ce doit être de moi, qui étais dedans.

PASCARIEL.

Eh ! mon ami, reviens à toi ; tout est réparé : tu n'as mangé que des prunes.

GILLES.

Oui-dà ! Voyez, monsieur le docteur, je n'ai mangé que vos prunes !

PASCARIEL.

Le bambin est retrouvé.

GILLES.

Je ne mérite donc plus la mort. Je ne vois aucune difficulté à reprendre la vie. (Il se relève.)

LE DOCTEUR.

Voyez ce drôle qui se réjouit ! C'est à moi qu'il tient, à présent, de te donner des coups de bâton.

GILLES, montrant la glace.

Vous voyez que je n'y allais pas de main morte. Croyez-moi, je suis assez puni.

LES
SPADASSINS

LES SPADASSINS

PERSONNAGES

CRISPIN.
GILLES.
SABRETACHE.
PASQUIN.
Un Cabaretier.

La scène se passe sur une promenade publique, devant la maison de Sabretache et l'auberge *Au rendez-vous des Amis*.

SCÈNE PREMIÈRE

GILLES, SABRETACHE.

GILLES, à la porte de Sabretache.

Holà ! monsieur le capitaine !

SABRETACHE.

Qui va là ?

GILLES.

C'est moi, Gilles, fils de Gilles, que mon papa envoie pour apprendre l'escrime, afin de me donner de la grâce dans les manières et de châtier tous les insolents qui pourront se moquer de moi.

SABRETACHE.

Ah ! fort bien. Qui es-tu ?

GILLES.

Je suis le fils de mon papa.

SABRETACHE.

Mais comment s'appelle ton papa?

GILLES.

Gilles, vous dis-je, votre ancien ami.

SABRETACHE.

Ah! fort bien. Ce vieux diable de Gilles... Est-il toujours blême et gourmand !

GILLES.

Toujours tout de même, monsieur : je vous remercie. C'est moi qui suis son fils.

SABRETACHE.

Ah! tu es le fils de Gilles ! Mais tu es donc ce petit drôle que j'ai tant fait danser sur le bout de mes bottes.

GILLES.

C'est moi-même.

SABRETACHE.

Je ne t'aurais pas reconnu.

GILLES.

Vous êtes bien bon.

SABRETACHE.

Je t'ai vu pas plus grand que cela !

GILLES.

Ce n'est rien que cela. On m'a conté que j'avais encore été bien plus petit, bien plus petit.

SABRETACHE.

Ah! fort bien. Et que viens-tu chercher ?

GILLES.

Je viens vous prier de la part de mon papa de m'enseigner l'escrime à fond. Mon papa voudrait que j'eusse beaucoup de grâce dans les manières.

SABRETACHE.

Le joli museau ! Il faut d'abord des dispositions.

GILLES.

J'en ai beaucoup. Étant plus jeune je ne faisais que jouer au cheval.

LES SPADASSINS

SABRETACHE.

Campe-toi là, la tête haute, les pieds en équerre. — Cet enfant est infirme. — Le vilain cadet que tu fais, mon ami.

GILLES.

Oh! monsieur, je m'appliquerai bien, et mon papa a dit que vous étiez un homme assez savant pour corriger tous les défauts.

SABRETACHE.

Tu vois donc que ton père a du sens; c'est justement ce que je m'en vais faire. Prends-moi cette épée. (Il tire son épée et la donne à Gilles.)

GILLES.

Une épée! une leçon d'escrime! Que je suis content!

SABRETACHE.

Sarpejeu, conscrit, ne bougeons pas... La tête droite, les pieds joints, le corps effacé, le bras dégagé. C'est bien.

GILLES.

Quoi! le grand art des armes n'est pas plus difficile que cela?

SABRETACHE.

Silence, blanc-bec. Étendez le bras mollement, la pointe à la hauteur de l'œil : fendez, — levez, — fendez, — levez, — fendez, — levez, — fendez!.

GILLES.

O monsieur, ô monsieur, la saignée me fait grand mal!

SABRETACHE.

Ne t'en mêle pas. — Fendez, — levez, — fendez, — levez.

GILLES.

Ouf! je n'en puis plus.

SABRETACHE.

En ce cas relève la tête, rejoins les talons, tends-moi le jarret, allonge le bras, et reste là un petit quart d'heure pour te reposer.

GILLES.

Je ne voudrais pas abuser de vos moments; j'ai compris

tout ceci à merveille. Il me semble qu'en voilà bien assez pour une première leçon.

SABRETACHE.

Soit. Mais tu vas continuer cet exercice chez toi. Sept heures par jour te suffiront.

GILLES.

Ne vous inquiétez pas. — Fendez, — levez, — fendez, — levez. C'est fort simple.

SABRETACHE.

Nettoie-moi donc cet endroit de ta présence. Tu me retrouveras ici. (Il rentre chez lui.)

SCÈNE II

GILLES seul.

Quoi ! il ne s'agit que de cela ! J'en sais presque autant que le capitaine : — Fendez, — levez ; — tête droite, bras tendu, fendez, — levez. — Rien de plus facile, si ce n'est que c'est fatigant. Mais il ne faut point tant de temps pour tuer son homme : une, deux, houp, là, et voilà qui est fait. Qu'ils y viennent à présent, ces marauds qui me jetaient tantôt des pommes cuites. Holà ! messieurs, rangez-vous que je passe, et prenez garde comme vous allez vous conduire. Houspillez-moi un peu et nous verrons. Crachez-moi un peu sur la veste, donnez-moi seulement quelques coups de pied dans le ventre, je ne demande pas mieux. Vous n'osez pas, faquins ; vous dissimulez ; allons, un peu de hardiesse, une écaille d'huître, la moindre torgnole... Ils n'en auront pas le cœur ! C'est qu'on doit déjà voir à mon allure quel terrible homme je suis. Mais vite exerçons-nous, comme a dit le capitaine ; car je veux devenir encore plus habile, s'il est possible. Ah ! comment faire ? je n'ai point d'épée. Quoi ! sans armes ! (Il fouille dans sa poche.) On fait les couteaux bien petits, ce semble. Une épée, la voici. (Il tire une batte de sa ceinture.) Elle est de longueur, flexible, affilée, et n'a guère contre elle que d'être de bois. Je n'en aurai que plus de gloire si j'en pourfends mon adversaire. A nous deux maintenant. (Il s'escrime contre un arbre.) Je suis à toi, impertinent ; laisse-moi seulement le temps de me mettre en garde : les pieds joints, le bras dégagé ; m'y voici, et pousse là, ferme, avancez, pif paf ; il se déferre, donnons, sauve qui peut ! (Il frappe à droite et à gauche en courant, et donne un grand coup de batte à Pasquin qui entre.)

SCÈNE III

GILLES, PASQUIN.

PASQUIN.

Que la peste étouffe l'animal !

GILLES.

Je vous présente mes excuses ; ce n'est point à vous que je m'adressais.

PASQUIN.

Eh! c'est ce nigaud de Gilles.

GILLES.

Ah ! c'est vous, monsieur Pasquin.

PASQUIN.

Quelle mouche t'a donc piqué, que tu les chasses ainsi à grands coups de canne.

GILLES.

Ah ! c'est que vous ne savez pas que je suis devenu un rude compagnon depuis que vous ne m'avez vu. C'est bien aux mouches que j'ai affaire ! Je sais l'escrime, monsieur Pasquin, je sais ma botte.

PASQUIN.

Ah! oui-dà?

GILLES.

Une, deux, v'lan. (Il lui allonge une bourrade dans le ventre.)

PASQUIN.

Ouf, doucement donc !

GILLES.

C'est que je ne suis plus de ces innocents à qui l'on tire les poils de la moustache ; vous entendez, monsieur Pasquin ?

PASQUIN.

Ce ne sont poiñt mes manières.

GILLES.

Il ne faudrait pas seulement que vous vinssiez à me heurter du coude ou me marcher sur l'orteil, sarpejeu!

PASQUIN.

Je n'aurais garde.

GILLES.

C'est que, voyez-vous, si vous vouliez seulement hausser le ton avec moi, nous en finirions vite.

PASQUIN.

Mon Dieu! qui vous parle de cela?

GILLES.

Une, deux, patatras!... (Il lui donne un coup sur l'estomac.)

PASQUIN.

Allons donc, que diable! vous me faites mal.

GILLES.

Voilà comme je traite les insolents

PASQUIN.

Morbleu! je ne suis pas un insolent.

GILLES.

Jugez si vous l'étiez.

PASQUIN.

Mais comment êtes-vous devenu tout d'un coup si formidable?

GILLES.

C'est le capitaine Sabretache, le prévôt le plus célèbre, qui a bien voulu me montrer, en un clin d'œil, le fin de ce grand art. C'est une chose bien dangereuse que les armes, allez, monsieur Pasquin. Vous ne connaissez pas l'escrime?

PASQUIN.

Pas du tout.

GILLES.

C'est une chose diablement dangereuse que l'escrime; c'est de quoi faire dresser les cheveux sur la tête, que de voir combien il m'est aisé désormais d'insinuer trois pieds de fer dans la digestion de mon meilleur ami.

PASQUIN.

Mais quand ce serait le diable, votre ami tient aussi du fer pour se défendre.

GILLES.

Ah! vous tenez du fer; soit, j'y consens; vous tenez votre épée bien ferme, là, vous êtes sur vos gardes, bon, je le veux bien encore; mais tandis que vous êtes sur vos gardes, je pars de là... je saisis l'à-propos, je dégage à gauche, et crac! (Il lui donne un coup de sa batte.)

PASQUIN.

Ah! morbleu, finissez donc.

GILLES.

Vous le voyez, vous avez beau être sur vos gardes, il n'est tel que de savoir. Rien de plus facile que la riposte, et tandis que j'avance à gauche, vous poussez à droite, vous levez ma pointe, et crac!... (Il le frappe.)

PASQUIN.

Au diable! vous m'assassinez en détail.

GILLES.

C'est seulement pour l'exemple. Il y a des coups d'une simplicité extrême et qui vous rendent tout d'abord invincible : en voici un que je veux vous montrer...

PASQUIN.

Non, de par Belzébuth! j'aime autant le recevoir par mauvaise rencontre que pour simple démonstration.

GILLES.

Au surplus, je m'en vais chercher l'épée de monsieur le capitaine Sabretache qui me servira mieux à vous faire voir ce que je sais.

PASQUIN.

Je vous assure que ce petit bâton était déjà suffisant. Mais qu'importe! que je ne vous gêne point! (A part.) Je ferai en sorte qu'il ne me gêne pas non plus quand il reviendra. (Gilles entre dans la maison. Pasquin s'en va d'un autre côté; Crispin l'arrête au passage.)

7

SCÈNE IV

PASQUIN, CRISPIN.

CRISPIN.

Holà! l'ami, pourriez-vous point m'enseigner quelque chose que je voudrais bien savoir?

PASQUIN.

Voilà un homme qui est familier. Monsieur, pourriez-vous bien savoir ce que vous voulez que je vous enseigne?

CRISPIN.

Vous subtilisez, Dieu me damne; vous raffinez sur les mots, à ce que je crois?

PASQUIN.

Faites excuse, monsieur.

CRISPIN.

Est-ce que par hasard nous aurions une extrême envie de faire l'agréable et le beau rieur?

PASQUIN.

Non, je vous jure.

CRISPIN.

Est-ce à dire qu'on prétend m'éprouver sur la délicatesse du point d'honneur?

PASQUIN.

Excusez-moi, monsieur, je n'avais point l'honneur de savoir qui vous êtes.

CRISPIN.

Qui je suis, cap de bious! la renommée ne parle donc pas français en ce pays-ci? les gens y sont donc sourds au bruit de mes exploits? Qui je suis? Je suis le capitan don Crispin-Crispinos, seigneur du plastron et de la botte, grand maître-ès-taillades et coups fourrés, docteur du fleuret et de la pointe, arbitre aux cas les plus difficiles de la braverie.

PASQUIN.

Ah! monsieur, en voilà plus qu'il n'en faut.

CRISPIN.

Je suis le plus chatouilleux des humains; je ressens un coup de coude à vingt pas de distance ; je flaire une œillade insolente à travers les murailles et tirerais l'épée contre un moucheron qui m'aurait effleuré la moustache.

PASQUIN.

Voilà un homme qui fait honte aux chasse-mouches.

CRISPIN.

Vous plaît-il d'avoir un échantillon de mon savoir faire et de ferrailler un moment avec moi, seulement pour tuer le temps ?

PASQUIN.

Tuez le temps, s'il vous gêne; quant à moi, je suis votre serviteur.

CRISPIN.

Seulement le loisir de vous couper une oreille ou deux...

PASQUIN.

Je vous rends mille grâces.

CRISPIN.

C'est ma seule ressource de me battre quand je m'ennuie.

PASQUIN.

Et moi, monsieur, c'est fort singulier, je m'ennuie quand je me bats.

CRISPIN.

Je ne trouverai donc ici personne avec qui je puisse discourir à l'aise de mon métier en joignant l'exemple au précepte?

PASQUIN, à part.

Je ne rencontrerai donc aujourd'hui que coupe-jarrets. (Haut.) Ah ! parbleu, monsieur don Crispin-Crispinos, seigneur de la botte et autres lieux, j'ai ici près quelqu'un qui sera charmé de vous connaître et qui vous entretiendra à votre gré.

CRISPIN.

Que dites-vous? c'est un brave !

PASQUIN.

Autant que vous pouvez le désirer.

CRISPIN.

Il est inutile d'aller le déranger.

PASQUIN.

Vous badinez, je connais mes devoirs.

CRISPIN.

Eh ! arrêtez.....

PASQUIN, à la cantonnade.

Holà ! Gilles, holà ! (Gilles entre.)

SCÈNE V

PASQUIN, CRISPIN, GILLES.

PASQUIN, bas, à Gilles.

Voici une sorte de spadassin qui fait beaucoup de bruit, et je veux qu'il trouve à qui parler.

GILLES, bas, à Pasquin.

Que voulez-vous que j'y fasse ?

PASQUIN, bas, à Gilles.

Il a besoin d'être intimidé, et j'ai tout de suite songé que c'était une occasion de vous montrer. Quant à moi, ce ne sont pas mes affaires. (Bas, à Crispin.) Vous pouvez lui parler aussi haut qu'il vous plaira, je vous le donne pour un homme en état de vous répondre sur tous les points.

CRISPIN, bas, à Pasquin.

Ce jeune homme m'a l'air fort intéressant et j'aurais regret à le chagriner.

PASQUIN, haut.

Voici le capitan don Crispin qui est fort en peine de trouver dans cette ville un adversaire digne de lui, afin de se donner le petit plaisir de lui couper les deux oreilles.

CRISPIN, bas, à Pasquin.

Je n'ai pas dit cela.

PASQUIN.

Or çà, monsieur Crispin, je suis bien aise de vous présenter un compagnon qui, sans vous déprécier, est un des plus

LES SPADASSINS

fidèles entremetteurs des pompes funèbres et qui pourra fort bien vous le prouver. Une, deux, v'lan ! (Il donne un horion à Gilles.)

GILLES, bas, à Pasquin.

Où m'allez-vous mêler ?

PASQUIN, bas, à Gilles

Je compte sur vous pour redresser un peu ce faquin. (Haut.) Quant à moi, je vous avoue que je serai ravi de voir deux si grands hommes aux prises.

CRISPIN.

Je ne nie pas l'habileté de monsieur que je ne connais pas ; cependant...

PASQUIN.

Cependant, vous allez me le frotter d'importance, n'est-ce pas ?

CRISPIN.

Je ne dis pas cela.

GILLES.

Je n'ai point l'habitude de chercher querelle ; mais...

PASQUIN.

Mais vous êtes charmé que la querelle vous vienne chercher?

GILLES.

Ce n'est point ma pensée.

PASQUIN.

Il sied bien à des gens d'honneur de ne point s'expliquer face à face ; mais il n'en est pas moins certain que monsieur Crispin, que voici, comme il me l'a dit lui-même, ne peut s'empêcher de tenir monsieur Gilles, que voilà, pour le moindre des freluquets.

CRISPIN.

Ah ! monsieur qui est-ce qui a dit cela ?

PASQUIN.

Et d'autre part, j'ai tout lieu de penser, si j'ai bien compris, que monsieur Gilles, que voici, considère comme le dernier des cuistres, monsieur Crispin, que voilà,

GILLES.

Ce n'est point là du tout ce que...

CRISPIN, à Gilles.

Monsieur, j'ai de la patience ; mais pourtant quand on m'injurie...

PASQUIN.

Voilà qui est clair : quand on l'injurie, monsieur ne se fait point tirer l'oreille. (Bas, à Gilles.) Ferme là ; soutenez l'honneur de la ville.

GILLES, à Crispin.

C'est vous, monsieur, qui m'avez injurié le premier, et vous ne comptez pas que je souffre ces choses-là de sang-froid ?

PASQUIN.

Bon ! c'est bien dit, cela.

CRISPIN, à Gilles.

Monsieur, je ne vous crains pas.

GILLES.

Monsieur vous devez voir que je ne recule pas encore d'une semelle.

PASQUIN.

A merveille, voilà des gens de cœur ! je suis touché d'admiration et je cours chercher des armes.

CRISPIN.

Nous n'en sommes pas encore là ; mais je veux faire voir à ce petit monsieur.

PASQUIN.

Vous entendez, Gilles, l'on vous appelle petit monsieur.

GILLES, à Crispin.

Qu'appelez-vous petit monsieur, mon grand cadet !

PASQUIN.

Oh ! oh ! grand cadet ! il a dit grand cadet. Je cours chercher un témoin et des rapières deux fois plus longues. O les braves gens !

CRISPIN.

Arrêtez ! que je rabatte le caquet de ce jouvenceau. Vous m'appelez grand cadet ?

GILLES.

Oui, monsieur, grand cadet!

CRISPIN.

Je vous défie de répéter cela encore une fois.

GILLES.

Oui, monsieur, grand cadet! grand cadet!

CRISPIN.

Vous ne savez pas à quoi vous vous exposez; vous n'êtes qu'un enfant; répétez encore une fois, si vous l'osez.

PASQUIN.

Hardi! mon ami Gilles.

GILLES.

Grand cadet! grand cadet!

CRISPIN.

Monsieur, prenez-y garde, notre affaire ne pourra désormais s'arranger.

GILLES.

Eh bien! oui, monsieur, grand cadet!

CRISPIN.

Heuh! je ne sais ce qui me tient de vous mépriser.

GILLES.

Grand cadet!

PASQUIN.

O les admirables hommes! ô quel courage mémorable! quelle persévérance dans l'invective, quelle mâle vigueur! Modérez-vous, jeunes héros, jusqu'à ce que j'aie apporté des armes; entretenez-vous dans ces magnanimes dispositions.
(Il entre dans la maison de Sabretache.)

CRISPIN.

Vous concevez qu'au fond, jeune homme, je ne vous en veux pas autrement et vous avez tort de me pousser à bout.

GILLES.

Eh! c'est vous, monsieur, qui y mettez de l'entêtement. Je n'ai point de haine pour vous et je me sens plutôt saisi d'une estime singulière, car je n'ai point l'honneur de vous connaître.

CRISPIN.

Enfin, voyez, monsieur, nous étions nés pour nous estimer, qui sait? pour nous chérir peut-être, et nous allons, là, tirer l'épée nous donner peut-être quelque mauvais coup, et pourquoi, monsieur, je vous le demande, pour une bagatelle?

GILLES.

Assurément, il n'y a rien de plus sot que ces sortes d'affaires, j'en suis bien convaincu; mais à qui la faute?

CRISPIN.

Ce n'est pas à moi, je vous jure.

GILLES.

Ni à moi, certainement; mettez la main sur votre conscience.

CRISPIN.

Allons, monsieur, descendez en vous-même; vous n'avez pas été raisonnable.

PASQUIN, revenant et se jetant entre eux.

O les bouillants caractères! ils se menacent encore; je vous en prie, messieurs, retenez-vous, attendez qu'on ait réglé les conditions du combat.

GILLES, à Crispin.

Il ne me plaît pas de descendre en moi-même, entendez-vous? monsieur, est-ce que vous croyez m'intimider?

CRISPIN.

Il n'est pas besoin de le prendre si haut.

GILLES.

Je le prends comme il me plaît.

CRISPIN.

Prenez y garde, monsieur, je vais vous dire des injures.

GILLES.

Je vous en défie.

CRISPIN.

Vous m'en défiez?

GILLES.

Vous êtes un faquin.

CRISPIN.
Vous êtes un maraud.

PASQUIN.
Bravo ! dieux ! les grands courages ; mais c'est assez, messieurs ; voilà qui est décidé, nous n'avons plus qu'à marquer l'heure de cette mémorable rencontre. Sabretache ne saurait pas tarder à venir ; mais je crois qu'on peut commencer à s'escrimer en attendant.

GILLES.
Un moment, monsieur, il faut que j'aille prévenir mon papa.

PASQUIN.
C'est trop juste : « père et mère honoreras afin de vivre..... » nous comptons sur votre parole.

SCÈNE VI
PASQUIN, CRISPIN.

PASQUIN.
A merveille ! monsieur, vous répondez de tout point à l'idée que j'avais prise de votre mérite, et vous m'avez traité ce jeune drôle comme il convient.

CRISPIN.
Ah ! certes, qui m'a planté ce double insolent ? Vous avez vu comme je me suis conduit. Mais dites-moi, monsieur, quel est-il ?

PASQUIN.
C'est un petit personnage tout frais émoulu du collége, qui veut faire son homme d'importance et à qui le lait jaillirait du nez pour peu qu'on le lui serrât.

CRISPIN.
En sorte que c'est une espèce d'étourneau sans conséquence. Je m'en doutais. Ah ! tudieu, vous allez voir comme je vais le mener. Cela ne sait pas tenir une épée, je parie ?

PASQUIN.
Diable ! ne vous y fiez pas, c'est où il brille le plus. Il a

7.

fait six ans de salle pour entrer aux pages, et comme il faut commencer jeune, il espadonnait dès le maillot contre le sein de sa nourrice.

CRISPIN.

C'est donc un assassin, que diable! un cavalier loyal et à bonnes intentions ne s'exerce pas de si bonne heure.

PASQUIN.

Heureusement qu'il a affaire à forte partie et que vous me paraissez d'humeur à lui faire voir son maître.

CRISPIN.

Eh! monsieur, on ne sait pas; le sort des armes est douteux.

PASQUIN.

Allons donc, vous voulez rire, un tueur comme vous!

CRISPIN.

Et puis franchement, monsieur, je me ferais scrupule de désoler les vieux parents de cet enfant. Je dois avoir du bon sens pour lui, et d'abord essayer les voies de douceur pour n'avoir rien à me reprocher.

PASQUIN.

C'est inutile. C'est un écervelé qui ne voudra rien entendre.

CRISPIN.

Il ne m'en coûte rien de faire des avances avec ce mirmidon, je suis assez connu. Dites-lui que je lui laisse le loisir de reconnaître ses torts.

PASQUIN.

Cela ne servira de rien, mais je ferai ce qu'il vous plaira.

CRISPIN.

Dites-lui aussi que je suis fâché tout le premier de ce qui s'est passé.

PASQUIN.

Fort bien.

CRISPIN.

Ajoutez même que s'il a quelque chose a me reprocher, je suis tout prêt à lui en faire des excuses.

PASQUIN.

Fort bien.

CRISPIN.

Et ajoutez que j'ai eu grand tort de le maltraiter et que je m'en repens très-sincèrement.

PASQUIN.

Bon !

CRISPIN.

Et que quelque chose qui ait pu m'échapper, je lui en demande très-humblement pardon.

PASQUIN.

Ah ! diable, mais vous déclinez visiblement.

CRISPIN.

Non, non, c'est comme il faut agir avec ces étourdis. Cela le touchera et le fera rentrer en lui-même. Vous me promettez de tout accommoder, n'est-ce pas, mon bon monsieur ?

PASQUIN.

Je ferai de mon mieux sans compromettre votre dignité. Allons cependant tout préparer puisque nous en avons le temps. (Ils sortent.)

SCÈNE VII

GILLES, seul.

La sotte idée qu'ils ont eue là de me faire apprendre l'escrime ! Si je la savais du moins ! J'avais bien affaire aussi d'aller me vanter à cet imbécile de Pasquin qui m'a mis une belle affaire sur les bras. Je ne me suis jamais jeté dans quelque entreprise de braverie semblable qu'il ne m'en soit arrivé malheur. Il en coûte fort cher de se faire admirer. Cela me rappelle ce jour où voulant sauter un fossé pour faire parade devant des dames, je tombai au milieu de la vase et m'en retournai gâté, tandis que les gens riaient. En vérité, je suis bien malheureux, et ce qui me dépite surtout, c'est qu'il ne tenait qu'à moi de passer cette journée aussi paisiblement que de coutume. Je suis si joyeux à l'ordinaire ! il fait si beau temps aujourd'hui ; il doit être si doux de jouer à la fossette sur le rempart..... et voilà qu'il faut que je me batte! Non, certes, non, cela ne sera pas. Monsieur le capitaine n'est pas chez lui : je dirai que je n'avais pas de témoin, et je cours m'enfermer au grenier. (Il sort en courant : Sabretache l'arrête au passage.)

SCÈNE VIII

GILLES, SABRETACHE.

SABRETACHE.

Où va-t-on, s'il vous plaît?

GILLES.

Je courais vous chercher sur l'esplanade où l'on m'a dit que vous étiez.

SABRETACHE.

Vous n'en preniez guère le chemin ; mais dites-moi, l'ami, j'en apprends de belles sur votre compte !

GILLES.

Hélas ! oui, monsieur le capitaine, il m'arrive un étrange accident : vous savez que je n'en suis guère qu'à ma première leçon d'escrime, et voici que, par un concours d'événements inouïs, je suis obligé de me mesurer ce soir avec un horrible spadassin.

SABRETACHE.

Ouais ! Mais pourquoi donc l'avez-vous provoqué, cet horrible spadassin?

GILLES.

Je ne sais comment cela s'est fait ; je sortais tout rempli de votre leçon, et je démontrais des coups à Pasquin.

SABRETACHE.

Pourquoi diable vous mêlez-vous de démontrer des coups?

GILLES.

C'est que j'étais ravi de lui faire voir tout ce que je savais.

SABRETACHE.

Mais pourquoi donc allez-vous vous mettre dans la tête que vous savez quelque chose?

GILLES.

Je savais bien que je ne savais rien, mais je voulais le lui faire croire.

SABRETACHE.

Pourquoi donc aller vous vanter de savoir des choses que vous ne savez pas?

GILLES.

Si bien que l'affaire s'est trouvée engagée en un clin d'œil avec un certain Crispin qui se trouvait là, et qui pourrait être, d'aventure, une très-forte lame.

SABRETACHE.

Vous en doutez? J'en réponds, et quand je le dis, on peut le croire : c'est, après moi, la meilleure épée du royaume ; et la plus grande grâce qu'il puisse faire à son adversaire, c'est de le percer à l'estomac ou dans le bas-ventre, car il est bien rare qu'il manque le cœur.

GILLES.

Juste Dieu! il n'aura pas la gloire de me tuer, et je me sens déjà bien près de ma fin.

SABRETACHE.

Que diable allez vous donc vous frotter à des raffinés de cette trempe?

GILLES.

Oh! vous savez, l'on se trouve obligé de faire bonne contenance. Je m'étais donné pour brave.

SABRETACHE.

Mais pourquoi vous donnez-vous pour brave, si vous ne l'êtes pas? A quoi cela peut-il servir, si ce n'est à pousser dans le dernier ridicule?

GILLES.

Monsieur le capitaine, il faut détourner ce sacrifice. Je ne veux point servir de nourriture à cet ogre, entendez-vous? Je me tuerais plutôt moi-même.

SABRETACHE.

Un moment, blanc-bec! Tu es mon élève : mon honneur est

en jeu : tu feras ton devoir, ou c'est à moi que tu auras affaire.

GILLES.

Quoi ! n'y a-t-il aucun moyen de s'excuser ? Je vous en supplie, mon cher maître, entrez en accommodement. Dites à cet homme, par exemple, que je ne le savais pas si habile.

SABRETACHE.

Voyons, enfant, j'ai pitié de toi. Je vais tâcher d'arranger l'affaire ; mais il faut nous réserver les honneurs de la guerre. Laisse-moi parler : les voici ; faisons bonne contenance.

SCÈNE IX

SABRETACHE, GILLES, PASQUIN, CRISPIN.

CRISPIN, bas à Pasquin.

Ne craignez pas de me ravaler ; j'ai capitulé en d'autres occasions sans que cela tirât à conséquence, et surtout finissons vite, car j'ai des affaires pressées.

PASQUIN, bas à Crispin.

Vous devriez pourtant bien détacher quelque estafilade à ce garnement pour lui apprendre à vivre.

CRISPIN, bas à Pasquin.

Cela est inutile, et puis je me sens mal disposé aujourd'hui. Faisons la paix. Mon Dieu ! à quoi cela sert-il donc de disputer entre amis ? Je voudrais qu'on s'embrassât.

PASQUIN, bas à Crispin.

Laissez-moi faire, je suis fort habile dans les négociations.

GILLES, bas à Sabretache.

Vous pourriez m'excuser sur ma jeunesse et sur ce que je suis naturellement vif, quoique très-tendre au fond.

SABRETACHE, bas à Gilles.

Je sais mieux que toi ce qui convient. (Haut). J'y songe, messieurs, avez-vous apporté vos armes ?

PASQUIN.

Ah ! la peste ! je l'ai oublié. Nous comptions en trouver ici. Je vais courir.....

CRISPIN.

Il sera toujours temps, messieurs; il me semble qu'auparavant.....

SABRETACHE.

Au surplus, j'ai là mon épée; mais voici une paire de fleurets excellents et tout fraîchement affilés. (Il va prendre des fleurets dans sa maison.)

GILLES.

Il convient avant tout de s'expliquer...

PASQUIN.

C'est trop juste. Or, messieurs, je n'ai jamais pu voir d'honnêtes gens se couper la gorge sans m'informer exactement de leurs raisons et sans essayer d'abord toutes les voies de conciliation.

GILLES.

Bien dit.

PASQUIN.

Je ne souffrirai pas que deux jeunes héros, la fleur de la chevalerie, l'espoir de leur maison, la consolation de leurs amis, périssent l'un par l'autre sans qu'il me soit démontré que cela est de la plus grande nécessité.

CRISPIN.

Comme cet homme parle! Je suis déjà tout attendri

PASQUIN.

Intrépides tenants, votre honneur n'aura point à souffrir de ces débats, et c'est entre nous, les témoins, qu'ils se doivent agiter.

SABRETACHE.

La chose est facile à accommoder : monsieur Gilles a qualifié monsieur Crispin de faquin, et nous demandons simplement que monsieur Crispin nous en fasse ses excuses.

PASQUIN.

Monsieur, vous me permettrez de vous dire que je ne puis prêter l'oreille à de pareilles propositions.

SABRETACHE.

Eh bien, monsieur, on vous la coupera.

PASQUIN.

Monsieur, c'est ce qu'il faudra voir.

SABRETACHE.

Nous allons donc vous le montrer.

GILLES.

De grâce, monsieur, entendez-vous.

PASQUIN.

Votre témoin est inabordable.

SABRETACHE.

C'est-à-dire que je sais soutenir les intérêts de mon parti.

PASQUIN.

Eh bien! morbleu, nous soutiendrons les nôtres.

SABRETACHE.

Nous ne demandons pas mieux.

PASQUIN.

Eh bien! qu'on se batte.

SABRETACHE.

Flamberge au vent.

CRISPIN.

Eh! messieurs, est-ce en vous enflammant de la sorte que vous vous accommoderez?

PASQUIN.

Il n'est plus temps; on nous outrage; plus de miséricorde!

GILLES, pleurant.

Au diable! vous me faites mourir cent fois. Vous êtes un méchant homme, monsieur Sabretache. Ils sont fort raisonnables. Vous voulez nous entre-tuer tous. Je n'en suis plus.

SABRETACHE, bas avec colère.

Je n'écoute plus un mot. Ne vas pas faiblir, au moins : prends-moi cette rapière, et ouvre-moi l'estomac de ce maroufle. (Haut). Plus de quartier; qu'on se place!

PASQUIN, bas à Crispin.

Au surplus, je m'en vais vous enseigner, moi qui connais le jeu de Gilles, une parade qui le prendra fort au dépourvu.

SABRETACHE, bas à Gilles.

Écoute ici. Adresse-lui cette botte, et tu es sûr de ton fait. (Ils se parlent à l'oreille.)

GILLES, bas à Sabretache.

Le coup est sûr ; mais faut-il assassiner lâchement ce jeune homme. J'aimerais mieux une autre arme.

PASQUIN.

Messieurs, le seigneur Crispin, reconnaissant qu'il tuerait son adversaire sans gloire à l'épée, où il excelle, vous fait la grâce de choisir un autre genre de mort.

SABRETACHE.

Soit. J'ai là des pistolets que j'ai chargés à tout événement. (Il tire une paire de pistolets).

GILLES.

Ah! Dieu! ils sont déjà chargés.

SABRETACHE.

J'aime à te voir content de cette promptitude. (Il mesure les pas.)

PASQUIN.

Vous pâlisez, Crispin. Que ce mâle courroux me fait plaisir à voir! Le beau moment!

SABRETACHE.

Gilles, toute la race des Gilles te contemple.

GILLES.

Attendez... je ne vois... goutte.

SABRETACHE.

Attention! Une deux, trois : tirez (Ils tirent les pistolets au hasard.) Qu'est-il arrivé ?

CRISPIN.

Ah! je vous en prie, venez le voir; je ne sais... je suis tout en sang.

PASQUIN.

C'est de la sueur.

GILLES.

Je crois que je ne suis pas blessé.

UN AUBERGISTE, entrant.

Messieurs, que faut-il vous servir?

SABRETACHE.

Ces messieurs donnent à déjeuner à leurs témoins, en reconnaissance de leurs services et pour sceller la réconciliation.

CRISPIN.

Ah! de grand cœur! je suis en humeur de partager tout mon bien avec vous. Embrassons-nous tous. (On s'embrasse.)

GILLES.

Ah! ah! je crois que j'ai fait bravement, on peut le dire. Monsieur, au reste, s'est également bien conduit. Nous l'avons échappée belle! Embrassons-nous encore.

SABRETACHE.

Est-ce que vous croyez que j'aurais souffert que des enfants s'entretuassent! Nous n'avions chargé les pistolets que de farine.

GILLES.

Ah! si j'avais su... C'est égal, ce n'est pas de notre faute.

CRISPIN.

Ce n'est pas bien, monsieur Sabretache; car enfin vous nous exposez...

PASQUIN.

Voulez-vous recommencer?

CRISPIN.

Il n'est plus temps : nous allons déjeuner.

LA GUÉRISON

DE

PIERROT

LA
GUÉRISON DE PIERROT

PERSONNAGES

GILLES.
PIERROT, fils de Gilles.
ARLEQUIN.
PIERRETTE, femme de Gilles.
UN MÉDECIN.
DOUZE GARÇONS APOTHICAIRES.

La scène se passe dans la maison de Gilles. — Le lit de Pierrot à droite, la cheminée à gauche, la porte au fond.

SCÈNE PREMIÈRE

GILLES, PIERROT, dans son lit.

GILLES.

Quel temps fait-il aujourd'hui ? bon ! il fait du soleil et tout à l'heure il va tomber de la pluie — et toujours du soleil ou de la pluie. Nous n'aurons donc jamais autre chose ! — Je ne connais rien de plus ennuyeux que de se lever tous les matins, de se retrouver dans la même chambre, dans les mêmes meubles, dans les mêmes habits, et de revoir toutes choses en leur place comme si on ne les avait pas quittées ; — et toujours aussi les mêmes choses à faire, balayer, frotter, épousseter et puis se rendormir pour balayer encore ; on n'a pas le temps de salir. — On se devrait réveiller quelquefois dans quelqu'un de ces beaux palais de diamant ou dans une de ces prairies enchantées de l'autre monde, que nous ne connaissons que par ouï dire. Le sommeil promet de si belles choses ! Le sommeil, dit-on, est une mort ; on devrait commencer une nouvelle vie. — Ah! j'enrage! — N'importe, puisque je suis debout et de mauvaise humeur, il faut du moins qu'on me tienne compagnie et que je réveille toute la maison. — Holà, Pierrot, Pierrette, holà! ho! ho! çà, qu'on se lève. — Ils n'auraient garde, ils ronflent, les marauds, plus haut que je ne crie. — Ah ! bien, buvons un coup. Venez çà, ma bouteille chérie, vous m'écouterez, vous; et, pour peu que vous ayez quelque chose dans l'âme, vous me le communiquerez. Allez, allez, mignonne ! vous êtes la meilleure de mes proches : il y a longtemps que je m'en suis aperçu ; (il boit.) cela console de tout, mais pas pour longtemps : ce qui est bien vu et prouve qu'il faut boire souvent. (Il chante.)

> Arlequin, le Bergamasque,
> A trop de noir sur son masque
> Pour y loger les pâleurs.
> Le temps, les destins fragiles,
> N'ont point assez de douleurs
> Pour rougir celui de Gilles.
> Polichinelle aviné
> En sait plus long qu'un grand maître,
> Et le bonnet du vieux reître
> Est moins pointu que son né.

Ah çà ! il est pourtant l'heure de vaquer aux ouvrages de la maison. Il faut que je réveille tout de bon ce drôle de Pierrot pour l'envoyer à l'école. C'est bien le moins qu'il en sache plus que moi. — Holà ho ! Pierrot !... Pierrot, mon ami, qu'on se lève, holà, — Rien. — (Il s'approche du lit.) Holà! mon ami Pierrot, debout!

PIERROT.

Heuh! heuh!

GILLES.

Debout, vous dis-je, mon ami!

PIERROT.

Heucucu! ah!

GILLES.

Eh bien, le maroufle se rendort. (Il le secoue.)

PIERROT.

Oh oh oh! oya!

GILLES.

Sur vos pieds, à l'instant !

PIERROT.

Tout à l'heure.

GILLES.

Tout de suite.

PIERROT.

Est-il dimanche aujourd'hui?

GILLES.

Non, ventrebleu! c'est aujourd'hui lundi; il n'est pas dimanche tous les jours, et il faut vous en aller sur-le-champ à l'école.

PIERROT.

Aïe! aïe! je suis malade.

GILLES.

Ouais, malade? nous allons voir ; à l'école, et promptement !

PIERROT.

Je ne puis.

GILLES.

Ne me faites point monter la moutarde au nez, ou, par la mort-bleu! je couche une voie d'eau à côté de vous.

PIERROT.

Aïe! aïe! je suis bien malade!

GILLES

Qu'avez-vous?

PIERROT.

J'ai mal.

GILLES.

Où?

PIERROT.

Là.

GILLES.

Et où, là ?

PIERROT.

Là, là, et puis là.

GILLES

Ah! diable, et quel mal est-ce donc?

PIERROT.

La colique.

GILLES.

Oh! oh! Et puis?

PIERROT.

La migraine.

GILLES.

Oh! doux Jésus! Et puis?

PIERROT.

La fièvre.

GILLES.

Aïe de moi! la colique dans la tête?

PIERROT.

Oui.

GILLES.

La migraine au ventre?

PIERROT.

Oui.

GILLES.

Et la fièvre au?...

PIERROT.

Oui.

GILLES.

Ah! bon Dieu! ayez pitié de nous. Attendez, mon mignon, attendez, mon petit bouchon, je sais un remède pour ces coliques, ces migraines et ces fièvres-là. Je m'en vais vous guérir. (Il s'approche avec un bâton.)

PIERROT.

Oh! oh! papa! maman! au secours!

GILLES.

A l'école donc, monsieur le malade! à l'école, mon pauvre moribond!

PIERROT.

Hi! hi! hi! je suis malade, moi.

GILLES.

Je m'en vais donc vous guérir. (Il frappe.)

PIERROT.

Aïe! aïe! holà!

SCÈNE II

Les Mêmes, PIERRETTE.

PIERRETTE.

Eh bien, qu'y a-t-il? quel est ce bruit?

PIERROT.

C'est moi qui suis malade.

GILLES.

Oui, c'est Pierrot qui ne veut pas aller à l'école.

PIERRETTE.

Pourquoi, Pierrot, mon ami, ne voulez-vous point aller à l'école?

PIERROT.

Je suis malade.

PIERRETTE.

Mais, Gilles, mon ami, s'il est malade...

GILLES.

Ne voyez-vous point qu'il le fait exprès?

PIERROT.

Nenni, nenni! j'ai grand mal là, et puis là! Oh! oh! ah! aïe! aïe!

PIERRETTE.

Pauvre petit m'amour! ne pleurez point. Vous souffrez donc bien?

GILLES.

Eh! point du tout, c'est feintise et fainéantise. Oh! le petit masque!

PIERROT.

Aïe! aïe! oh! là! là! là! là!

PIERRETTE.

Oui, ma poule, oui, mon cœur, oui, mon poupon ; et vous, Gilles, mon ami, il faut que vous ayez le cœur bien dur pour maltraiter ce pauvre petit fillot.

GILLES.

Là, vous voilà bienvenue, vous, pour favoriser ces mômeries; la peste soit des femmes qui gâtent leurs enfants!

PIERRETTE.

La peste soit du bourru qui a si peu de compassion.

PIERROT.

Aïe! aïe! oh! oh!

PIERRETTE.

Ne voit-on pas que ce pauvre petit a grand mal?

GILLES.

Pour moi, je ne vois rien.

PIERRETTE.

Eh bien, moi, je le vois.

GILLES.

Où cela, je vous prie?

PIERROT.

Aïe! aïe! oh! oh!

GILLES.

J'entends, à la bonne heure! mais je ne vois pas, et le drôle joue la comédie.

PIERRETTE.

Et moi, je vois qu'il est malade.

GILLES.

Moi, je vois qu'il se porte bien.

PIERROT.

Aïe! aïe! oh!

GILLES.

Et je veux qu'il aille à l'école.

PIERRETTE.

Moi, je prétends qu'il n'ira pas.

LA GUÉRISON DE PIERROT

PIERROT.

Aïe! aïe!

PIERRETTE.

Il n'ira point, vous dis-je.

GILLES.

Ah! morbleu! il ira et je n'en démordrai point.

PIERRETTE.

Je vous dis que si.

GILLES.

Je vous dit que non. (Ils tiraillent Pierrot chacun de leur côté.)

PIERROT.

Oh! oh! oh! vous me faites mal!

PIERRETTE.

Vous lâcherez.

GILLES.

Je ne lâcherai point.

PIERRETTE.

C'est mon enfant.

GILLES.

Eh! parguienne! c'est aussi le mien. (L'un tire Pierrot par les pieds et l'autre par la tête.)

PIERROT.

Oh! aïe! aïe! cher papa, chère maman! vous me tirez à deux chevaux.

GILLES.

Tenez, nous finirions par n'avoir plus rien à nous disputer. Pierrot, mon ami, recouchez-vous, et vous, Pierrette, ma femme, venez là que je vous parle.

PIERRETTE.

Qu'est-ce donc?

GILLES, à part.

Vous croyez que notre enfant est malade, et moi, je ne le crois pas; je voudrais qu'il allât à l'école, et vous, vous ne le voulez pas. Vous rendrez-vous, si je vous prouve que j'ai raison? Rien n'est si simple. Donnez-moi seulement la poêle à frire.

PIERRETTE.

La voilà ; qu'en voulez-vous faire ?

GILLES.

Parlez plus bas. Donnez-moi à cette heure le suif à graisser la scie.

PIERRETTE.

Quel est votre dessein ?

GILLES.

Plus bas, vous dis-je ! Passez-moi maintenant le pot au cirage.

PIERRETTE.

Quelle est cette cuisine ?

GILLES.

Doucement, je vous prie ! A présent, soufflez le feu : ce sont des beignets de ma façon. La poêle va chanter. Nous n'avons plus qu'à nous retirer, et je vous ferai voir par le trou de la serrure si Pierrot est aussi malade que vous le croyez.

PIERRETTE.

Ah ! je suis trop sûre que le pauvre petit n'est pas en état de se tenir sur ses jambes.

GILLES, haut.

Vous avez raison. — Cher m'amour, cher cœur ! cher trésor de sa maman ! il est malade, ce loulou, il souffre bien ce moumour, laissons-le un peu reposer.

(Ils sortent.)

SCÈNE III

PIERROT, seul.

PIERROT.

Est-ce que je m'en vais rester ici tout seul toute la journée ? Oh ! que je m'ennuie ! je voudrais bien un peu jouer avec mes petits camarades. Ils sont tous à l'école à l'heure qu'il est ; et voilà justement l'heure de la récréation. — Les reins me font mal pour tout de bon, j'ai beau me tourner et me retourner dans ce lit, c'est si étroit! les matelas me meurtrissent les côtes. C'est drôle, on ne sent pas cela quand on dort. — Il me semble que je n'ai pas déjeuné aujourd'hui. Non vraiment. — Ah! c'est que je suis malade! — Ah! bon Dieu, est-ce que l'on ne me donnera point à déjeuner? — Ah! la bonne odeur! Qu'est-ce qui cuit donc là? La poêle! oh! ce sont des beignets! — Eh! vite, avant que l'on vienne. (Il se lève et court vers la cheminée.) Holà! aïe aïe! oh! que c'est chaud! oh! les doigts! oh! la peau! — Juste ciel! on vient. (Il mord dans le beignet.) Pouah, que c'est mauvais! Fi! que c'est chaud! Pouah, pouah, c'est de la mort aux rats. Hélas! je suis peut-être empoisonné. Aïe aïe! j'ai la langue qui me pèle! (Il court à son lit en crachant.)

SCÈNE IV

GILLES, PIERRETTE, PIERROT.

GILLES, à Pierrette.

Que vous avais-je dit, madame la tendre mère?

PIERRETTE.

Vous aviez raison, monsieur le père brutal.

GILLES, haut.

Comment se trouve notre poupon?

PIERROT.

Heuh heuh, j'ai mal à la langue, j'ai la bouche amère, j'ai le ventre enflé, je suis bien malade.

GILLES.

Hélas! hélas! je le vois bien. Ah! je suis un monstre, je suis un père dénaturé, moi qui en ai pu douter, pauvre Pierrot! cher poulet! Oh, je mérite cent gourmades, cent coups de pied, et toi, pauvre innocent, cent médecines, cent lavements. Va, mignon, je me donnerai les uns et je te donnerai les autres. Tu seras vengé et je serai puni. Je veux réparer ma barbarie, Pierrette, m'amie, allez-vous en tout à l'heure prier notre voisin Arlequin à dîner avec nous; je veux lui demander conseil dans cette extrémité. (Pierrette sort.)

SCÈNE V

PIERROT, GILLES.

GILLES.

Hélas! hélas! le temps presse, et, si vous alliez mourir avant que l'on vous guérisse, m'amour, je ne m'en consolerais jamais. Que faire? que devenir? Il faut pourtant que je vous secoure; voyons ça, que ressentez-vous?

PIERROT.

Hé! hé! hé! j'ai toujours la colique dans la tête, la migraine dans le ventre et la fièvre dans le dos.

GILLES.

Fort bien, fort bien, j'en perds la tête. Je ne sais où courir. Ah! tenez, avalez-moi cette petite gorgée d'eau de mélisse.

PIERROT.

Buah! buah! c'est bien mauvais.

GILLES.

Bon! Mettez-moi maintenant ce girofle dans votre bouche pour la rafraîchir.

PIERROT.

Oh! que cela pique.

GILLES.

Excellent signe! Respirez-moi un peu ce vinaigre des quatre voleurs.

PIERROT.

Hatchitt! que cela est fort!

GILLES.

Tant mieux! Et mettez-moi ces serviettes toutes chaudes sur votre ventre.

PIERROT.

Aïe! aïe! je grille, vous me brûlez vif.

GILLES.

Parfaitement! c'est au mieux, cela ne saurait être trop chaud.

LA GUÉRISON DE PIERROT

PIERROT.

Mais je cuis ! aïe ! aïe !

GILLES.

C'est pour votre bien : plus vous cuirez, plus vous guérirez vite.

PIERROT.

Mais, mon papa, je suis beaucoup mieux.

GILLES.

Pauvre enfant ! le délire s'en mêle.

SCÈNE VI

PIERROT, GILLES, ARLEQUIN.

PIERROT.

Bonjour, Gilles, mon ami ; ta femme Pierrette m'est venue prier à dîner de ta part et me voici tout dispos.

GILLES.

Hélas ! Arlequin, tu me vois au désespoir ; notre fils Pierrot est malade, et je voudrais savoir de toi ce qu'il me faut faire.

ARLEQUIN.

Eh ! parbleu ! il faut consulter un médecin.

GILLES.

N'en connaitrais-tu point, par hasard ?

ARLEQUIN.

Si vraiment, j'en sais un qui sera ton fait, et, ta femme m'ayant d'abord prévenu, je l'ai envoyée le chercher.

GILLES.

J'entends un médecin rigide, savant, sans complaisance pour la maladie, et tel qu'il le faut enfin dans une conjoncture si grave.

ARLEQUIN.

Sois tranquille, le mien est sec comme un hareng, dur comme un cuir tanné, et donne envie d'être bien portant rien qu'à le voir.

PIERROT.

Je ne veux pas de celui-là, mon papa, je ne veux pas de celui-là.

GILLES.

Arlequin, c'est l'homme qu'il nous faut.

ARLEQUIN.

La diète et le bistouri, voilà sa méthode, et c'est la plus sûre. Il laisserait plutôt mourir son malade de faim que de sa maladie.

PIERROT.

Hélas! je ne veux pas de ce médecin, moi!

GILLES.

Cette méthode me plaît.

ARLEQUIN.

Du reste, il sait mieux la chirurgie que toi et moi, et je n'exagère point, puisque nous ne la savons point du tout. Il coupe une jambe à ravir, un bras à donner envie, et, comme il le sait, il en coupe le plus qu'il peut. Il n'y a point à s'en défendre parce que c'est ce qu'il fait de mieux.

PIERROT.

Mon cher papa, je n'ai pas besoin de ce médecin là; je me porte déjà mieux.

GILLES.

Entends-tu, cher Arlequin, cet enfant me navre le cœur, il a le transport au cerveau. Il est temps que le docteur arrive.

ARLEQUIN.

Ne te désole point tant, je le vois qui s'avance là bas gravement avec son jonc d'Espagne et sa perruque à marteaux.

SCÈNE VII

ARLEQUIN, GILLES, PIERROT, PIERRETTE, LE MÉDECIN.

LE MÉDECIN.

A vous, seigneur Gilles et à toute la discrète compagnie,

salut! Vous avez invoqué mes lumières, elles ne vous feront point défaut. De quoi s'agit-il et qu'allez-vous me donner à mâter, tonifier, débiliter, dulcifier, inciser, cautériser, tailler et amputer?

GILLES.

Docteur, c'est notre fils Pierrot, que voilà...

PIERROT.

Nenni, nenni, monsieur le médecin, je ne suis plus malade.

LE MÉDECIN.

Serait-ce une phthisie, une pneumonie, une congestion cérébrale, une gastrite ou gastro-entérite, une hydropisie ou une névralgie? serait-ce une fièvre putride, maligne ou intermittente? jouirions-nous d'un peu de rougeole ou de coqueluche? sommes-nous empêché du ventre ou du cerveau?

PIERRETTE.

Hélas! monsieur le docteur, Pierrot souffre de tout cela.

PIERROT.

Eh! point, point, je ne souffre plus.

LE MÉDECIN.

Est-ce le crâne qu'il faut trépaner, l'abdomen qu'il faut ouvrir, quelque vaisseau qu'il faut retrancher, une cuisse qu'il faut scier, ou quelque conduit obstrué qu'il faut perforer?

ARLEQUIN.

Hélas! monsieur le docteur, je crois qu'il faut couper et perforer tout cela.

PIERROT.

Au secours! au secours! je ne veux point qu'on me coupe rien.

LE MÉDECIN.

Amenez le malade par devers moi.

PIERROT, qu'on assied sur une chaise.

Ah! bon Dieu! ah! ah! cher papa, chère maman, je ne suis plus malade.

GILLES.

Hélas! hélas! c'est pour ton salut, mon enfant.

PIERRETTE.

Ne crains rien, ma poule, on ne veut que te guérir.

PIERROT.

Mais je n'ai point de mal, ah! ah!

LE MÉDECIN.

Le malade a le verbe haut. Mauvais signe!

GILLES.

C'est une lubie qui l'a pris ce matin de nier sa maladie.

LE MÉDECIN.

Précisément. Transport au cerveau! délire de la fièvre! les humeurs et sécrétions malignes obstruent l'entendement. Méchant symptôme! symptôme fort méchant! — Voyons le pouls. Calme et régulier. Fièvre latente. — Voyons la langue. Fraîche et vermeille. Inflammation! — Sans les secours de l'art, le malade n'eût point vécu deux jours. J'arrive à propos.

PIERROT.

Holà! holà! papa, maman, je ne suis point malade.

LE MÉDECIN.

Écoutez-le. Délire simple, hallucination. Opérons d'urgence.

PIERROT.

Aïe! aïe! tirez-moi de ses griffes, chère maman!

PIERRETTE.

Rassure-toi, mon mignon, rassure-toi.

LE MÉDECIN.

Il tombe de l'hallucination simple en épilepsie.

PIERROT.

Je n'ai point de mal. Je feignais d'en avoir.

LE MÉDECIN.

Et d'épilepsie, en catalepsie.

GILLES.

Ah! grand Dieu! d'épilepsie en catalepsie? Vite à l'œuvre, monsieur le docteur!

PIERROT.

Oh! oh! je ne veux pas être perforé; qu'on m'assassine, qu'on m'assassine plutôt!

LA GUÉRISON DE PIERROT

GILLES.

Eh! ma mie, eh! mon bouchon, eh! mon chou! monsieur le docteur n'est pas méchant et ne veut que ton bonheur.

LE MÉDECIN.

Nous allons procéder par un examen des viscères abdominaux, qui paraissent être le siége de la maladie.

PIERROT.

Hélas! mon Dieu!

LE MÉDECIN.

Après quoi, nous appliquerons les fers rouges sur les parois malades, pour combattre par les picotements de la cautérisation les sensations progressivement douloureuses de l'affection.

PIERROT.

Ah! ah! je suis mort!

LE MÉDECIN.

Il se plaint à cette heure. Le calme renaît. Telle est l'influence morale de l'art de guérir. N'ai-je pas là ma trousse, mes lancettes, mes bistouris?

PIERROT.

Oh! monsieur le médecin, ayez pitié de moi!

LE MÉDECIN.

Précisément, mon ami, précisément, vous serez soulagé. — Cependant, nous pouvons nous contenter pour le moment d'un emplâtre de diachylum, et, les humeurs étant mortifiées et mollifiées en surcroît par quelques petits clystères, il sera temps d'opérer.

GILLES.

En ce cas, monsieur le docteur, vous prendrez pitié d'un malheureux père, et vous goûterez, en attendant, d'un petit régal que j'ai fait préparer pour mon ami Arlequin et pour moi.

LE MÉDECIN.

Cela n'est pas de refus. J'ai besoin de forces moi-même pour en rendre au malade. Recouchez-le, cependant.

(Pierrette met la table. Ils s'assoient et ils mangent. Pierrot est dans son lit emmailloté de compresses.)

GILLES, *mangeant et la bouche pleine.*

Ah! père trop infortuné que je suis! fallait-il qu'un pareil malheur fût réservé à mes derniers jours! Je n'avais qu'un fils qui faisait mon espoir et ma joie, et le voilà couché sur un lit de douleur. Ah! si tu dois mourir, tendre fleur à peine éclose, je te précederai au tombeau. — Comment trouvez-vous ce vin, monsieur le docteur? Passez-moi un peu de ce pâté.

LE MÉDECIN.

Hé! hé! le vin est assez gaillard et digne en tout du reste. — Consolez-vous, c'est là une bourrasque passagère qui ploie un moment la tige de ce jeune arbrisseau. L'image de la vie... A votre santé!

GILLES.

Hélas! à celle plutôt de ce pauvre enfant qui en a si grand besoin.

TOUS.

A la santé de Pierrot!

GILLES, *pleurant.*

Ah! Pierrot! le fruit de mes entrailles, que n'es-tu là, au milieu de nous, mangeant de ce jambon et buvant de ce vin, qui sont à toi comme ils sont à ton père. Mais, sois tranquille, tu n'es point oublié à cette table : voilà ta place vide et je mangerai ta part.

PIERROT.

Ah! vous appelez cela ne pas m'oublier. Hélas! je n'aurais point besoin de vous pour manger ma part.

PIERRETTE.

Attends, mignon, je vais te la donner.

LE MÉDECIN.

Y songez-vous? dans l'accès le plus violent de la fièvre! dans le paroxysme le plus désespéré! manger dans une pareille maladie! Vous voulez tuer votre enfant!

GILLES.

Est-il vrai, Pierrette, vous voulez donc tuer votre enfant?

PIERROT.

Mais vraiment vous êtes bien cruels; je vous ai dit que je n'étais pas malade.

LE MÉDECIN.

Troisième période de l'égarement. Il méconnaît ses proches et se forge des terreurs imaginaires. — Je prendrai, s'il vous plaît, cette aile de perdrix.

PIERROT.

Oh! oh! que cela me cuit! je n'y tiens plus.

PIERRETTE.

Eh quoi! mon bijou?

PIERROT.

Ce diable d'emplâtre.

LE MÉDECIN.

Le remède opère.

PIERRETTE.

Signe que cela te fait du bien.

GILLES.

Ah! bon Dieu! si cela dure, je n'y résisterai point; je ne me sens point fait pour de pareilles émotions. Pauvre Pierrot! pauvre chéri! ô toi le bien-aimé de mon cœur, je ne saurais te voir souffrir plus longtemps! Donnez-moi du courage, mes dignes amis, contre un malheur si imprévu. — Encore un coup de ce clairet, je vous prie.

ARLEQUIN.

Un trait aussi de ce vin d'Espagne; il est souverain contre les peines du cœur et donne aussi des forces au corps. — A vous, monsieur le docteur!

TOUS, se levant.

A la santé de Pierrot!

PIERROT.

Les bourreaux! Je meurs de faim. Cela sent si bon.

(On se lève de table.)

LE MÉDECIN.

Maintenant, si vous le trouvez bon, l'on introduira les gens de l'apothicaire, qui vont m'apprêter les voies.

GILLES.

Ah! je n'aurai jamais le courage d'assister à une pareille opération; mon fils, mon propre fils entre des gens si noirs et des instruments si pointus! je m'évanouirais! Oh! doux agneau, que ne puis-je te sauver ce supplice aux dépens de ma propre vie! — Emmène-moi, Arlequin.

PIERROT.

Mon père, mon père, ne m'abandonnez pas.

GILLES.

Hélas! soutiens-moi, Arlequin.

LE MÉDECIN.

Je vais vous accompagner moi-même, je n'ai point affaire ici.

PIERROT.

Ma mère, ma mère, ne me laissez pas seul.

PIERRETTE.

Ah! monsieur le docteur, je suffoque, donnez-moi votre bras.

(Ils sortent.)

SCÈNE VIII

PIERROT, douze garçons apothicaires.

PIERROT.

Papa, maman, au secours!

CHOEUR D'APOTHICAIRES.

Songez à vous taire
Et ne craignez rien;
Ce petit clystère
Vous fera du bien.

PIERROT.

Quel vacarme! mon Dieu! qu'on m'assassine! jamais, jamais! (Il sort du lit en chemise; les apothicaires le poursuivent.)

CHŒUR D'APOTHICAIRES.

Ah! cette colère
Vous émeut d'autant.
Au lieu d'un clystère
Il en faudra cent.

PIERROT, toujours poursuivi.

Messieurs, messieurs, s'il vous reste quelque pitié, rengaînez, je vous prie; je suis un pauvre petit malheureux parfaitement bien portant. Grâce! grâce! je me jette à vos pieds; je vais tout vous dire. J'ai feint d'être malade pour ne point aller à l'école, mais je me porte bien et j'y vais aller. Tenez, voici mes livres. Ayez compassion d'un petit misérable qui a grand appétit!

SCÈNE IX

PIERROT, GILLES, ARLEQUIN, PIERRETTE, LE MÉDECIN, LES APOTHICAIRES.

LE MÉDECIN.

Seigneur Gilles, votre fils est guéri.

GILLES.

Quoi! est-il possible? Quel miracle!

PIERRETTE.

Viens dans mes bras, mon enfant!

ARLEQUIN.

Quel grand homme que ce médecin-là!

PIERROT.

Oui, ma foi, je suis guéri. Donnez-moi à déjeuner et je m'en vais à l'école.

BLANC ET NOIR

BLANC ET NOIR

PERSONNAGES

BERGAMASQUE.
GILLES.
PASCARIEL.
PIERROT,
ARLEQUIN, } d'abord enfants.

TÉ-O-LÈ, chef des sauvages.
UN CAPITAINE DE MARINE.
Sauvages.
Marins.

SCÈNE PREMIÈRE

Une place publique. — La maison de Bergamasque d'un côté, la maison de Gilles de l'autre.

PASCARIEL, avec deux enfants au maillot sur les bras, PIERROT et ARLEQUIN.

PASCARIEL.

Ne criez pas, messieurs, nous voici arrivés. Vous allez voir monsieur votre père, vous le petit noiraud ; et vous, petit pâlot, vous allez voir le vôtre. Le vilain métier que celui de messager, si nous avions toujours de pareils bagages à porter ! il n'y a pas de marchandise plus sujette à se gâter en chemin ; et puis ces marmots indisposaient les gens du coche, et puis c'était à boire, puis à manger... Corbleu ! messieurs du béguin, me prend-on pour une nourrice ?... J'aimerais mieux garder les bestiaux... Et puis madame Bergamasque qui m'avait recommandé le plus grand secret sur ce voyage de son poupon qu'elle envoie à son mari ; et madame Gilles, qui veut aussi le plus grand mystère ; comme s'il était possible d'étouffer aussi ces piailleries qui me trahissent partout comme une tabatière à musique. Débarrassons-nous au plus vite de la commission. Mais, j'y pense, quel est le fils de Gilles ? quel est celui de Bergamasque ? Je me suis chargé de tous deux à l'insu de leurs mères, et ils se sont brouillés dans la route. Bon ! je suis bien sot ! il n'y a que deux enfants, les pères ne sont aussi que deux, chacun le sien, il n'y a pas à s'y tromper... Voilà le logis de Bergamasque (Il frappe.) et là, celui de Gilles. (Il frappe.) Encore une sottise ! Gilles va voir le poupon de Bergamasque, et Bergamasque celui de Gilles ; cela m'est défendu. Je reviendrai avec un seul marmot. (Il s'enfuit.)

SCÈNE II

GILLES, BERGAMASQUE, ouvrant à la fois leurs portes et s'avançant l'un vers l'autre.

GILLES.

Plaît-il, seigneur ?

BERGAMASQUE.

Qu'y a-t-il pour votre service ?

GILLES.

Que me voulez-vous ?

BERGAMASQUE.

Qu'avez-vous à me dire ?

GILLES.

Vous m'appelez ?

BERGAMASQUE.

Vous frappez à ma porte ?

GILLES.

Vous rêvez !

BERGAMASQUE.

Vous perdez le sens !

GILLES.

Au surplus, je ne suis pas fâché de vous voir.

BERGAMASQUE.

Ni moi : je suis bien aise de vous faire part d'un événement qui surprendra la ville.

GILLES.

Et moi aussi, j'ai de quoi faire enrager les jaloux.

BERGAMASQUE.

Ce n'est pas sans doute, ainsi que moi, un enfant beau comme le jour que ma femme m'envoie de nourrice, un enfant mâle, gros et gras, plein d'esprit, chantant déjà *la Fricassée*, et que je compte faire docteur. Voilà qui vous surprend, et vous n'en avez pas autant à me communiquer.

GILLES.

Vous croyez ! Eh bien, justement, c'est une belle créature que j'attends aussi, un poupon bien portant, bien futé, et qui rabattra le caquet de tous les parents de la ville.

BERGAMASQUE.

Ah ! bah ! il est impossible que ce soit un enfant comme celui qu'on m'annonce. Ma femme s'étend là-dessus en deux pages d'écriture et m'en fait le détail le plus séduisant. C'est tout mon portrait.

GILLES.

Ce n'est pas seulement ma femme qui vante le mien, mais il n'y a qu'un cri dans le pays où on l'a nourri, pour célébrer sa grâce, son air, ses petites mines, sa santé, sa fraîcheur, sa gentillesse. Il me ressemble comme deux gouttes d'eau.

BERGAMASQUE.

Vous me permettrez alors de ne pas le croire si beau que vous dites.

GILLES.

Mais si le vôtre vous ressemble ?...

BERGAMASQUE.

Vous êtes un insolent, voisin !

GILLES.

Et vous un envieux !

BERGAMASQUE.

Au surplus, nous verrons.

GILLES.

Je vous quitte la place. (Il sort.)

SCÈNE III

BERGAMASQUE, PASCARIEL, portant Pierrot.

PASCARIEL.

N'est-ce pas là le seigneur Bergamasque?

BERGAMASQUE.

Eh! c'est toi, Pascariel! et c'est là sans doute ce bienheureux marmot que j'attends avec tant d'impatience. C'est là mon fils!

PASCARIEL.

Eh! oui, monsieur, après un voyage assez rude et toute sorte de traverses qui ont bien augmenté l'embarras de ma commission. Ce n'est pas certainement l'appât de l'argent qui me fait parler.

BERGAMASQUE.

L'émotion, la joie me troublent singulièrement. Arrête un moment, pauvre enfant! heureux père!

PASCARIEL.

Le petit se porte bien : j'en ai eu bien soin. Votre épouse m'a dit que vous sauriez me récompenser, mais ce n'est pas ce qui me guide.

BERGAMASQUE.

Oui, certainement, je reconnaîtrai ce service. Soutiens-moi un peu, je fléchis.

PASCARIEL.

Ce poupon m'a donné bien du tintouin ; mais que ne ferait-on pas pour vous obliger!

BERGAMASQUE, fouillant dans sa poche.

Nous ne serons pas ingrats. Tu aurais dû me prévenir, c'est un coup trop fort pour ma sensibilité.

PASCARIEL, tendant sa main.

Laissez donc, vous me payerez plus tard.

BERGAMASQUE, tirant son mouchoir.

Non pas, je te payerai aujourd'hui même. Laisse-moi me moucher, les larmes m'aveuglent.

PASCARIEL.

Achevons, je vous en prie, ou vous allez me faire pleurer aussi.

BERGAMASQUE, lui donnant de l'argent.

Tiens, mon garçon, voici pour ta course et tes soins.

PASCARIEL.

Cela n'en valait pas la peine. (Il regarde l'argent.) Vous ne me donnez que cela ?

BERGAMASQUE.

Eh ! dans le transport où je suis, sait-on ce que l'on fait ? Que viens-tu me parler d'argent ? Voyons mon enfant, voyons ce cher bijou. (Il lève les langes de Pierrot.) Grand Dieu ! quel monstre ! ce n'est pas là mon fils.

PASCARIEL.

Bah ! pourquoi cela ?

BERGAMASQUE.

Vois plutôt ce nez, ces yeux, ce visage enfariné, sont-ce là les traits des Bergamasques qui sont noirs de pères en fils ? est-ce là la tête d'un Arlequin ?

PASCARIEL.

C'est la vôtre, à peu près.

BERGAMASQUE.

Eh ! suis-je de cette couleur, maroufle ? Ce n'est pas là mon fils, te dis-je, ce n'est pas l'enfant qu'on m'envoie.

PASCARIEL.

Parbleu ! si, c'est l'enfant qu'on m'a dit de vous porter, et vous trouverez bon qu'il vous appartienne.

BERGAMASQUE.

Je suis joué, trahi, volé. O la maison des Bergamasques ! ô l'honneur de ma race !

PASCARIEL, à part.

Bah, est-ce que je me serais trompé ? Mais je ne saurais me tromper deux fois. Il faut que l'un de ces pères recon--

naisse au moins un de ces enfants, et puisque celui-ci ne convient pas à Bergamasque, hâtons-nous de porter l'autre à Gilles. (Haut.) Serviteur, monsieur.

SCÈNE IV

BERGAMASQUE, seul.

Ce petit monstre, assurément, ne m'appartient pas. Ces yeux ronds, ce teint blême, cette bouche en manière de four, seraient tout au plus pardonnables dans la famille des Gilles... Mais je me rappelle les propos de monsieur mon voisin, son air narquois, et sa malice à contre-carrer ma joie. Il me vient là-dessus des soupçons terribles. Est-ce qu'il aurait mis son fils à la place du mien? Jarni! j'en tirerai une vengeance éclatante. J'y vais songer. Ce n'est pas à moi qu'on en donne à garder.

SCÈNE V

GILLES, seul.

Suis-je mal éveillé ou le verre de ma vue est-il trouble? Quoi! j'attends un enfant blanc comme un lys, gros à lard, le nez mignon, les yeux bien percés, la bouche en cœur, rassemblant trait pour trait les charmes qu'on a bien voulu louer quelquefois dans ma physionomie, et l'on m'amène un vilain petit singe, noir comme l'encre, ciré comme une botte, le nez épaté, les yeux bouffis, les lèvres rembourrées, qui semble encore me narguer par son éternelle grimace de magot. — Il ressemble terriblement à mon voisin, pour n'en pas dire plus. Mon voisin me parlait tantôt d'un fils prétendu, et cela d'un air que je n'ai jamais pu souffrir à tous ces Bergamasques. J'y suis, le drôle ne serait pas fâché de donner mon pain blanc à manger à son héritier. Il me l'aura insinué à la place du mien. C'est un horrible tour; mais il trouvera à qui parler!... Ah! tu me prends pour ta vache à lait, espèce de bergame, ah! tu mets tes bêtes à mon râtelier. Oh, bien, tu vas voir ce que j'en vais faire, et comment je suis en humeur de cultiver tes rejetons. Holà! Pascariel!

SCÈNE VI
GILLES, PASCARIEL.

GILLES.

Mon ami, je voudrais que tu me rendisses encore un service ?

PASCARIEL.

Vous n'êtes donc plus de mauvaise humeur ?

GILLES.

Ma foi, non, je me sens tout gaillard.

PASCARIEL.

Ah! tant mieux! vous êtes donc content de votre fils?

GILLES.

Extrêmement content.

PASCARIEL.

Vous le trouvez moins laid?

GILLES.

Je le trouve charmant!

PASCARIEL.

Et qu'il vous ressemble?

GILLES.

Parfaitement!

PASCARIEL.

Ah! vous me remettez en joie. Et... maintenant, qu'y a-t-il pour votre service?

GILLES.

Je voudrais que tu me l'attachasses bien proprement dans une boîte, et que tu me l'allasses jeter du haut en bas du pont.

PASCARIEL.

Quoi donc?

GILLES.

Cet enfant.

PASCARIEL.

Le vôtre?

GILLES.

Comme tu dis.

PASCARIEL.

Comment, vous voulez?...

GILLES.

Pas un mot. Tu seras bien payé... C'est une fantaisie.

PASCARIEL.

Ma foi! je vous l'ai amené, je puis bien le jeter en bas du pont. Il commence à s'habituer à moi. Mais pourquoi?...

GILLES.

Tu le noieras, l'enterreras, l'expédieras de façon à ce que je n'en entende plus parler. Voilà tout. Il est là, va le prendre.

PASCARIEL.

Je ne vous en fais pas un reproche, mais je vous préviens que vous allez diablement ressembler au Golo de Geneviève de Brabant. Faites-en ce que vous voudrez. (Il sort.)

SCÈNE VII

GILLES BERGAMASQUE.

BERGAMASQUE.

Ah! vous voilà, voisin.

GILLES.

Mais oui. Est-ce que mon aspect vous prête à rire?

BERGAMASQUE.

Je ne ris pas. C'est plutôt vous qui avez l'air de vous divertir à mes dépens.

GILLES.

Quoi donc? Est-ce que vous ne seriez pas aussi joyeux que vous l'espériez tout à l'heure?

BERGAMASQUE.

Et vous-même, auriez-vous été contrarié dans quelqu'un de vos desseins?

GILLES.

Un bel enfant vous est-il arrivé?

BERGAMASQUE.

Ne parlons plus de cela. Causons, s'il vous plaît, de cet étonnant poupon qui devait nous faire crever de jalousie.

GILLES.

Laissons ce propos. Le vôtre est venu à bon port sans doute et vous me le cachez.

BERGAMASQUE.

C'est vous qui faites le discret.

GILLES.

Allez, allez, tel croit guiller Guillot que Guillot guille.

BERGAMASQUE.

C'est ce que je me disais tout à l'heure, et rira bien qui rira le dernier.

GILLES.

Et l'on verra bien par la suite qui mettra les rieurs de son côté. Serviteur.

BERGAMASQUE, seul.

Plus de doute, il me brave, il me raille en face. Je ne garde plus de mesure et vais sur-le-champ commander à Pascariel d'exécuter ce que j'ai médité.

SCÈNE VIII

Un pays désert au bord de la mer. Une forêt dans le fond.

PASCARIEL et LES DEUX ENFANTS, ARLEQUIN et PIERROT.

PASCARIEL.

Au diable la bourrasque ! me voilà enfin sur la terre, et l'on sait au moins où l'on met le pied. On eût dit que les éléments savaient que j'étais en voyage pour une mauvaise action. Les vents, le tonnerre, la grêle, les flots ont failli noyer cent fois ces pauvres petits et se charger ainsi de ma commission. Mais doucement ! on ne m'a pas chargé de me noyer avec eux ; j'aime autant qu'on m'ait laissé le maître. Cependant, ma foi, me voilà bien embarrassé, il me faudrait à présent tuer ces deux créatures, et je ne suis vraiment pas de force à tuer une mouche. Et puis comment les tuer? Cela n'est pas si facile qu'on croit. Si je les jetais au bas de ce rocher. — Ah! fi donc! Ils se feraient du mal en tombant, ces pauvres innocents! Si je les rouais comme en place de Grève? Mais je n'ai pas ici tout ce qu'il me faut. Si je les faisais cuire à petit feu? Bah! les bêtes féroces viendraient les manger après et en feraient un excellent repas. Serviteur à messieurs les loups. Si je leur coupais le cou? Mais je n'ai qu'un petit couteau qui a déjà bien de la peine à couper du fromage. Et puis, cela n'est peut-être pas de leur goût. Ça, franchement, mes enfants, voulez-vous qu'on vous coupe le cou?

ARLEQUIN.

Hi! hi! hi!

PASCARIEL.

Non; je savais bien. Cela ne leur plaît pas. Je suis assez de leur avis. Ces enfants sont fort spirituels pour leur âge. C'est vraiment dommage. Il y a bien de la lâcheté à comploter ainsi de les assassiner! Et puis ils n'auraient qu'à se défendre. Eh bien, si je me battais bravement avec eux? mais, diable! ils sont deux contre un. Quoi! monstres, vous auriez le front de me tomber deux sur le corps; je ne sais qui me tient de n'avoir plus aucune pitié. Je m'en vais les pendre à cet arbre, comme pour leur faire une escarpolette, et ils mourront tout doucement, en s'amusant. Aimeriez-vous qu'on vous pendît?

PIERROT.

Hi! hi! hi!

PASCARIEL.

Je m'en doutais. Ils font la grimace. Cela finit par me toucher extrêmement. Hi! hi! hi! mes pauvres enfants; il faut pourtant que cela finisse... Ma foi! je m'en vais les laisser là tout simplement. Cette île est déserte : ils mourront de faim, sans s'en apercevoir... Voilà qui est dit, mes enfants; attendez-moi là; soyez bien sages, et l'on ne vous donnera rien à manger. Si vous vous ennuyez, vous jouerez avec ces

petits cailloux que voici sur le sable, et si vous avez besoin
de quelque chose, vous appellerez. Je n'y vois pas d'inconvénient. Bonsoir. O dieux ! que vois-je, quelles vilaines bêtes.
(Deux ours paraissant.) Je suis perdu. Messieurs les ours, je n'en
suis pas ! Si je pouvais les amuser par quelque expédient. —
Mettons les marmots sur leur chemin. (Il s'enfuit.) Qu'est cela ?
un ours qui flaire un des marmots... Bon appétit... Mais non,
il le carresse. O prodige ! il l'emporte. L'autre ours en fait
autant. Qu'il en arrive ce qu'il pourra. Je me méfie des cou-
tumes de ces habitants du pays. Dieux sait comment seront
traités ces malheureux orphelins ! Quant à moi, je m'en retourne à toutes jambes dans ma barque, et de là à toutes
rames dans mon pays. J'aurais pu, à la rigueur, prévenir
ces malheurs, en avouant ma méprise à mes voisins, car
je crois bien qu'il y a eu méprise ; mais on m'aurait grondé
d'abord ; et puis, et puis, l'on ne m'appellera pas désormais un sot impunément.

SCÈNE IX

Un site sauvage dans l'île.

ARLEQUIN, seul.

Je reviens toujours malgré moi à cet endroit, parce qu'il
y a là-bas, derrière cette montagne, cette mer et ces rideaux
de nuages, quelque chose que l'on me cache et qui doit être
curieux à voir. Il y a longtemps que je suis ici. Comment j'y
suis venu, je l'ignore ; mais comment se fait-il que je n'y
trouve rien de pareil à moi ? Les oiseaux qui chantent dans
les arbres, ont des ailes ; les bêtes que je poursuis dans le
bois, marchent à quatre pattes, les huîtres que je pêche au
bord de la mer s'ouvrent et se ferment à volonté. Est-ce que
je ne serais qu'une bête et qu'une huître ?

SCÈNE X

ARLEQUIN, PIERROT.

PIERROT, sans voir Arlequin.

Jamais je ne me suis aventuré si loin. C'est donc comme cela que le monde est fait! Partout de l'herbe, des pierres, des arbres et la mer de tous les côtés. Mais qu'y a-t-il après la mer? Peut-être encore de l'herbe et des pierres : c'est monotone. Mais qu'est-ce donc cela? quelle étrange figure?

ARLEQUIN.

Quel nouvel animal ai-je vu?

PIERROT.

Il marche sur deux pattes comme moi.

ARLEQUIN.

Il se mouche avec ses pieds de devant, comme je fais.

PIERROT.

Mais l'horrible visage noir!

ARLEQUIN.

Il a seulement le museau blanc.

PIERROT.

Si je pouvais le prendre.

ARLEQUIN.

Il ne s'enfuit pas.

PIERROT.

On dirait qu'il s'approche? Il n'est pas farouche.

ARLEQUIN.

Petite, petite, pst!

PIERROT.

Pchitt, pchitt!

ARLEQUIN.

Ah! je vous tiens.

PIERROT.

Et moi aussi.

ARLEQUIN.

Tiens, il parle.

PIERROT.

Vous parlez bien, vous !

ARLEQUIN.

Oh ! ma petite bête, quel drôle de corps vous avez !

PIERROT.

Mais il me semble que vous auriez tort de vous en moquer.

ARLEQUIN.

C'est vrai ; mais cependant quel singulier visage ! Ah ! ah ! ah !

PIERROT.

Eh ! l'étrange muffle. Ah ! ah ! ah !

ARLEQUIN.

De quoi riez-vous donc ?

PIERROT.

De ce que vous avez la tête noire ; et vous ?

ARLEQUIN.

Eh ! parbleu ! de ce que vous l'avez blanche.

PIERROT.

Mais c'est comme cela qu'il faut l'avoir, et je vous plains d'être autrement.

ARLEQUIN.

Vous conviendrez que, si vous étiez noir, tout n'en irait que mieux.

PIERROT.

Ah ! je soutiens que non, et, puisque je suis blanc, c'est qu'il faut être ainsi.

ARLEQUIN.

Je soutiens, moi, que, lorsqu'on a deux pieds, comme moi, c'est qu'il faut être noir !

PIERROT.

Au surplus, puisque nous sommes deux déjà, nous pouvons être encore davantage, et je serais jaloux de savoir qui de nous a raison.

ARLEQUIN.

Ah ! bien, tenez, il faut que je vous conte que j'ai fabriqué une petite machine qui va sur l'eau. Je ne pouvais l'y mettre tout seul : nous l'y pousserons à nous deux, et nous irons voir, par là bas, des choses dont je suis extrêmement curieux. (Ils s'embarquent sur une pirogue.)

SCÈNE XI

Une autre île; des huttes sur la lisière d'un bois.

ARLEQUIN, PIERROT.

ARLEQUIN.

Abordons ici; cela en vaut la peine. Vous conviendrez que voici des maisonnettes qui annoncent des hôtes d'une espèce rare. Je n'ai rien vu de mieux travaillé, si ce n'est des nids d'oiseaux et des logis de castor.

PIERROT.

Oh! que vois-je là-bas! Une nuée de gens semblables à nous, sauf qu'ils sont noirs comme des taupes. Je cours me cacher. Je meurs de peur.

ARLEQUIN.

Je vous le disais bien : toute créature tant soit peu raisonnable est de la couleur d'une queue de merle. Quant à moi, je ne me cache pas, puisque ces gens-là ont tant de savoir-vivre.

SCÈNE XII

ARLEQUIN, LE CHEF, TÉ-O-LÊ, DES SAUVAGES, PIERROT, caché.

TÉ-O-LÊ.

Un étranger! accourez, frères! *Capac!*

LES SAUVAGES.

Capac!

ARLEQUIN.

Je voudrais, messieurs, qu'on s'expliquât vite, et savoir sur-le-champ si l'on ne me doit pas faire de mal.

TÉ-O-LÊ.

Tu es plus noir que nous : notre hutte est à toi. On te bâtira un trône avec les crânes des ennemis.

ARLEQUIN.

Je vous remercie de votre politesse. — Ces gens-là sont fort aimables!

TÉ-O-LÊ.

Capac! capacamma!

LES SAUVAGES.

Capacamma! (Ils dansent autour d'Arlequin.)

TÉ-O-LÊ.

Veux-tu boire du sang tout chaud?

ARLEQUIN.

Bien obligé! Je demande tout au plus à me rafraîchir.

TÉ-O-LÊ.

L'étranger mangera un gigot de l'enfant nouvellement né.

ARLEQUIN.

Oh! vraiment, non! vous êtes trop bons; sans cérémonie. — Quelle diable de nourriture ont-ils là?

TÉ-O-LÊ.

Capac!

LES SAUVAGES.

Capacamma! (Les danses reprennent. On coiffe Arlequin d'un bonnet de plumes, on l'installe sur un piédestal, après quoi les sauvages se prosternent avec toute sorte de contorsions.)

PIERROT.

Mon compagnon, à ce que je vois, est assez bien traité : on l'évente avec des plumes peintes, on lui fait mille civilités; cela me décide à me montrer. Messieurs, j'ai bien l'honneur de vous saluer. Je suis l'ami de ce voyageur à qui vous faites tant d'accueil.

TÉ-O-LÊ.

Un homme blanc! hourra!

LES SAUVAGES.

Hourra!

PIERROT.

Je vous sais gré de votre empressement. Je n'attendais pas moins de vous. Mais ne pourrais-je pas me reposer un moment?

TÉ-O-LÊ.

L'homme blanc sera attaché au pieu. On allumera du feu devant lui.

PIERROT.

Merci ! il fait assez chaud. Vous ne me comprenez pas : je désirerais manger un morceau.

TÉ-O-LÊ.

Faites cuire l'homme blanc. La tribu le mangera de grand appétit.

PIERROT.

Peste ! ce n'est pas cela. Je demande à manger, et non pas à être mangé.

TÉ-O-LÊ.

Hourra !

LES SAUVAGES.

Hourra ! (On saisit Pierrot, on l'attache à un poteau, on apprête le feu, un vieillard aiguise un grand coutelas.)

PIERROT.

Ça, vous êtes fous, braves gens. C'est pour me faire cuire, que vous demandiez du feu ? Quel est ce procédé ?

TÉ-O-LÊ.

Hourra !

LES SAUVAGES.

Hourra !

PIERROT.

Ce ne sont pas des raisons. Cela ne peut se passer ainsi. Je m'en vais crier. (A Arlequin.) Et vous, mon ami, qui avez ici quelque crédit, allez-vous me laisser rôtir ?

ARLEQUIN.

Je n'y saurais que faire. On m'adore et l'on vous grille : il paraît que c'est l'usage du pays. Que diable aussi vous avisez-vous d'être pâle comme une écuelle de lait ?

PIERROT.

Hélas ! hélas ! que vais-je devenir ? Quel tombeau que l'estomac de ces horribles singes ?

LES SAUVAGES.

Hourra !

PIERROT.

Décidément, l'on va me dépecer. Eh bien, c'est cela, messieurs ; faites vite ; vous avez raison ; je vous approuve.

TÉ-O-LÊ.

Que signifie le ramage du prisonnier ?

PIERROT.

Je dis que me voilà tout consolé de vous servir de pâture. Hâtez-vous seulement. Bon appétit.

TÉ-O-LÊ.

L'homme blanc n'a pas coutume d'être si fier.

PIERROT.

Pas de raison ; mangez-moi si vous l'osez. Seulement mettez un peu de sel, afin que je sois meilleur.

TÉ-O-LÊ.

Qui te presse, étranger ? Tes paroles semblent perfides. — Un instant, frères, ne mangez pas. — Explique-toi, homme blanc.

PIERROT.

Rien du tout ; dînez tranquillement : ne vous gênez pas.

TÉ-O-LÊ.

Tu tends un piége au père confiant.

PIERROT.

Rien, vous dis-je.

TÉ-O-LÊ.

Tu mens.

PIERROT.

C'est peu de chose.

TÉ-O-LÊ.

Mais encore, parle au frère crédule.

PIRRROT.

C'est seulement que j'ai une petite incommodité : un petit scorbut qui fait que ma chair est toute gâtée, et que vous crèverez tous empoisonnés aussitôt après y avoir goûté.

TÉ-O-LÊ.

Ah ! pouah !

LES SAUVAGES.

Pouah !

PIERROT.

Mais c'est égal; ne vous gênez pas pour si peu; avec beaucoup de sel, vous dis-je, je serai peut-être passable.

LES SAUVAGES.

Pouah! pouah! (Ils se tiennent le ventre et expriment le mal des nausées par des grimaces.)

ARLEQUIN.

Voilà qui est assez bien imaginé.

UN SAUVAGE, en sentinelle.

Les blancs! les marchands! nos ennemis. Hourra!

LES SAUVAGES.

Hourra! (Alerte; des soldats de marine paraissent; combat, les sauvages s'enfuient.)

SCÈNE XIII

PIERROT, ARLEQUIN, LE CAPITAINE, LES MARINS.

LE CAPITAINE.

Nous voilà maîtres du champ de bataille. Qu'on poursuive ces drôles pour faire des prisonniers; mais qui vois-je attaché? Un blanc que ces nègres allaient faire périr.

PIERROT.

Quoi! des gens de ma couleur, tout pareils à moi? — Hélas! oui, monsieur, tel que vous me voyez, on m'allait mettre sur le gril.

LE CAPITAINE.

Rassurez-vous: vous êtes avec de braves gens. Nous vous ramènerons dans votre ville. Buvez un peu de ce rhum; mangez ce biscuit; reprenez des forces.

PIERROT.

A la bonne heure: voilà des créatures de mon bord.

UN MARIN.

Hé! qui est-ce qui se cache par là? Un nègre!

LE CAPITAINE.

Ah! ah! voilà un de ces farouches sauvages: qu'on le saisisse, qu'on le pende pour l'exemple.

ARLEQUIN.

Eh! monsieur, de grâce ne me pendez pas. Je ne suis pas un sauvage.

LE CAPITAINE.

Et ce bonnet de plumes et ta couleur ne te font-ils pas reconnaître ?

ARLEQUIN.

Je suis le compagnon de ce voyageur que vous venez de délivrer ; et vous l'ami, qui êtes bien avec ces messieurs, ne sauriez-vous dire un mot en ma faveur ?

PIERROT.

Que voulez-vous que j'y fasse ? Que diable aussi vous avisez-vous d'être noir comme l'encre ?

LE CAPITAINE.

Sans plus tarder qu'on me pende ce gaillard-là ; ou plutôt emmenons-le ; nous le vendrons chez nous. Regagnons le navire et mettons à la voile. (Ils sortent).

SCÈNE XIV

La maison de Gilles et la maison de Bergamasque, sur la place.

GILLES, PASCARIEL.

PASCARIEL.

Oui, monsieur ; on ne sait qui vit ni qui meurt ; je me sens pressé de remords, et je vous fais ma confession, je crois bien que c'est monsieur votre fils que je portai à Bergamasque.

GILLES.

Pauvre enfant ! Il serait déjà grand. Laisse-moi donc aller trouver mon voisin pour avoir plus de renseignements.

PASCARIEL, à part.

Je crois qu'il m'est inutile d'assister au reste de l'affaire.

SCÈNE XV

BERGAMASQUE, GILLES.

GILLES.

Ah ! seigneur ! j'allais vous chercher pour une affaire importante.

10

BERGAMASQUE.

Et moi-même je venais au-devant de vous.

GILLES.

Pascariel vient de me révéler un secret terrible.

BERGAMASQUE.

Précisément, il m'a raconté une chose inouïe.

GILLES.

C'est mon enfant qu'il porta chez vous.

BERGAMASQUE.

Et c'est mon fils qu'il vous adressa.

GILLES.

Çà, vous allez me dire, au moins, ce qu'est devenu ce pauvre petit?

BERGAMASQUE.

Donnez-moi d'abord des nouvelles de mon garçon?

GILLES.

Hélas!

BERGAMASQUE.

Quoi, hélas? vous l'avez gardé? vous me l'allez rendre?

GILLES.

Je ne puis!

BERGAMASQUE.

Qu'en avez-vous fait?

GILLES.

Je n'ose vous le dire. J'étais en colère contre vous : je pris cet enfant et l'envoyai noyer.

BERGAMASQUE.

Est-il possible? Vous êtes un monstre!

GILLES.

Cela se peut ; mais de grâce ! montrez-moi mon enfant.

BERGAMASQUE.

Je ne saurais.

GILLES.

Quoi?

BERGAMASQUE.

Eh! parbleu! je l'envoyai perdre aussi.

GILLES.

O Dieu! et par qui?

BERGAMASQUE.

J'en chargeai Pascariel.

GILLES.

C'est lui que j'en chargeai également; le drôle ne m'a point dit cela. Le voici; rouons-le de coups, et qu'il nous dise la fin de ceci.

SCÈNE XVI

Les Mêmes, PASCARIEL.

BERGAMASQUE.

Ah! pendard!

GILLES.

Ah! maraud!

BERGAMASQUE.

Qu'as-tu fait de nos enfants?

PASCARIEL.

Vous ne m'effrayez pas. Vos enfants sont retrouvés. Voici. Je me promenais sur le port, et j'ai vu, parmi les esclaves qu'on vendait, votre fils, ô Bergamasque! que j'ai parfaitement reconnu. Le vôtre, Gilles, se promenait près de là.

GILLES.

Où sont-ils, misérable?

PASCARIEL.

J'ai commandé de les amener, et les voici.

SCÈNE XVII

Les Mêmes, PIERROT, ARLEQUIN..

PASCARIEL.

Venez, messieurs; montrez les petites médailles, ou monnaies, ou marques, que votre état d'enfant perdu vous oblige à porter, et embrassez messieurs vos pères.

PIERROT, à Bergamasque.

C'est vous qui êtes mon père, sans doute : pressez-moi dans vos bras.

ARLEQUIN, à Gilles.

C'est à vous que je dois le jour, embrassez-moi.

BERGAMASQUE.

Mais ce n'est pas là mon fils !

GILLES.

Je ne reconnais pas ce drôle !

PASCARIEL.

Eh ! pardon ! ces messieurs se trompent. Retournez-vous seulement, et changez d'accolade.

BERGAMASQUE.

C'est toi, Arlequin, qui es mon fils ; et vous, pâle Pierrot, vous appartenez à Gilles.

PIERROT.

Nous demeurerons frères. Nous avons appris en voyage QU'IL NE FAUT POINT DISPUTER DES GOUTS ET DES COULEURS.

QUI
CASSE LES VERRES
LES PAYE

QUI CASSE LES VERRES

LES PAYE

PERSONNAGES

LE DOCTEUR.
LÉANDRE, son neveu.
ROSINE, sa pupille.
GILLES.

SCARAMOUCHE.
ARLEQUIN.
UNE SERVANTE.

SCÈNE PREMIÈRE

La maison du docteur.

GILLES, seul.

Si je pouvais... mais non... Si je savais... mais si... si d'autre part... Il n'y faut pas songer... Voilà la question. Eh! vraiment, ne voilà-t-il pas que je réfléchis... Oui-dà, Gilles, mon ami, vous réfléchissez et très-profondément. — Cela me fait venir une idée assez singulière, qu'il n'y a pas que les docteurs et les conquérants qui travaillent du cerveau, comme on le croit communément. Nous autres ânes, qui ne savons ni A ni B, nous déployons parfois autant de vertu méditative. Il n'y a que le but qui varie; ils composent des livres, ils gouvernent les empires, et nous braquons notre entendement à dérober un massepain ou à retourner un vieil habit. Voilà la différence, — et c'est incroyable ce que nous dépensons ainsi d'intelligence qui pourrait être mieux employée. —

Mais voilà que je ressemble à ces auteurs qui s'arrêtent par le bras dès qu'il leur vient l'ombre d'une idée et qui se regardent penser. Je perds comme eux le fil de ma rêverie et n'aurai pas le temps d'en tirer profit. Ce n'est pas pourtant le sujet d'un poëme, ni la conquête d'un pays, ni même un plan de bonheur universel qui s'agite sous ma calotte. Je voudrais savoir seulement ce que renferme ce panier qu'on a tantôt apporté à mon maître. Je ne suis pas exigeant et me croirais assez récompensé si je parvenais à le deviner. Je ne suis pas curieux, mais ce mystère ne marque point assez de confiance et semble un défi porté à ma perspicacité. Je suis de la maison, que diable ! comme M. le docteur, comme son drôle de neveu et sa pimbêche de pupille. Pourquoi ne saurais-je pas comme eux ce qui s'y passe ? — Point, je suis un fâcheux, un espion, un importun à qui l'on ferme la porte au nez quand il s'agit d'affaires. Soit ; j'épierai et j'écouterai aux portes, ce n'est pas le plus mal pour s'instruire. — Les voici : la moindre parole ne tombera pas dans l'oreille d'un sourd. (Il feint d'épousseter çà et là.)

SCÈNE II

LE DOCTEUR, LÉANDRE, ROSINE, GILLES.

LE DOCTEUR.

Mes enfants, je vous ai ménagé ce régal pour demain, qui sera aussi le jour de vos fiançailles. — Que fait là ce fainéant ?

GILLES.

Vous voyez, je travaille.

LE DOCTEUR.

On n'a que faire ici de ta besogne. Va-t'en.

GILLES.

Au diable ! on ne saisit pas un mot.

LE DOCTEUR.

Vous, mon neveu, vous mettrez votre habit à ramages, et

vous, ma pupille, vos plus belles coiffes et votre caraco des dimanches. Tu nous écoutes, maraud?

GILLES.

Hélas! monsieur, je n'entends rien.

LE DOCTEUR.

Va-t'en, te dis-je. Surtout, mes enfants, le plus grand secret; ne parlez à qui que ce soit de l'envoi de tantôt. Méfiez-vous de ce drôle; il est curieux et gourmand. Nous pourrions bien ne plus trouver que l'enveloppe.

ROSINE.

Quant à moi, je ne dirai rien..

LÉANDRE.

Ni moi, mon oncle.

LE DOCTEUR.

C'est dans votre intérêt. — Te voilà encore, coquin?

GILLES.

Monsieur, je rajustais ce pan de tapisserie.

LE DOCTEUR.

C'est bon. Vous voilà bien soigneux! Sortez sur-le-champ.

GILLES.

Monsieur n'a pas d'ordre à me donner?

LE DOCTEUR.

Non pas.

GILLES.

Il n'y a plus rien à ranger?

LE DOCTEUR.

Rien, te dis-je, retire-toi.

GILLES.

Ne voulez-vous point que je mette de côté ce paquet, ce panier qu'on a posé là-bas?

LE DOCTEUR.

Cela ne te regarde pas.

GILLES.

Mais on pourrait tout casser en s'y heurtant, si ce sont choses fragiles.

LE DOCTEUR.

Que t'importe ?

GILLES.

Peut-être sont-ce des corps gras, et alors, cela peut fondre contre la cheminée.

LE DOCTEUR.

De quoi te mêles-tu ?

GILLES.

Bon ! si ce sont des petites bêtes, elles étoufferont faute d'air.

LE DOCTEUR.

Que la peste t'étouffe toi-même ! Veux-tu t'en aller ?

GILLES.

Ah ! j'y suis, ce sont des liqueurs et elles vont se répandre par toute la maison.

LE DOCTEUR.

Tu me pousses à bout. Sortiras-tu, vaurien ?

GILLES.

Je m'en vais, monsieur le docteur. Vous ne voulez point que je le serre ?

LE DOCTEUR.

Quoi ?

GILLES.

Le panier.

LE DOCTEUR.

J'enrage. Il est en lieu sûr.

GILLES.

Où cela ?

LE DOCTEUR.

Ah ! gredin, pendard, tu me pousses à bout ! (Il lève sa cannne.)

GILLES.

Je sors, monsieur. (A part.) Je n'ai jamais pu rien apprendre de ma vie. Je ne saurai pas mieux ce secret que les quatre règles d'arithmétique.

SCÈNE III

LE DOCTEUR, ROSINE, LÉANDRE.

LE DOCTEUR.

Vous voyez que ce drôle grille de pénétrer nos desseins. Donnez-vous en de garde. Il est encore plus fin qu'il n'a l'air bête, et n'aura point de repos qu'il ne vous ait tiré les vers du nez.

LÉANDRE.

Quant à cela, soyez tranquille, il aura affaire à forte partie. Oh ! je le connais, et s'il est fin, je le suis plus que lui. Il s'en va venir avec ses airs patelins : *Mon bon Léandre* par-ci, *mon petit Léandre* par-là.

LE DOCTEUR.

Justement.

LÉANDRE.

Oui, mais point. Je ne suis pas de ceux qu'on engeôle. J'ai l'oreille dure, la bouche close, le nez bon : à fripon, fripon et demi. Qui s'y frotte s'y pique.

LE DOCTEUR.

A la bonne heure.

LÉANDRE.

Ou bien il s'en viendra biaisant, câlinant, tournant autour du pot, parlant d'autre chose que de ce qu'il veut savoir, de la pluie, du beau temps, louvoyant pour arriver au but et tortillant ses phrases en tire-bouchon pour m'arracher mon secret comme à une fiole bien cachetée.

LE DOCTEUR.

Parfaitement deviné.

LÉANDRE.

« Monsieur, il fait grand vent. — Que m'importe ? — Votre oncle est un digne homme. — Je ne dis pas. — Ce panier est lourd ? — Peut-être. — Il embaume. — Sans doute. — C'est un brochet ? — Tant pis. — Un dévidoir ? — Je ne sais. —

— Un âne savant ? — On verra. » Et vous verrez, mon oncle, comme je suis ferré à glace et que je vous le rembarrerai d'importance.

LE DOCTEUR.

Eh ! fort bien, voilà comme il faut être.

LÉANDRE.

Je craindrais plutôt pour Rosine, qui est bavarde comme une petite fille qu'elle est.

ROSINE.

Là, pourquoi voulez-vous que je sois plus sotte que vous?

LÉANDRE.

Oh ! vous autres femmes, on en sait autant sur votre langue qu'elle en pourrait jamais dire. Hum ! hum ! allons, c'est bien, je remarque cela en passant, je désire qu'il n'en soit rien.

ROSINE.

Eh ! regardez donc, monsieur qui me fait la leçon ?

LÉANDRE.

C'est bon, on verra, petite. Hum ! hum ! vous autres femmes, vous aurez beau faire, on ne peut pas compter sur vous.

ROSINE.

Vous verrez, mon oncle, que je serai peut-être plus discrète que lui.

LE DOCTEUR.

Fort bien, mon enfant, je te veux croire. Vous serez discrets l'un et l'autre. Çà, je suis fort pressé, je vais faire mes invitations. A tantôt.

LÉANDRE.

Heuh ! des femmes mêlées à un secret ! Je ne veux humilier personne, mais je ne suis pas tranquille. (Rosine sort avec le docteur.)

GILLES, revenant.

Eh ! monsieur Léandre !

SCÈNE IV

GILLES LÉANDRE.

LÉANDRE.

Qui m'appelle ? Ah ! c'est toi, faquin ! Bien le bonjour.

GILLES.

Eh ! un instant donc, j'avais quelque chose à vous dire.

LÉANDRE.

Dépêche-toi. Qu'est-ce ?

GILLES.

Or çà, monsieur Léandre, qu'y a-t-il de nouveau ?

LÉANDRE.

Est-ce là tout ? Je te laisse.

GILLES.

Doucement, ce n'est point ce que je veux dire

LÉANDRE.

Hâte-toi donc.

GILLES.

Eh bien, mon bon monsieur, nous avons lieu de nous réjouir à ce qu'il me semble ?

LÉANDRE.

A quel propos ?

GILLES.

Je veux dire, s'il est gros, que c'est une surprise agréable, et que cela fait toujours plaisir.

LÉANDRE.

De quoi diable parles-tu, « s'il est gros ? »

GILLES.

S'il est gros, j'entends si elle est neuve, ou encore si cela vous sied bien.

LÉANDRE.

« Si elle est neuve ? » Mais quoi donc ?

GILLES.

Oui, en un mot, si cela vous convient. Ces choses-là arrivent toujours à point.

LÉANDRE.

La peste ! de quoi s'agit-il ?

GILLES.

Eh ! de l'objet.

LÉANDRE.

Quel objet ?

GILLES.

Cette petite histoire, vous savez bien, cette bagatelle qu'il y a là dans le panier.

LÉANDRE.

Ah ! c'est de cela que tu parles ? Serviteur.

GILLES.

Eh ! non. C'est autre chose que je voulais conter.

LÉANDRE.

Abrége ou je pars. Sarpejeu ! on m'attend.

GILLES.

C'est un tour de la récureuse de vaisselle. M. le docteur fait bien de s'en méfier. A peine étiez-vous hors du salon, qu'elle est entrée à pas de loup ; elle s'est approchée tout doucement, tout doucement, et, voyant qu'il ne venait personne, elle a levé le couvercle. Oui, monsieur, elle a levé le couvercle.

LÉANDRE.

Et quel couvercle, animal ?

GILLES.

Eh donc ! le couvercle du panier.

LÉANDRE.

Du panier ; encore ! mais il était serré.

GILLES.

Oui, mais où était-il serré ? Est-ce qu'on va mettre là des choses d'importance ?

LÉANDRE.

Quoi ! dans le buffet ? où les serrerais-tu donc ?

GILLES.

Ah ! le buffet, sans doute. Mais tout le monde n'y va-t-il pas fouiller cent fois le jour, et cela n'y est-il pas bien en vue ?

LÉANDRE.

Tu appelles cela en vue, tout en bas, derrière la jarre aux olives.

GILLES.

Eh bien, oui, derrière la jarre aux olives. C'était prudent, je ne dis pas, mais cela était-il si difficile à trouver ?

LÉANDRE.

Aïe de moi ! la pécore a tout trouvé. Après ?

GILLES.

Comme vous dites, elle a trouvé le... la... chose en question ; après quoi, elle a levé le couvercle.

LÉANDRE.

Oui ; mais il y avait une seconde enveloppe justement.

GILLES.

Elle a levé la seconde enveloppe.

LÉANDRE.

Et elle en a mangé ?

GILLES.

Précisément, elle en a mangé, elle en a mangé prodigieusement ; que dis-je, elle en a accommodé un morceau à la sauce moutarde et à l'estragon.

LÉANDRE.

Ah ! la couleuvre, la misérable langue de chat ! Mais quoi ! à la sauce moutarde, dis-tu ? A-t-on jamais vu préparer du pâté à la moutarde et à l'estragon ? C'est pure envie de faire périr les choses.

GILLES.

Ah ! c'est vrai, un pâté ! c'était un pâté ! du pâté à la sauce ! cela fait dresser les cheveux à la tête.

LÉANDRE.

Et qu'a-t-elle fait des flacons ?

GILLES.

Quels flacons ?

LÉANDRE.

Eh bien, les flacons du panier.

GILLES.

Mais n'était-ce pas un pâté ?

LÉANDRE.

Eh ! butor, les flacons qui étaient avec le pâté ?

GILLES.

C'est juste, les flacons ! Ma foi, elle y a goûté.

LÉANDRE.

Ah ! c'en est trop, et, jour de Dieu, je vais faire beau bruit. Mais voyez, mon oncle qui avait si bien caché cet envoi et qui en faisait si grand mystère ! Où est cette pendarde, ce mange-tout, ce sac-à-vin ? que je lui lave la tête. Holà, Finaut, l'Étoile, à moi toute la maison !

GILLES.

Hé ! tout doux ! apaisez-vous, vous ferez feu comme une étoupe.

LÉANDRE.

Il ne me plaît point de m'apaiser. Mon oncle en fera bien d'autres. Sa perruque se va hérisser comme un porc-épic, et ses lunettes vont s'allumer comme la vitre d'une lanterne. Un pâté si précieux, des flacons si rares, une chose à quoi il tenait si fort !

GILLES.

Eh ! remettez-vous donc, ce n'était que pour rire. Le pâté et les flacons sont toujours dans le panier, au fond du buffet, derrière la jarre aux olives.

LÉANDRE.

Ah ! je respire ! Et qui te prend, maraud, de me faire de telles frayeurs ?

GILLES.

C'est seulement pour vous montrer qu'il ne sert à rien de me cacher les choses.

LÉANDRE.

Mais, au fait, d'où savez-vous, fripon, qu'il y a là un pâté et des flacons dans un panier ? quelle est la méchante langue, le sot, l'oreille percée qui vous a si bien instruit ? Je gage que cette étourdie de Rosine s'en est mêlée.

GILLES.

C'est tout simple. Mademoiselle Rosine en a dit tantôt quelque chose à la voisine qui en a parlé à l'épicière, laquelle l'a reporté à notre servante de qui je le tiens.

LÉANDRE.

Là, voyez-vous cette péronnelle qui jurait ses grands dieux quand son secret courait déjà la ville ! — Eh ! tu vois, mon ami Gilles, te voilà maintenant de la confidence; ce n'est pas que je me méfie de toi, mais tâche que cela n'aille pas plus loin. Garde bien ce panier, surtout; tu en es responsable comme nous.

GILLES.

Tenez-vous tranquille. Il vaut mieux que je sois instruit. Je n'en préviendrai que plus tôt les accidents. Ce n'est point pour les perdre que j'aime à trouver les secrets.

LÉANDRE.

Merci, Gilles, mon ami, me voilà soulagé d'un grand poids. Je laisse le tout à ta discrétion et m'en vais faire une partie au jeu de paume.

SCÈNE V

GILLES, seul.

A cette heure, je suis *Gilles, mon ami;* je suis *mon ami Gilles;* et non plus un butor, un maroufle, un faquin. On n'a plus de secret pour moi quand j'ai tout découvert. Allez ! allez ! petit benêt, je n'aurai pas grand'peine à le garder mieux que vous. Enfin, c'était un pâté, c'est bon à savoir et meilleur encore à manger. Ce doit être un rare morceau s'il vaut la peine qu'il m'a coûté. Çà, voyons un peu ma conquête, car je puis dire que je l'ai conquis à force de mines, sapes, contre-mines, tranchées, chemins couverts; et, ma foi ! il sera fort heureux, après ce siége opiniâtre, s'il ne me prend envie de le livrer au pillage, de passer la garnison au fil des fourchettes, de tout mettre à feu et à sang, de ruiner les remparts et de semer quelque gros pavé à la place. Je ne ferais grâce qu'à des godiveaux, s'il y en a. Je ne les aime pas. Cela serait d'autant plus magnanime. — M. le docteur a pris ses trousses et son bec de corbin ; donc il restera longtemps dehors. Rosine est en visites de cérémonie. Léandre joue à la paume. Bonne chance ! j'ai bien le temps. (Il sort et revient avec un panier couvert.) Ah ! pecaïre ! cela embaume. Il semble que je me balance un encensoir sous le nez. Juste ciel, que vois-je ! ce sont des perdreaux qui passent leur tête au-dessus de cette croûte tumulaire, à la façon de M. le docteur quand il est assis dans sa baignoire. — Pauvres bêtes ! j'aime les perdreaux. Charmants animaux, tendres victimes, ne me reprochez pas de troubler le repos de votre sépulture. Je n'aspire qu'à proclamer vos qualités sur votre mausolée. Ainsi qu'il arrive au commun, on vous juge meilleurs morts que vivants. On ne vous apprécie qu'après que vous reposez dans ce linceul de lard. J'arroserai du moins votre tombe de libations pieuses. Qu'elle vous soit légère et à moi aussi. On dit la croûte du pâté fort lourde sur l'estomac. Ce ne sera pas trop du meilleur vin pour arroser vos mânes éplorés. (Il boit une gorgée à l'un des flacons.) Un instant, ne buvons que la longueur du goulot, car, après tout, il ne faut point qu'on s'en aperçoive. Ces petites bêtes m'intéressent. (Il tourne autour du panier en chantonnant d'un air langoureux :)

> Petits oiseaux qui chantiez au bocage,
> Beaux jours passés, ô regrets superflus !
> Le pâtissier vous mit dans cette cage,
>   Et vous ne chantez plus !

C'est singulier ! je ne ferais jamais de vers si je me donnais la peine d'y réfléchir ; mais, quand je n'y songe pas, j'en fais tout en courant, d'un air qui se trouvent à merveille ; second couplet :

> Une bergère en ses oublis extrêmes,
> Peut vous laisser sans boire ni manger ;
> Charmant trépas, auprès de ce danger
>   D'être mangés vous-mêmes !

Je ne me tiens pas de joie. Du bon vin, un pâté, tout cela à ma disposition si je veux ; car je peux, — mais je ne veux pas ; — c'est égal, je me sens en humeur de me divertir, et je ne me divertirai pas assez tout seul. J'ai besoin de quelqu'un pour partager ma joie; du moins si ce n'est autre chose. Voilà justement mon ami Arlequin qui caracole sur la place. (Il appelle par la fenêtre.) Hé ! Arlequin ! par ici. Voici, d'un autre côté, Scaramouche qui reluque la poêle à frire de la marchande de beignets. Holà ! Scaramouche ! (Il se met à danser autour du panier avec force gambades et lazzis.)

SCÈNE VI

GILLES, SCARAMOUCHE, ARLEQUIN.

GILLES, toujours chantant et dansant.

Eh ! lon lan la lan derira ; et flon flon, vive le rigodon ! à la Monaco, l'on chasse et l'on déchasse. Il n'est point ma foi, gens plus fous que moi, et lon la landerirette lon la !

SCARAMOUCHE.

Que nous veux-tu, Gilles enfariné, visage en tarte, face lunaire, ou plutôt lunatique ?

GILLES.

Les canards l'ont bien passée, tire lire lire, les canards l'ont bien passée, tire lon fa, lan derira, don dé !

ARLEQUIN.

Ça, voisin Gilles, qu'y a-t-il ?

GILLES.

Que je suis content ! que je suis joyeux ! Réjouissez-vous donc avec moi. J'écume de joie, je trépigne d'allégresse, et si je ne dansais pas, je me trouverais mal. Eh ! flic flac ! et cette passe, et cette autre, et cet entrechat, lan lère lan la !

SCARAMOUCHE.

J'attends que tu t'expliques.

GILLES.

Et ce soubresaut, et cet autre, et puis encore cette pirouette, tra tra tra la lère la pouf !

ARLEQUIN.

Enfin, que t'arrive-t-il?

GILLES.

O mes amis, la chose la plus bouffonne, la plus étrange, la plus fortunée, la plus merveilleuse, la plus incomparable, ouf! je n'en puis plus, laissez-moi respirer. Tra deri dera, et cette courbette, et ce terre-à-terre, tra la la!

SCARAMOUCHE.

Quoi donc, morbleu!

GILLES.

L'événement le plus récréatif, le plus imaginatif, lucratif, tentatif, digestif, instructif, productif, expéditif, apéritif, substantif, décisif et superlatif. J'en deviendrai poussif, et tenez, ce chassé-croisé encore, houp! la la houp!

ARLEQUIN.

Qu'est-ce donc enfin?

GILLES.

La main par ici, la deri deri, le corps penché en avant, la dera dera, demi-tour sur les pointes, et assemblez, la la la ti ti ti diridi!

SCARAMOUCHE, chantant et dansant.

La la la tiri di! Allons donc, le rigodon, lon lan la landerirette lon la!

GILLES.

Voici ce qui m'est arrivé...

ARLEQUIN, chantant et dansant.

A la Monaco l'on chasse et l'on déchasse, et la farira dondaine, et gai la farira don dé!

GILLES.

Voici, ô mes chers camarades, de quoi il s'agit...

SCARAMOUCHE, chantant.

Les canards l'ont bien passée, tire lire lire, tire lon fa.

GILLES.

Écoute-moi donc, Arlequin.

ARLEQUIN, dansant.

Que nous sommes donc guillerets! que je suis gaillard! Si

je ne dansais pas, je ne tiendrais pas sur mes jambes, et flic flac, et cette passe, et cette autre, et ce saut de carpe, et encore cet écart, lan lère lan la!

GILLES.

Écoute-moi donc, Scaramouche.

SCARAMOUCHE, chantant et dansant.

Et cette grimace, et cette autre, et ce rond de jambes, et ces passe-pieds, et puis cet assemblé, tra tra tra lère pouf!

GILLES.

Vous ne voulez point savoir?...

ARLEQUIN, chantant et dansant.

Fi! l'histoire la plus modique, la plus publique, comique, parabolique, diabolique, symbolique, hyperbolique, laconique, ironique, satirique, empirique, métaphorique, allégorique, excentrique, emphatique, problématique, peripathétique, hypothétique, fantastique, sophistique, mystique, cabalistique et la plus soporifique, et qui vaudrait cent coups de trique. Cela m'a servi d'émétique, et en avant, et allez donc, flic flac lan lère la gai gai la faridon dé!

GILLES.

Fort bien, vous ne verrez pas mon pâté.

SCARAMOUCHE.

Diavolo! un pâté! cela mérite attention.

GILLES.

Vous ne mirerez point mes bouteilles.

ARLEQUIN.

Sango di mi! cela mérite considération, du bon vin?

GILLES.

Eh! sans doute, croyez-vous que je me réjouirais à moins. Voici le fait en trois mots. Je suis seul à la maison, mon maître avait caché ces provisions, et je viens de les trouver.

SCARAMOUCHE.

Par ma fraise! cela sent bon.

ARLEQUIN.

Par ma batte! cela vaut mieux pour les évanouissements qu'un flacon d'eau des Carmes.

SCARAMOUCHE.

Mon ami Gilles, j'aime beaucoup me divertir et j'ai toujours plaisir à me rappeler ces bonnes parties que nous faisions ensemble.

GILLES.

Et moi j'ai toujours regret à cette grande quantité d'excellents coups de pied que tu m'y donnais.

ARLEQUIN.

Te souvient-il de cette poularde truffée que je t'invitai à manger avec moi l'autre jour. Hein! quelle exquise et spirituelle bête!

GILLES.

Je me souviens aussi qu'on m'en vola ma part et que d'aucuns dirent que c'était toi.

SCARAMOUCHE.

Ce vin m'a l'air bon; mais je ne sais pas s'il peut valoir ce bourgogne mousseux que je te fis goûter l'autre fois.

ARLEQUIN.

Je ne veux pas déprécier ton pâté, mais je doute qu'il soit comparable à cette frangipane que je te communiquai l'an passé.

GILLES.

Eh! n'allez-vous pas me parler de ces quelques bribes et gouttes de vin qui me rincèrent à peine la langue, auprès de ces larges flacons et de cette magnifique pâtisserie?

SCARAMOUCHE.

Au surplus, nous allons en juger en buvant.

ARLEQUIN.

C'est cela, nous comparerons en mangeant.

GILLES.

Doucement, messieurs, ceci n'est point pour boire ni manger, c'est un envoi qu'on a fait à mon maître et qu'il a placé sous ma garde. Vous concevez, mes très-chers, que je n'y dois pas toucher. Il y va de mon honneur et de mon échine.

SCARAMOUCHE.

C'est vrai. Il a raison, ce bon Gilles. Je reconnais là sa discrétion, et ne puis que l'approuver. Vois-tu, Arlequin, on le rosserait et nous en serions la cause. Cela ne serait pas juste.

GILLES.

N'est-ce pas, vous comprenez, chers camarades? Je ne puis pas me fourrer dans cette extrémité, sans quoi, ce serait de la meilleure grâce.

ARLEQUIN.

Point, point, nous ne le souffririons pas. J'en ferais autant à ta place.

GILLES.

Ah! fort bien, je vois par là que vous êtes mes amis véritables. Il ne faut toucher à rien, n'est-il pas vrai? Je vous appelais seulement pour vous montrer ces objets. Voyez un peu. Ce pâté doit venir de loin, quelle croûte dorée!

SCARAMOUCHE.

Il est certain que, si son ramage répond à son plumage, ce morceau a du prix.

GILLES.

On peut voir le dedans au surplus. On peut regarder, que diable! (Il ouvre le pâté.)

ARLEQUIN.

Mon opinion est qu'il doit y avoir là-dedans trop d'épices.

SCARAMOUCHE.

Non, je gagerais plutôt que cela n'est point assez cuit.

GILLES.

Bon! quelles balourdises! ne sentez-vous pas ce fumet tempéré? On peut tâter, d'ailleurs, une miette n'y peut rien faire. (Il goûte le pâté.) Que disais-je? c'est parfait.

ARLEQUIN.

Oui-dà!

GILLES.

Allons, tenez, petit gourmand, j'ai pitié de vous. En voilà un petit morceau. — Et toi, Scaramouche, prends cet autre, mais que cela soit fini.

SCARAMOUCHE.

Per baccho! la douce nourriture!

GILLES.

Ça, il ne convient pas que je m'oublie. (Il se sert un autre morceau.) Mais voilà un perdreau fort entamé, il vaut autant l'achever, nous mettrons les autres à l'aise et il n'y paraîtra pas. Tenez, tenez, vilains petits goinfres, que je vous donne la becquée. Je fais bien les choses, j'espère? Souvenez-vous en, et quand vous aurez quelque aubaine, ne lésinez pas avec moi. (Ils mangent.)

ARLEQUIN, la bouche pleine.

Sois tranquille, heuh! ouf! le charmant Gilles que c'est là. Ah! il a toujours le mot pour rire, hi! hi!

SCARAMOUCHE.

Oui, hi! hi! ah! ouf! j'étouffe!

GILLES.

Moi aussi, j'étrangle de soif. J'ai bu le goulot de ce flacon, on en peut faire autant aux autres sans qu'il y paraisse. Il y en a au moins une bonne gorgée. Je commence. (Il boit.) A toi, Arlequin, mais tout doucement. (Arlequin boit.) Eh! eh! assez comme cela. A ton tour, Scaramouche. Hé! hé! arrête! Ah! fi, l'ivrogne, il a bu jusqu'à la moitié. Il faudra cacher ce flacon-là. (Il l'achève.)

ARLEQUIN.

C'est du pur chambertin et de six ans au moins.

SCARAMOUCHE.

Que nous viens-tu chanter avec ton chambertin, c'est du vieux roussillon et qui a plus de quinze ans, je parie.

ARLEQUIN.

Cela, du roussillon? Ah! parbleu, tu t'y connais fort.

SCARAMOUCHE.

Eh! c'est toi qui n'y connais rien.

ARLEQUIN.

N'as-tu pas senti ce bouquet tant soit peu... douceret qui ne vient que du chambertin?

SCARAMOUCHE.

Tu n'as donc pas goûté ce parfum comme... d'aromates, qu'on ne trouve qu'au roussillon.

ARLEQUIN.

Je le demande à Gilles.

SCARAMOUCHE.

Soit, je m'en rapporte à lui.

GILLES.

Eh! doucement, messieurs? Roussillon ou chambertin, qu'importe?

ARLEQUIN.

Ah! n'est-ce pas, c'est du chambertin?

SCARAMOUCHE.

C'est du roussillon.

ARLEQUIN.

Et vous, Scaramouche, vous êtes un ignorant.

SCARAMOUCHE.

Tu n'es qu'un sot, Arlequin.

ARLEQUIN.

Et je m'en vais t'étriller comme on aurait dû faire à l'école.

SCARAMOUCHE.

Et je m'en vais épousseter la poussière savante de ta souquenille.

GILLES

Hé! Arlequin! hé! Scaramouche! deux amis! y songez-vous? la paix, de grâce! Je vais goûter derechef ce malheureux breuvage qui fait le sujet de vos discordes. Cela n'en vaut pas la peine. (Il boit.) Je crois que c'est du roussillon.

ARLEQUIN.

Du roussillon! allons donc! donne-moi ce flacon. (Il boit.)

GILLES.

Hé! non, non, arrête, c'est plutôt du chambertin.

SCARAMOUCHE.

Du chambertin? Jamais. Voyons un peu cela. (Il arrache la bouteille à Arlequin.)

GILLES.

Holà, c'est tout ce que vous voudrez, arrête, arrête donc! Veux-tu bien finir. O l'indiscret, l'avale-tout, l'indigne vorace, il a bu aux trois quarts!

SCARAMOUCHE.

Ah! peste soit de moi. Je me trompais, Gilles a raison; c'est du chambertin.

GILLES.

Oui, mais cela ne m'accommode pas. Je me fâcherai à la fin. Vous êtes des mange-tout et des entonnoirs.

ARLEQUIN.

Vois-tu, Gilles, j'avais raison, tu avais raison aussi, c'est du chambertin.

GILLES.

Hélas! ce n'est plus grand'chose, du moins quant à ce flacon. Vos manières ne me plaisent pas. On ne saurait jouer un peu avec vous. (Il achève le flacon.)

SCARAMOUCHE, ivre.

Ah! le fripon! Je le reconnais là, il se fâche et boit le meilleur. Il se veut gronder lui-même pour partager les misères de ses amis. Ah! mon petit Gilles, gentil Gilles, aimable Gilles, aurais-tu le cœur de gronder entre des flacons déjà trop vides et des amis pas assez pleins, les uns et les autres en si bonne intelligence.

GILLES, ivre.

Ah! laisse-moi, câlin; laissez-moi, mes petits bourreaux d'amis! Que vous savez bien m'enjôler, et qu'au fond je suis plein de petites faiblesses pour vous. Au fait, ne saurions-nous rire un moment? Je veux rire, moi, que diable! qui peut m'en empêcher?

ARLEQUIN, chancelant.

Oui, morbleu! et, si nous voulons nous divertir, et si nous

avons envie de manger de ce pâté, et s'il nous prend fantaisie de boire de ce bon vin, qui a le droit de s'y opposer?

GILLES.

Sans doute. Mais un moment, Arlequin. Tu es d'un sang chaud, mon ami, et fort impétueux. Mon maître n'a qu'à s'apercevoir... Vous ne m'abandonnerez pas dans le péril, n'est-ce pas, mes bons amis? vous resterez, vous me préserverez, n'est-il pas vrai, séduisantes créatures?

SCARAMOUCHE, pleurant.

Quoi! tu doutes de nous, ingrat? je prends tout sur moi. Que ce vin m'empoisonne, que ce pâté me fasse enfoncer dans la tombe comme une pierre dans l'eau, si je ne me dévoue avec toi à toute catastrophe.

ARLEQUIN, pleurant aussi.

Quoi! Scaramouche, il a pu croire que nous le trahirions de la sorte! il nous méconnaît! Nous ne sommes plus dignes de son amitié. Eh! insensé, nous ne te quittons plus, je brave les supplices avec toi, et voilà une rasade que je bois afin de doubler mon courage.

GILLES, pleurant.

Dignes amis, vous m'attendrissez. Hi! hi! je suis tout bête, et c'est votre faute; vous êtes si généreux, si compatissants! j'en aurai ma collerette toute gâtée. Or ça, oublions nos douleurs, mêlons nos larmes à ce roussillon ou chambertin, comme il vous plaira. Cela s'appelle mettre de l'eau dans son vin. (Ils boivent et mangent.)

SCARAMOUCHE.

Tiens, mon pauvre Gilles, je vais te chanter une chanson qui te fera plus rire que tu n'as pleuré.

> Le roi Salomon fut un sage.
> Il faut dormir quand on a faim.
> Un poireau gâte le visage.
> En tout considérons la fin.
> Trois et trois font six en Gascogne.
> A trompeur trompeur et demi.

Se pourra blesser qui se cogne.
Chien enragé n'a point d'ami.
Tel croit conduire qui le mène.
Trop parler nuit, trop gratter cuit.
Tuer n'est point d'une âme humaine.
Fou qui s'embarque sans biscuit.

ARLEQUIN, chantant.

Tout est connu sauf un mystère.
A perdre pied l'on choit souvent.
Parlez-moi d'un mort pour se taire.
Un orage n'est que du vent.

(Ils dansent autour de la chambre.)

GILLES.

Sur ma parole, je n'étais que gris, vous allez me rendre fou avec vos chansons endiablées. Quoi! ai-je la berlue, il me semble qu'il ne reste plus rien dans ces flacons et à la place du pâté.

ARLEQUIN.

Tu vois double, cher petit.

GILLES.

Je ne vois rien, vous dis-je, quoi! tout a disparu.

SCARAMOUCHE.

Il faut bien que tout passe ici-bas. Mais n'allons pas nous attrister de rêveries; tes amis te restent, ô Gilles.

GILLES.

A la bonne heure; mon maître est un brutal comme vous savez, vous me ferez un rempart de votre corps.

ARLEQUIN.

Et deux plutôt qu'un.

GILLES.

Vous vous jetterez au-devant des coups de bâton.

SCARAMOUCHE.

Mais quoi! c'est là mon fort.

GILLES.

Réjouissons-nous donc et nargue de la destinée! eh! tenez, je suis content de moi dans ce moment-ci, je suis plus courageux que je n'aurais cru, dansons.

ARLEQUIN.

Dansons, morbleu. (Ils chantent et dansent.)

GILLES.

Hein! arrêtez, j'ai cru entendre...

SCARAMOUCHE.

Je n'entends rien.

ARLEQUIN.

Ni moi!

GILLES, il va à la porte.

Si vraiment, c'est mon maître qui revient avec son neveu et sa pupille, nous sommes perdus!

SCARAMOUCHE.

Ton maître, dis-tu, tu veux rire, cela n'est pas possible. (Il s'esquive par une fenêtre.)

ARLEQUIN.

Tu te seras trompé, je n'y veux pas croire. (Il saute par l'autre fenêtre.)

GILLES.

Mais point du tout, ce sont bien eux; c'est le moment de nous montrer. (Il se retourne.) Eh bien, personne? Hé, Arlequin! Scaramouche! ô les adorables coquins! bien des gens se répandraient là-dessus en récriminations; je trouve simplement que cela est joli comme exemple de l'ingratitude humaine, j'y suis habitué, c'est de la vieille comédie; voilà tout. Cela me surprend si peu que j'en ferais autant, et la preuve, c'est que je m'en vais disparaître comme eux. (Il sort.)

SCÈNE VII.

LE DOCTEUR, ROSINE, LÉANDRE.

LÉANDRE.

Puisque vous voilà, mon oncle, on peut s'expliquer. Il s'en voit de belles par ici.

LE DOCTEUR.

Que s'est-il donc passé?

LÉANDRE.

Il y a que ce panier et ce secret à quoi vous teniez tant, tout est découvert. N'avais-je pas raison tantôt de me méfier des langues femelles. C'est mademoiselle Rosine, ici présente, qui a tout dit.

ROSINE.

Que prétendez-vous par là? n'en croyez pas un mot, mon oncle, qu'il s'explique!

LÉANDRE.

Oh! vraiment, vous aviez bonne grâce à railler mes prévisions, quand vous aviez pris soin déjà d'informer le quartier!

LE DOCTEUR.

Mais encore! à qui peut-elle en avoir parlé, et de qui le savez-vous?

LÉANDRE.

Rosine en a parlé d'abord à la récureuse, laquelle...

ROSINE.

La récureuse n'est point venue aujourd'hui.

LÉANDRE.

Ou à la voisine, si bien...

ROSINE.

Je ne suis point sortie; j'étais à broder dans le pavillon du jardin.

LÉANDRE.

Enfin, j'ai trouvé Gilles ici qui savait tout et qui m'a tout conté.

LE DOCTEUR.

Gilles? Ah! diable, de qui prétend-il le tenir?

LÉANDRE.

Eh! vous dis-je, de la servante qui le tenait de sa voisine.

LE DOCTEUR.

Aïe de moi! il ne savait rien.

LÉANDRE.

A telles enseignes qu'il m'a voulu faire accroire que Marion avait tenté de dérober le pâté, si bien que nous avons causé ensemble du panier, de l'armoire et de la cachette comme gens aussi bien instruits l'un que l'autre.

LE DOCTEUR.

Au diable, monsieur mon neveu, vous êtes un nigaud. Il vous a tiré les vers du nez.

ROSINE.

Ah! ah! ah! ah! ne me parlez point des hommes pour garder un secret. Je ne veux humilier personne, mais j'aime la discrétion de Léandre. Je remarque cela en passant.

LE DOCTEUR.

Cela me fait venir de tristes soupçons, et tant pis pour vous, mon neveu, s'ils sont fondés. Mais qu'est cela? des tessons dans un coin, un flacon cassé, des miettes balayées à la hâte; je m'en vais visiter l'armoire. (Il revient.) Plus de pâté! plus de vin! plus de dîner! vous n'avez, mon ami, que ce que vous méritez. Seulement, quand on est un sot, il faut éviter d'être pédant, qui ne sert qu'à le mieux montrer. Cependant, je veux bien vous venir en aide, aussi bien Rosine ne mérite pas ce qui lui arrive. Il s'agit de connaître d'abord le coupable et de lui faire rendre gorge. Je m'en vais y aviser. Ce pâté ne sera point si bien digéré que nous n'y puissions tâter. Laissez-moi et ne vous mêlez de rien, vous ne pourriez que tout contrarier encore.

SCÈNE VIII

LE DOCTEUR, puis GILLES.

LE DOCTEUR.

Je ne soupçonne pas tant Gilles que ces drôles qu'il hante, Scaramouche et Arlequin, tous personnages malfaisants et suspects. Lequel des trois? Tous trois friands, tous trois coquins, tous trois menteurs; — c'est embarrassant, mais je sais une question plus adroite que celle du Châtelet, et ils avoueront, morbleu! Commençons par Gilles, que j'ai sous la main; il se cache sans doute comme un chien qu'on va fouetter. (Sur un ton plus haut.) O le cruel événement! et comme l'on ne devrait jamais sortir de chez soi! J'avais une sorte de pressentiment. Gilles, holà! — Bon Dieu, que devenir! Hé! Gilles! (A part.) Ce retard ne me dit rien de bon. (Plus haut.) Quelle catastrophe! Un moment d'absence a suffi! on ne prend jamais assez de précaution. Hé! Gilles, Gilles!

GILLES, un plumeau à la main.

Me voilà, monsieur le docteur. J'étais en train de ranger en bas.

LE DOCTEUR.

Qui est-ce qui a touché dans l'armoire?

GILLES.

On a touché à l'armoire?

LE DOCTEUR.

Oui, à ce panier qu'on m'avait envoyé.

GILLES.

Ah! c'était un panier?

LE DOCTEUR.

Feins donc d'ignorer! Léandre t'a tout dit.

GILLES.

Et l'on y a touché?

LE DOCTEUR.

Comment, morbleu! tout est bu, mangé, pillé, bouleversé!

GILLES.

Ah! Dieu, quelle vilenie! Et qui donc s'est osé permettre ces familiarités?

LE DOCTEUR.

C'est toi, maraud?

GILLES.

Moi, monsieur? Oh! c'est trop d'humiliation. Je ne dois plus souffrir qu'on me méconnaisse en un tel point. Je quitte votre maison. Je veux être empoisonné...

LE DOCTEUR.

Voyons, mon ami Gilles, franchement, doucement, est-ce toi?

GILLES.

Je veux être pendu comme un réverbère, empalé comme

une girouette, coupé à tranches comme un cervelas, cuit sous la cendre comme une gousse d'ail ou enfermé dans un bocal comme un enfant plus curieux que les autres, si...

LE DOCTEUR.

Tu parles bien sincèrement?

GILLES.

Que la fièvre, la coqueluche et les sept plaies d'Égypte me tombent à la fois sur l'occiput, si...

LE DOCTEUR.

Ah! je respire!

GILLES, à part.

Moi aussi.

LE DOCTEUR.

Mais n'est-il entré personne ici, n'as-tu vu rôder personne aux environs?

GILLES.

Personne, en vérité. J'étais occupé là-bas; c'est-à-dire, j'ai vu, oui, j'ai vu Scaramouche qui flairait çà et là le long des fenêtres. J'ai vu aussi Arlequin.

LE DOCTEUR.

Sont-ils entrés dans la maison?

GILLES.

Mais attendez donc, la porte était ouverte, j'avais le dos tourné; ils ont bien pu s'introduire sous prétexte de venir en passant.

LE DOCTEUR.

Eh! justement, ce sont eux qui auront fait le dommage.

GILLES.

Vous croyez? Ma foi! Arlequin est gourmand, Scaramouche ivrogne. — Vous avez raison, voilà nos voleurs.

LE DOCTEUR.

Ah! les malheureux!

GILLES.

Oui, vraiment, cela n'est pas bien.

LE DOCTEUR.

Les misérables! Qu'ils sont à plaindre; quel événement!

GILLES.

Fi! un procédé pareil, cela fait pitié!

LE DOCTEUR.

Ma foi! tant pis pour eux! Ils n'auront que ce qu'ils méritent.

GILLES.

Sans doute, faites-les bien châtier. C'est bien fait.

LE DOCTEUR.

Eh! les pauvres diables, ils ne seront que trop châtiés.

GILLES.

Trop n'est pas assez pour eux.

LE DOCTEUR.

Tu as raison, je sens se réveiller toute ma fureur. Une chose que je cachais si bien et qui m'est une si grande perte! Qu'ils meurent, les pendards! — Mais je ne suis pas de roche. Je me sens touché de pitié.

GILLES.

Ils n'en méritent point.

LE DOCTEUR.

Ah! cela est si grave! Je n'y tiens pas.

GILLES.

Qu'est-ce qui vous prend! Vous êtes trop bon.

LE DOCTEUR.

Va voir, du moins, comment ils se trouvent.

GILLES.

Bon! quelque indigestion; tant mieux. O le bel exemple de médecin désintéressé!

LE DOCTEUR.

Va, te dis-je, ils n'ont plus que quelques minutes à vivre.

GILLES.

Que dites-vous? Ils ne sauraient avoir mangé à ce point.

LE DOCTEUR.

Cours, hélas! n'eussent-ils léché que le plat, ils sont empoisonnés.

GILLES.

Empoisonnés? aïe! aïe!

LE DOCTEUR.

Ah! voilà que tu t'inquiètes aussi, tu n'es pas méchant au fond, je te reconnais là ; mais, morbleu! qu'ils ne comptent pas sur mon contre-poison! C'est une chose trop rare, et ils m'ont trop offensé pour que je l'emploie à de pareils sujets.

GILLES.

Empoisonnés! aïe! aïe! et comment? où? pourquoi?

LE DOCTEUR.

Ce pâté et ce vin étaient infectés d'une composition propre à essayer sur un esclave ou quelque chien enragé. J'y avais moi-même accommodé une mixture d'arsenic, ciguë, vif-argent, jusquiame et autres substances indigestes. Les princes des États barbaresques nous commandent ces sortes de poisons pour leurs plus proches parents.

GILLES.

Hé! monsieur le docteur! au secours! aïe, je suis empoisonné.

LE DOCTEUR.

Tu trembles de peur, poltron.

GILLES.

Non pas, au secours! je suis empoisonné, je me meurs. Ayez pitié, j'ai mangé du pâté!

LE DOCTEUR.

Tu veux rire. Tu m'as dis que non, et je sais que tu m'es trop fidèle. Voilà qui est fini.

GILLES.

Si vraiment, je suis un misérable, j'ai mangé le pâté, j'ai bu le vin, au secours!

LE DOCTEUR.

Je ne t'écoute point, tu m'as juré que tu n'y avais pas touché.

GILLES.

Je vais vous jurer le contraire. Oh! la colique! je me meurs, secourez-moi, mon cher maître.

LE DOCTEUR.

Comment, drôle, c'est toi qui as bu mon vin?

GILLES.

Hélas! oui, monsieur; je m'en repens bien fort.

LE DOCTEUR.

Quoi! c'est toi qui as mangé mon pâté!

GILLES.

C'est encore moi, je vous le proteste, *meâ culpâ!* ayez pitié.

LE DOCTEUR.

Et tu me venais jurer de ton innocence?

GILLES.

Oh! les crampes, les coliques, les étranges remords; donnez-moi vite ce contre-poison.

LE DOCTEUR.

Et je secourrais un drôle de ton espèce, un fourbe, un fripon qui se moque!... Allez, maraud, crever dans quelque coin.

GILLES.

Ah! monsieur le docteur!

LE DOCTEUR.

Hors d'ici.

GILLES.

Le contre-poison! aïe, aïe!

LE DOCTEUR.

Je n'écoute point.

GILLES.

Me laisserez-vous mourir?

LE DOCTEUR.

Je m'en flatte.

GILLES.

Ah! monsieur! vous si bon! oh! la colique, le contre-poison, de grâce!

LE DOCTEUR.

Vous savez qu'il n'y en a point assez pour vous trois. Je n'en ai que quelques gouttes et je ne sais si je n'aimerais pas mieux sauver Scaramouche ou Arlequin.

GILLES.

Eh! monsieur, je suis seul coupable; les autres n'en sont point. C'est moi qui ai tout mangé.

LE DOCTEUR.

Tu as tout mangé et tu calomniais tes bons amis. Point de contre-poison.

GILLES.

Hélas! hélas! de grâce.

LE DOCTEUR.

Du moins, morbleu, tu le paieras cher.

GILLES.

Ce qu'il vous plaira, deux ans de gages!

LE DOCTEUR.

Tu les as mangés d'avance.

GILLES.

Ah! je crois que je vais les rendre.

LE DOCTEUR.

Tu m'achèteras d'abord un pâté et des flacons pareils, pour recommencer mon expérience, je me charge des drogues.

GILLES.

Qu'à cela ne tienne!

LE DOCTEUR.

Envoie donc les commander, et attends-moi couché dans ta chambre. Je vais voir à ta guérison.

GILLES.

Soit, monsieur le docteur, fort bien, monsieur le docteur, ho! ho! quel effroyable combat se livrent ces aliments dans mon estomac, et que ce pâté me trouble diablement la conscience et ses environs, ho! ho! aïe!

(Il sort avec des contorsions.)

SCÈNE IX

LE DOCTEUR, puis SCARAMOUCHE.

LE DOCTEUR.

Ce maître fourbe m'a donné quelque incertitude à l'égard

de Scaramouche et d'Arlequin; mais le moyen sera bon pour tous, et je suis sûr que les coupables, en quelque nombre qu'ils soient, seront trop heureux de se remettre entre mes mains; essayons de Scaramouche, que j'aperçois là-bas. (Il appelle par la fenêtre.) Holà! Scaramouche, par ici!... — Il me semble penaud et portant l'oreille basse; nous verrons bien.

SCARAMOUCHE, entrant.

Qu'y a-t-il pour votre service?

LE DOCTEUR.

Eh bien, maraud; toujours la même mine de fripon, la même tête à pilori.

SCARAMOUCHE.

Hélas! monsieur, je ne puis changer de tête, mais j'ai changé de conduite. C'est à présent une méchante enseigne à du bon vin, cela vaut mieux que le contraire.

LE DOCTEUR.

Ça, l'on ne te voit plus par ici, tu venais déranger Gilles de temps à autre.

SCARAMOUCHE.

Gilles? Ah! fi donc! Je ne hante plus de pareilles espèces; c'est lui plutôt qui m'aurait dérangé de ma conversion.

LE DOCTEUR.

Est-ce vrai cela? Je gage que pas plus tard que ce matin encore, nous aurons fait quelque diablerie.

SCARAMOUCHE.

Fi! vous dis-je, je ne m'inquiète plus de ses tours qui ne peuvent être que fort mauvais.

LE DOCTEUR.

Tu n'es pas venu badiner avec lui aujourd'hui.

SCARAMOUCHE.

Ni aujourd'hui, ni hier, ni jamais à l'avenir, je vous le jure par le saint qu'il vous plaira.

LE DOCTEUR.

Eh bien, je t'en félicite. Il a dû se livrer à quelque pratique bien funeste, mon Dieu!

SCARAMOUCHE.

Il est capable de tout. Il aura peigné votre épagneul pour se faire un manchon ?

LE DOCTEUR.

Oh ! non, ce n'est pas cela.

SCARAMOUCHE.

Il a poudré vos bottes et ciré votre perruque ?

LE DOCTEUR.

Ce ne peut être cela.

SCARAMOUCHE.

Il vous aura versé à boire dans votre tabatière ?

LE DOCTEUR.

Eh ! je ne le sais point, moi, ce qu'il a fait ; mais, toi-même, ne le sais-tu pas ?

SCARAMOUCHE.

Comment voulez-vous que je le sache, si vous ne le savez pas vous-même ?

LE DOCTEUR.

Sérieusement, tu n'en as point entendu parler ?

SCARAMOUCHE.

C'est vous qui voulez rire, je vous ai dit que non.

LE DOCTEUR.

C'est plus grave qu'on ne croit ; tu n'en étais pas ?

SCARAMOUCHE.

Je voudrais avoir de nombreux parents, pour jurer sur autant de têtes que je ne sais de quoi il est question.

LE DOCTEUR.

Ah ! que cela est donc fâcheux ! tant il y a enfin que Gilles est fort malade.

SCARAMOUCHE.

Tant mieux ! Cinq cents fièvres quartaines qui le puissent emporter ! Il aura trop mangé, et le ciel le punit.

LE DOCTEUR.

Ne badine pas. Je ne réponds pas de le sauver, il s'est empoisonné.

SCARAMOUCHE.

Il s'est empoisonné! Et comment ça?

LE DOCTEUR.

Je ne sais pas, te dis-je; mais il est vraiment bien bas, le pauvre diable!

SCARAMOUCHE.

Et l'a-t-il fait volontairement?

LE DOCTEUR.

Non, sans doute, il ne voulait point. Mais il y a ici tant de drogues sous des dehors appétissants. J'ignore, en vérité, ce qu'il a pu avaler.

SCARAMOUCHE, criant.

Aïe! holà! ouf! J'ai mal au cœur.

LE DOCTEUR.

Je te remercie de l'intérêt que tu lui montres.

SCARAMOUCHE.

Oh! ho! Je crois que j'ai des tranchées.

LE DOCTEUR.

Bon Scaramouche! cela te fait honneur.

SCARAMOUCHE.

Oh! monsieur le docteur, n'aviez-vous pas un pâté caché dans une armoire?

LE DOCTEUR.

C'est vrai. Une préparation mortifère avec un hachis d'arsenic et de plantes vénéneuses; mais d'où diable sais-tu cela?

SCARAMOUCHE.

Aïe de moi! miséricorde! c'est ce pâté que Gilles a mangé.

LE DOCTEUR.

Tu veux rire, tu n'en sais rien, tu n'y étais pas.

SCARAMOUCHE.

Ah! je suis mort, secourez-moi; j'en étais. Nous avons mangé ce pâté ensemble.

LE DOCTEUR.

Comment, veillaques, ce pâté est mangé? Une composition de trente écus ! un travail prodigieux ! et le vin si joliment infecté, si merveilleusement empoisonné, sans qu'il y parût du tout ; qu'est-il devenu ?

SCARAMOUCHE.

Aïe ! aïe ! nous l'avons bu aussi, bu tout entier. Holà ! mon Dieu !

LE DOCTEUR.

Le vin bu aussi ! un chef-d'œuvre de subtile putréfaction, qui devait tuer sur-le-champ, en deux heures au plus. Ah ! gredins ! vauriens !

SCARAMOUCHE.

Grâ... â... â... ce ! mon sang se fige, rappelez-moi à la vie, docteur, charitable docteur !

LE DOCTEUR.

Veux-tu t'aller promener ! et que ce pâté t'étouffe au plus tôt. Ce sera ma première vengeance.

SCARAMOUCHE.

Secourez-moi donc, si vous en voulez avoir une seconde. Oh ! la tête ! oh ! le ventre ! Vous ne pouvez vous charger la conscience d'un homicide.

LE DOCTEUR.

C'est parbleu bien un suicide, et la chose te regarde, tu mourras impénitent.

SCARAMOUCHE.

Monsieur le docteur, je n'ai mangé qu'une miette de ce pâté, une bribe, une languette, comme le bout de votre rabat. C'est Gilles qui a tout achevé.

LE DOCTEUR.

Eh bien donc, je n'ai que quelques cuillerées d'un antidote efficace, elles reviennent à Gilles qui est le plus malade. C'est mon valet, d'ailleurs.

SCARAMOUCHE.

Ah ! bonté divine ! c'est moi qui ai tout mangé, tout bu. Je vais trépasser ; à moi l'antidote !

LE DOCTEUR.

Ah! drôle, c'est toi qui as tout fait? Je te vais laisser crever comme un mousquet.

SCARAMOUCHE.

Monsieur, monsieur, je vous donnerai de l'argent, dix écus!

LE DOCTEUR.

Ce n'est pas assez.

SCARAMOUCHE.

Vingt écus.

LE DOCTEUR.

Cela valait davantage.

SCARAMOUCHE.

Trente écus!

LE DOCTEUR.

Va pour trente écus.

SCARAMOUCHE.

Mais, hélas! je n'ai point d'argent sur moi.

LE DOCTEUR.

Va donc pourrir plus loin.

SCARAMOUCHE.

Ah! je me trompe; voici une pistole.

LE DOCTEUR.

Porte tes os ailleurs, te dis-je.

SCARAMOUCHE.

Hélas! voyons mes goussets; voici les trente écus.

LE DOCTEUR.

Fort bien, avale-moi d'abord ce grand verre d'eau; passe dans ce cabinet, et je vais continuer la cure. J'ai bien peu d'espoir.

SCARAMOUCHE.

Ho! le mal agissait lourdement, je me sens à présent tout embarrassé. Mais, si je meurs, monsieur le docteur, vous me rendrez au moins les trente écus.

SCÈNE X

LE DOCTEUR, ARLEQUIN.

LE DOCTEUR.
Je vois venir Arlequin qui m'a tout l'air d'être le troisième compère, et de se venir jeter de lui-même dans ma nasse.

ARLEQUIN.
Ah ! vous voilà, monsieur le docteur, que je suis aise de vous rencontrer !

LE DOCTEUR.
Je n'en dis pas autant de toi.

ARLEQUIN.
Ah ! ne raillez pas. Je suis fort malade.

LE DOCTEUR.
Bon appétit.

ARLEQUIN.
Arrêtez. Il y va de la vie.

LE DOCTEUR.
Qu'est-ce enfin ?

ARLEQUIN.
Je ne sais pas encore.

LE DOCTEUR.
Ah çà ! tu te moques. Bonjour.

ARLEQUIN.
Un moment, je suis à deux doigts de ma bière ; — on dit que Gilles est empoisonné.

LE DOCTEUR.
Eh bien ! après ?

ARLEQUIN.
Oïmé, je frémis de la nuque à l'orteil. Est-il dangereusement malade ?

LE DOCTEUR.
Il expire tout à l'heure. C'est là ta maladie ? serviteur.

ARLEQUIN.
Eh non ! je suis aussi fort mal. Par pitié, demeurez.

LE DOCTEUR.

Qu'as-tu enfin ?

ARLEQUIN.

Je ne sais.

LE DOCTEUR.

Souffres-tu de la tête ?

ARLEQUIN.

Non pas.

LE DOCTEUR.

Du ventre ?

ARLEQUIN.

Nenni.

LE DOCTEUR.

De la poitrine ?

ARLEQUIN.

Point du tout.

LE DOCTEUR.

La peste ! va te promener.

ARLEQUIN.

Hé ! écoutez, je souffre peut-être de tout cela ?

LE DOCTEUR.

Et tu ne le sais pas, drôle ? manges-tu bien ? dors-tu bien ? bois-tu bien ?

ARLEQUIN.

Hélas ! oui.

LE DOCTEUR.

Et tu dis que tu es fort mal ?

ARLEQUIN.

Peut-être.

LE DOCTEUR.

Vide-moi le plancher, mauvais plaisant, ou je t'arrache les oreilles.

ARLEQUIN.

Eh ! ne vous fâchez pas. Ne perdons point de temps. Ne jouons pas avec le trépas.

LE DOCTEUR.

Mais qu'as-tu donc, malheureux ?

ARLEQUIN.

Qu'a-t-il mangé ?

LE DOCTEUR.

Qui ça ?

ARLEQUIN.

Gilles.

LE DOCTEUR.

Ah çà ! est-ce de Gilles ou de toi qu'il s'agit ?

ARLEQUIN.

C'est de moi, parbleu ! et dépêchons. Répondez vite, où a-t-il pris ce poison ?

LE DOCTEUR.

Au diable ! Je n'y sais plus rien. Tu me mets hors de moi.

ARLEQUIN.

Ah ! je vois qu'il faut vous mettre sur le chemin. N'aviez-vous pas reçu un pâté hier et du vin ?

LE DOCTEUR.

Cela est vrai ; mais que diable cela a-t-il de commun ?

ARLEQUIN.

Eh bien, monsieur, on vous l'a mangé, ce pâté, et, ce vin, on l'a bu.

LE DOCTEUR.

Corbleu ! on a mangé mon pâté ? Ah ! voilà une action atroce !

ARLEQUIN.

Atroce, monsieur le docteur.

LE DOCTEUR.

Et les auteurs sont capables de tout.

ARLEQUIN.

De tout, monsieur le docteur.

LE DOCTEUR.

Et ils méritent un châtiment exemplaire.

ARLEQUIN.

Exemplaire, monsieur le docteur ; mais qu'y avait-il dans ce pâté ?

LE DOCTEUR.

Ce qu'il y avait ? il y avait trois perdrix.

ARLEQUIN.

Ah! tant mieux!

LE DOCTEUR.

Une livre de chair à pâté.

ARLEQUIN.

A la bonne heure! Je respire.

LE DOCTEUR.

Deux gros d'arsenic.

ARLEQUIN.

Holà!

LE DOCTEUR.

Une demi-pinte d'opium.

ARLEQUIN.

Ah! miséricorde!

LE DOCTEUR.

Un quintal de perlipipinium.

ARLEQUIN.

Je suis mort. Au secours! au secours! au feu! au meurtre!...

LE DOCTEUR.

Qu'est-ce qui te prend?

ARLEQUIN.

C'est moi qui ai mangé ce pâté, cet opium, ce perlipipinium. A l'aide! Je suis mort!

LE DOCTEUR.

Ah! coquin, c'est toi qui as fait le coup. Tu en es justement puni. Hors d'ici, canaille!

ARLEQUIN.

Sauvez-moi, docteur, si vous le pouvez, j'embrasse vos bas chinés.

LE DOCTEUR.

Soit. Mais cela te coûtera cher.

ARLEQUIN.

Ce qu'il vous plaira. Ce que j'ai de plus cher, c'est ma peau.

LE DOCTEUR.

Pour moi j'aime mieux de l'argent. Il m'en faut et beaucoup.

ARLEQUIN.

Mais vous savez que j'ai de maigres gages, et que pour avoir de l'argent il faudrait que j'en volasse.

LE DOCTEUR.

Donc, tu dois en avoir.

ARLEQUIN.

Ah! vous me demandez la bourse ou la vie. C'est un vilain métier pour un homme d'âge.

LE DOCTEUR.

On apprend tous les jours.

ARLEQUIN.

Mais je ne vole point, vous dis-je.

LE DOCTEUR.

Bonsoir donc, et meurs en chrétien.

ARLEQUIN.

Ah! bourreau, voilà six écus que mon maître avait oubliés dans la poche de sa veste.

LE DOCTEUR.

Fi! l'on donne ça pour guérir un chien.

ARLEQUIN.

La bourse en contient douze, les voilà.

LE DOCTEUR.

Allons donc, tu me prends pour un vétérinaire?

ARLEQUIN.

Ah! *poveretta!* voilà la bourse entière, mais soignez-moi bien, car je me sens maintenant tout ce que vous disiez.

LE DOCTEUR.

Passe donc là-dedans. Et maintenant, mes aigrefins, au revoir! je m'en vais mettre ordre à tout. (Il sort.)

SCÈNE XI

GILLES, SCARAMOUCHE, UNE SERVANTE qui garnit le buffet.

GILLES.

Ah! le docteur ne revient pas, et le poison marche cependant, ouf!

SCARAMOUCHE.

Quelle situation! Il est capable de nous laisser mourir comme des serins oubliés dans leur cage. Aïe!

GILLES.

Voilà cependant le pâté tout pareil qu'il m'a chargé de faire apporter. Posons-le là.

SCARAMOUCHE.

Et voilà qu'on apporte des flacons tout semblables qu'il a payés sans doute de mon argent.

ARLEQUIN, entrant.

Ou du mien, morbleu! car il m'a saigné d'importance.

GILLES.

Quoi? il t'a saigné déjà? Il te soigne mieux que nous.

ARLEQUIN.

Je veux dire qu'il m'a saigné la poche.

SCARAMOUCHE.

Voilà donc ces damnés pâtés qui cachent de si vilaines nourritures. Qui ne s'y tromperait?

GILLES.

Ah! si du moins quelqu'un s'y attrapait comme nous! Tenez, il n'y a personne ici? la servante est sortie? Je voudrais me venger surtout de ce misérable Léandre, qui est la cause de tout ceci. Je le hais d'abord et il me déteste. C'est lui qui m'a parlé de ce pâté sans me prévenir. — Du bruit! c'est lui et sa drôlesse de Rosine, qui est tout aussi méchante. Taisons-nous et observons. Oh! la colique!

ARLEQUIN.

Ah! les reins!

SCARAMOUCHE.

Oh! docteur, revenez vite, je m'affaiblis.

SCÈNE XII

Les Mêmes, LÉANDRE, ROSINE.

LÉANDRE.

Ah! c'est vous, messieurs, bonjour. Gilles, veux-tu mettre le couvert?

GILLES.

De grand cœur.

ARLEQUIN, à Scaramouche.

Est-ce qu'ils vont manger.

SCARAMOUCHE, à Arlequin.

Dieu le veuille !

LÉANDRE.

Justement, ma chère Rosine, voilà un pâté qui m'a bon air et du vin d'une belle couleur. Qu'en dis-tu, Gilles ?

GILLES.

Cela doit être exquis. (Bas.) Oh ! les crampes !

LÉANDRE.

Eh bien, chère Rosine, si nous nous mettions à table, nous goûterions un peu de tout ceci.

ROSINE.

Sur ma foi, volontiers, je me sens en appétit. (Ils se mettent à table.)

ARLEQUIN, à Scaramouche.

Ah ! les malheureux, j'en ai compassion.

SCARAMOUCHE, à Arlequin.

Non, certes, c'est bien fait. Que dis-tu donc de nous ?

LÉANDRE.

Veux-tu un morceau de jambon, Gilles ?

GILLES.

Non, d'honneur, je ne suis pas bien.

LÉANDRE.

Et vous, messieurs ?

ARLEQUIN.

Grand merci, nous avons déjeuné.

LÉANDRE.

Eh bien, vous avez tort, cela doit être fort bon.

GILLES.

Je m'en doute fort bien.

SCARAMOUCHE.

Cela embaume d'ici, que ne suis-je à votre place !

LÉANDRE.

Verse-moi à boire, Gilles.

GILLES.

Tout à votre service! (A part.) Et que cela puisse te pénétrer jusqu'à la moelle des os! (Léandre et Rosine mangent.)

ARLEQUIN, bas.

Ils y ont goûté! que la terre leur soit légère!

SCARAMOUCHE, bas.

Prions pour le repos de leurs âmes. Plus l'on est de fous, plus on rit.

GILLES, bas.

Voici le docteur, cela va faire une belle scène.

SCÈNE XIII

Les Mêmes, LE DOCTEUR.

LE DOCTEUR.

Ah! vous voilà en belle occupation, mes chers enfants! Vous mangiez en m'attendant, fort bien! J'avais du monde là qui me retenait. Je m'en vais enfin vous tenir compagnie.

GILLES, bas.

Qu'est-ce à dire!

ARLEQUIN, bas.

C'est un scélerat, je m'en doutais, qui les veut tuer.

SCARAMOUCHE, bas.

Je n'y entends plus le mot pour rire.

LE DOCTEUR.

Ah! ce sont là mes gaillards. Avez-vous bien bu de cette tisane noire que je vous ai donnée, buvez-en beaucoup. Quant à moi, Gilles, verse-moi un grand verre de ce bon vin, et toi, Léandre, donne-moi une tranche de ce pâté.

GILLES.

Ah çà! l'on se moque; qu'est ce que cela signifie?

ARLEQUIN.

Oui, monsieur le docteur, qu'est-ce que cela signifie?

LE DOCTEUR.

Cela signifie que ce pâté est aussi bon que celui qui vous cause tant de tranchées, que votre argent a servi à l'acheter, et que nous le mangerons plus tranquillement que vous et avec moins de remords. A ta santé, Gilles!

LÉANDRE.

A ta santé, Scaramouche!

ROSINE.

A ta santé, Arlequin!

LE DOCTEUR.

Qui casse les verres les paye.

LE
PREMIER JOUR DE L'AN

LE
PREMIER JOUR DE L'AN

PERSONNAGES

GILLES.
MARINE, sa femme.
PIERROT, } ses enfants.
PIERRETTE,
LA PORTIÈRE.

LE FACTEUR.
LA CHARBONNIÈRE.
LE PORTEUR D'EAU.
LA BOULANGÈRE.

La maison de Gilles. — Une chambre à coucher. — Une alcôve à gauche, la porte au fond.

SCÈNE PREMIÈRE

MARINE, GILLES, ronflant, LES ENFANTS, dans leurs berceaux.

MARINE.

Allons, Pierrot! allons, Pierrette! allons, mes enfants! eh vite! réveillez-vous; c'est aujourd'hui le premier jour de l'an; allez donc embrasser votre petit papa?

PIERROT, assoupi.

Hi! heu! heu!

MARINE.

Pierrette! allons donc, ma biche! tu ne veux donc pas souhaiter la bonne année à papa?

PIERRETTE, clignant de l'œil.

Haï donc!

MARINE.

C'est le jour de l'an, mes petits lapins, c'est le jour de

l'an! vous n'y pensez donc plus? Allons, voyons donc, qui embrassera papa le premier, Pierrot!

PIERROT, bâillant.

Ha! ha! ha!

MARINE.

Pierrette! lève-toi donc. Pense donc à ton petit père.

PIERRETTE, se détirant.

Hé! hé! eh! houah!

MARINE.

Voici le jour de l'an que vous désiriez tant, mes colombes; c'est le premier levé qui aura les dragées.

PIERROT, éveillé tout à coup.

C'est moi, c'est moi!

PIERRETTE, de même.

C'est moi, c'est moi!

MARINE.

Levez-vous donc avant que papa se réveille. Et les compliments?

PIERROT.

C'est moi qui en sais un, de compliment.

PIERRETTE.

Moi si, moi si!

PIERROT.

C'est moi qui vais le dire à papa.

PIERRETTE.

Non, c'est moi, na!

MARINE.

Embrassez-vous donc d'abord, mes poules? Pierrot, souhaitez la bonne année à votre petite sœur. C'est gentil, un frère qui aime sa sœur.

PIERROT.

Non, je veux dire mon compliment le premier.

MARINE.

Pierrette, baisez votre frère.

PIERRETTE.

Je veux dire mon compliment la première, moi!

MARINE.

Vous les lui direz tous les deux. Tiens, Pierrette, voilà ta camisole; et toi, Pierrot, voilà tes bas.

PIERROT.

Je veux dire mon compliment tout de suite, moi!

PIERRETTE.

Ah ben ! non, attends-moi. Je veux qu'il m'attende.

PIERROT, s'élançant du lit.

Moi le preu! moi le preu!

PIERRETTE.

Hi! hi! hi! j'veux pas, j'veux pas.

PIERROT.

Holà! holà ! elle me tire les cheveux. Tiens, toi!

PIERRETTE.

Ho ! ho! ho! il me donne une grande tape sur l'œil.

MARINE.

Ah çà, allez-vous finir, vilains monstres?

PIERROT.

Maman! faites finir Pierrette.

PIERRETTE.

Oh! oh! il me tape. Méchant galopin!

MARINE.

Et tiens, tiens, tiens. (Elle les soufflette à tour de bras.) On aura un moment de paix, peut-être.

PIERROT, à grands cris.

Hi! hi! hi! hi!

PIERRETTE, en fausset aigu.

Hi! hi! hi! hi!

MARINE.

Allons, voyons, taisez-vous. Que si papa se réveille, c'est lui qui va vous claquer. Allez l'embrasser tout de suite. Et ces compliments, où sont-ils, petites canailles?

PIERRETTE, glapissant.

Cher papa, chère maman, en ce beau jour,
Recevez, je vous prie, les vœux de mon amour...

PIERROT, bredouillant.

Cher papa, chère maman, en ce beau jour,
Recevez, je vous prie, les vœux de mon amour.

MARINE.

C'est bon, c'est bon, retenez-les.

PIERRETTE.

Cher papa, chère maman, en ce beau jour...

MARINE.

Eh! ce n'est pas à moi qu'il faut les dire.

PIERROT.

Cher papa, chère maman, en ce beau jour...

MARINE.

Eh! allez donc, nigauds! je n'ai que faire de votre *beau jour*. Allez conter cela à votre père, dans son lit. (Elle les conduit à l'alcôve.) Pauvre cher homme, cela lui fera plaisir. Réveillez-le tout doucement.

PIERROT, sautant à deux genoux sur le ventre de son papa.

Cher papa, chère maman, en ce beau jour...

GILLES.

Ho! ououf!

PIERRETTE, lui sautant sur l'estomac.

Cher papa, chère maman, en ce beau jour...

GILLES.

Que la fièvre t'étrangle! C'est donc toi qui fais ces sottises-là! Et allez donc, et allez donc, chenapans! (Il les secoue d'un grand coup de poing.) Ils m'ont estropié, ces vermines-là!... C'est-il bête, ça!

PIERROT.

Hi! hi! hi! j'ai l'œil tout poché.

PIERRETTE.

Hi! hi! hi! j'ai une bosse au front.

MARINE.

C'est toi qui es bête de les brutaliser comme cela. Ces pauvres enfants! il s'éveillent pour te faire de petits compliments! venez, mes petits chéris, faut pas compter sur la douceur, pour votre père; ce n'est point son fort, la complaisance. Pauvres petits! Euh! taureau! va!

GILLES.

Tu ne m'ennuies pas mal encore, toi... Que j'ai le ventre tout bleu; ils sont gentils, les compliments!

PIERROT ET PIERRETTE.

Hi! hi! hi! hi!

MARINE.

Joli commencement d'année! si c'est comme cela que tu me la souhaites?

GILLES, se frottant les côtes.

Eh ben, et toi donc, je te conseille de dire...

PIERROT.

Cher papa, chère maman, en ce beau jour...

PIERRETTE.

Recevez, je vous prie, les vœux de mon amour...

MARINE.

Allez, taisez-vous, mes biches; il ne le mérite pas. Faut espérer que l'année finira autrement.

GILLES.

Ah! cela sera comme tu voudras, je n'y tiens pas, ça m'ennuie à la fin des fins.

MARINE, pleurant.

Ah! Dieu de Dieu, un jour comme aujourd'hui!

PIERROT.

Cher papa, chère maman, en ce beau jour...

GILLES, furieux.

Ah çà, voulez-vous bien vous taire. C'est vrai, ça!

PIERROT ET PIERRETTE.

Hi! hi! hi! (On sonne.)

SCÈNE II

Les Mêmes, la Portière.

MARINE.

Que voulez-vous ?

LA PORTIÈRE.

Monsieur, madame, je vous la souhaite bonne et accompagnée de plusieurs autres. Je m'ai dit comme ça en passant...

MARINE.

C'est bon, c'est bon, en vous remerciant (Elle lui donne un écu et referme la porte à grand bruit.)

SCÈNE III

Les Mêmes, hors la Portière.

PIERROT.

Est-ce que je n'aurai pas d'étrennes ? Je veux des étrennes, moi.

PIERRETTE.

Moi si, na !

GILLES.

Voulez-vous me laisser tranquille, je vais vous en donner, moi ! des étrennes !

MARINE.

Eh ! venez donc, mes pauvres enfants ; il est capable de vous tuer. (On sonne.)

SCÈNE IV

Les Mêmes, un Facteur.

LE FACTEUR.

Monsieur, madame, je vous la souhaite bonne et heureuse...

MARINE.

Allons, c'est bien, monsieur, moi de même. (Elle lui donne une pièce de trente sols et referme la porte plus violemment.)

SCÈNE V

Les Mêmes, hors le Facteur.

GILLES.

Où sont mes rasoirs ?

MARINE.

Vous pouvez les chercher vous-même.

GILLES.

Fort bien. Je vous ferai voir, moi... (On sonne.)

SCÈNE VI

Les Mêmes, une Charbonnière.

LA CHARBONNIÈRE.

Monsieur, madame, je vous la souhaite bonne et heureuse...

MARINE.

Moi aussi, ma brave femme.

LA CHARBONNIÈRE.

N'oubliez pas la charbonnière.

MARINE.

Ah çà ! dites donc, vous êtes encore drôle, vous ; c'est donc tout un régiment qui va venir. (Elle lui ferme la porte au nez.)

SCÈNE VII

Les Mêmes, hors la Charbonnière.

PIERROT.

Maman, et mes dragées ?

PIERRETTE.

Et mes joujoux ?

MARINE.

Ah çà, vous m'ennuyez aussi, vous ! Je vais vous fouailler. (On sonne.)

SCENE VIII

Les Mêmes, un Porteur d'eau.

LE PORTEUR D'EAU.

Monsieur, madame, je vous la souhaite bonne et heureuse...

MARINE.

Cela ne va donc pas finir. Allez vous promener! (Elle referme.)

SCÈNE IX

Les Mêmes, hors le Porteur d'eau.

PIERROT.

Hi! hi! hi! je veux mes dragées.

PIERRETTE.

Hi! hi! hi! je veux mes étrennes.

MARINE.

Finissez, tas de garnements, tas de scélérats, on ne s'entend pas.

PIERROT ET PIERRETTE.

Hi! hi! hi! hi!

MARINE.

Vous m'impatientez, monstres que vous êtes! Voilà pour vous apprendre (Elle les fouette.)

PIERROT ET PIERRETTE, plus fort.

Ho! ho! ho!

GILLES.

Pourquoi les lèves-tu donc d'aussi bonne heure, toi?

MARINE.

Ah! voilà l'autre, voilà que c'est ma faute! Parce qu'il m'a convenu; tu m'ennuies.

GILLES.

Dis donc, toi, ne me fais pas sortir de mon caractère.

MARINE.

Si vraiment, car tu devrais bien en changer.

GILLES.

Ah! tu m'exaspères! Tiens, voilà pour toi. (Il bat sa femme.)

MARINE, pleurant.

Aïe! aïe! le monstre! l'indigne! c'est d'un joli exemple pour vos enfants! Tuez-moi, ce sera plus tôt fait. (On sonne.)

SCÈNE X

Les Mêmes, la Boulangère.

LA BOULANGÈRE.

Monsieur, madame, je vous la souhaite bonne et heureuse.

MARINE.

Eh! vous me rompez la tête. Videz-moi le plancher sur-le-champ. (Elle chasse la boulangère.)

SCÈNE XI

Les Mêmes, hors la Boulangère.

GILLES.

Saperdié! Je vais mettre le verrou et personne ne sort ni n'entre...

MARINE.

Ah! la la! mon Dieu! mon Dieu!

PIERROT ET PIERRETTE.

Hi! hi! hi! hi!

GILLES.

Jour de Dieu! qu'est-ce donc qui a inventé ce malheureux jour de l'an (Il s'asseoit dans un coin et penche sa tête dans ses mains. La mère et les enfants sanglotent.)

L'HOPITAL DES FOUS

PROVERBE

L'HOPITAL DES FOUS

PROVERBE

PERSONNAGES

LE BARON.
PANTALON.
PASCARIEL.
SCHABRAQUE,
LE POÈTE,
LE PHILOSOPHE, } fous.
TRUFALDIN,
POPULUS,
LE ROI,

LE DOCTEUR,
LE JUIF, } fous.
QUATRE MUSICIENS,
MORTELABIA, } médecins.
LABIAMORTE,
LE DIRECTEUR.
UN GARDIEN.
DEUX GARÇONS APOTHICAIRES.
FOUS.

Une cour plantée d'arbres et entourée de hautes murailles.

SCÈNE PREMIÈRE

LE POÈTE, et QUATRE MUSICIENS.

LE POÈTE.

Ma foi, messieurs, vous me voyez fort embarrassé. J'ai composé pour ce soir un grand ouvrage de théâtre (car vous savez que c'est mon métier) et je n'en connais pas encore le sujet. Mon drame, s'il vous plaît, doit être précisément ce qui va se passer aujourd'hui ici même; belle pièce, je vous jure, et où l'on verra s'agiter toutes les passions qui gouvernent la destinée humaine. Nous y jouerons tous notre rôle. On nous recommande de peindre les hommes; mais, que diable! nous sommes des hommes. Au lieu d'une copie de nature, nous donnerons l'original. C'est ce que nous autres, gens d'esprit, nous appelons créer. Je sais bien qu'on dira que nous sommes des fous. Mais je prierai le public, s'il est tant soit peu raisonnable, de nous comparer au reste des hommes, et il apprendra ici quelle faible et injuste limite sépare la sagesse de la folie. D'ailleurs il n'en sera que plus porté à nous excuser : qu'il se tienne donc pour averti! Çà, l'heure approche, le théâtre est tout prêt. On entrera par cette porte, on sortira par cette autre. Mais je ne vois point arriver d'acteurs. — Je vous prie aussi de considérer combien nos décors sont bien peints, que ces arbres sont de vrais arbres, et que cette cour est une cour véritable. Je suis fort curieux de connaître mon œuvre, et si le héros est laid, et si l'héroïne chante bien, si cela est sérieux, si cela est comique. Il serait temps de commencer. (A un musicien.) Mon ami, quel est votre état?

PREMIER MUSICIEN.

Monsieur, je joue du violoncelle, qui est le roi des instruments.

DEUXIÈME MUSICIEN.

Cela est faux; vous voyez bien que ce qu'il tient dans les doigts n'est qu'une écumoire. Parlez-moi de cette flûte magique qui change mon souffle en divins accords.

TROISIÈME MUSICIEN.

N'écoutez pas ce maraud. Cette flûte est un os qu'il a trouvé. Écoutez plutôt ma guimbarde.

QUATRIÈME MUSICIEN.

Cet homme n'a pas le jugement fort sain, et je pâme de rire depuis tantôt à le voir gratter sa béquille. Quant à moi, je joue du galoubet, et c'est le premier des arts.

PREMIER MUSICIEN.

Son galoubet est un morceau de bois sec, mais peu importe.

QUATRIÈME MUSICIEN.

Doucement, cet instrument est la noble occupation de l'homme.

TROISIÈME MUSICIEN.

Moi, j'ai passé ma vie à étudier la guimbarde.

DEUXIÈME MUSICIEN.

Moi, je méprise fort quiconque ne joue pas de la flûte.

PREMIER MUSICIEN.

Et moi, je casse la tête à qui ne goûte pas le violoncelle. Voilà mon sentiment en fait d'art.

LE POÈTE.

Il ne s'agit, messieurs, que de vous mettre d'accord. J'aime également vos instruments; mais essayez d'en jouer à l'unisson.

LES QUATRE MUSICIENS.

From! from! from!

LE POÈTE.

Fort bien. Continuez, vous m'allez jouer une ouverture. Mais que vois-je là-bas? quel est cet inconnu qui nous arrive de façon si aventureuse? N'en doutons plus, la scène s'ouvre. C'est le héros du poëme. Allons la musique! ferme, tenez bon, soufflez fort. (Pascariel franchit le mur et saute dans la cour.)

SCÈNE II

Les Mêmes, PASCARIEL.

PASCARIEL.

Ouf! peste soit des gens qui m'ont valu ce saut! Je cours après mon maître comme il court après la raison, et je perdrai mes jambes comme il a perdu son esprit. Je vais m'informer à ces gens que voilà.

LES MUSICIENS.

From! from! from!

PASCARIEL.

Monsieur, pourriez-vous pas me donner des nouvelles du capitaine Schabraque, enfermé céans?

PREMIER MUSICIEN.

Trouvez-moi des sons plus fins que ceux-ci.

PASCARIEL.

Hein ! quelque original !

DEUXIÈME MUSICIEN.

Monsieur donne-t-il la préférence à la flûte ?

PASCARIEL.

J'entends, ce sont des habitants du lieu.

TROISIÈME MUSICIEN.

Tubleu ! écoutez-moi, et jugez ma guimbarde.

PASCARIEL.

Pauvres gens ! c'est fort bien, c'est fort bien ! allez en paix, camarades.

QUATRIÈME MUSICIEN.

Où courez-vous si loin ? Le bonheur est aux bois, sur la mousse, avec un fifre caché que l'écho répète.

PASCARIEL.

Eh ! parbleu ! laissez-moi donc, j'ai des affaires en tête.

LES MUSICIENS, l'entourant.

From ! from ! from !

PASCARIEL.

Que la fièvre vous serre ! laissez-moi en repos. Je ne suis pas fou, moi, que diable ! Allez-vous en jouer avec vos pareils.

LE POÈTE.

Laissez cet étranger, et qu'il débite tranquillement sa harangue.

PASCARIEL.

Celui-là, du moins, entend raison. Monsieur, je cherche ici mon maître.

LE POÈTE.

Je le sais, vous entrez par la gauche du théâtre, c'est fort bien, je l'avais bien pensé ainsi. Mais que m'allez-vous dire à cette heure ? qui vous envoie ? qui vous attriste et vous égaye ? Êtes-vous le messager funèbre de la fatalité ou le héros bouffon d'une trame burlesque ? Venez-vous dénouer une action tragique ou n'êtes-vous qu'un valet de comédie ? Allez-vous rire ou pleurer, donner des coups de poignard ou recevoir des coups de bâton.

PASCARIEL.

Mon ami, vous tenez vous-même sur la nuque un assez joli coup de marteau et je donnais dans une fière bourde. Je ne suis point un valet de comédie, entendez-vous, et, si je vous donne à pleurer, je vous jure, en tout cas, que vous me faites rire.

LE POÈTE.

Parlez plus gravement et exposez-moi votre conte.

PASCARIEL.

Je ne demande pas mieux, soyez donc raisonnable.

LE POÈTE.

Soyez vous-même plus réservé ; le ton doux, la voix claire, le geste mesuré, allez.

PASCARIEL.

Eh bien oui, soit, je veux bien.

LE POÈTE.

Vous entrez par là ?

PASCARIEL.

Sans doute j'entre par là, et je vais vous dire pourquoi. Mon maître, le capitaine, Schabraque a perdu ces jours-ci sa raison au jeu. J'entends qu'il a perdu sa raison parce qu'il avait perdu son argent. L'esprit lui a tourné.

LE POÈTE.

C'est grand dommage et vous m'intéressez au dernier point ; c'est un grave accident.

PASCARIEL.

Oui, cela se peut dire, c'est un grand accident, et je m'en aperçois.

LE POÈTE.

Continuez.

PASCARIEL.

On a conduit mon maître en cette maison ; fort bien ! Sa famille est désolée. J'apporte ici une lettre de son oncle pour qu'on ait à le bien soigner. Or, je voulais le voir par la même occasion, car je l'aime tendrement. On a eu la barbarie de s'y opposer, les guichetiers m'ont barré le passage. Heureusement, je suis un garçon avisé autant que fidèle. J'ai du cœur et de l'esprit. Je vous ai planté une grande échelle au pied de ce mur et me voici en deux sauts.

LE POÈTE.

A merveille! l'histoire paraît vraisemblable et s'expose naturellement. Tout me fait présumer un dénoûment heureux.

PASCARIEL.

Indiquez-moi d'abord où je trouverai mon maître, si vous le connaissez. C'est un grand brun, bien fait, l'œil bleu, le nez de travers et une verrue sur la joue.

LE POÈTE.

Soignez votre style surtout. Ne vous intimidez pas. Bonjour. (Il sort.)

SCÈNE III

PASCARIEL, seul

Je suis bien bon d'écouter ce vieux drôle. On me croirait plus fou que lui à la façon dont il me turlupine, lui et ses râcleurs enragés. Il ne peut être permis à des visionnaires de berner de la sorte un homme dans son bon sens. Au surplus je ne sais pas bien si ces gens-ci sont aussi fous qu'on le dit et pourquoi ce n'est pas plutôt nous qu'on enferme? Enfin, si je ne suis pas encore fou il y a bien ici de quoi le devenir. Voici là-bas des gens qui m'ont l'air d'être aussi bien malades. Puissé-je voir mon maître parmi eux, que dis-je? le voilà! hélas! comme il m'en va coûter de l'aborder et de lui trouver la cervelle, qui fit autrefois l'admiration des sages de son siècle, aussi bouleversée que celle de ces messieurs.

SCÈNE IV

PASCARIEL, SCHABRAQUE.

PASCARIEL.

Ah! sans doute, il ne va point me reconnaître! comme c'est douloureux pour un fidèle serviteur comme moi! Monsieur!

SCHABRAQUE.

Qui m'appelle?

PASCARIEL.

C'est moi, votre valet, votre pauvre Pascariel?

SCHABRAQUE.

Ah! c'est toi, mon ami, eh! bonjour et que c'est bien à toi de m'être venu voir.

PASCARIEL.

C'est moi, s'il vous en souvient, qui vous habille le matin chez monsieur votre père et qui suis votre confident. Me reconnaissez-vous bien?

SCHABRAQUE.

Allons donc, tu te moques, je crois, ou tu deviens fou. Je ne te connais que trop. Faut-il décrocher ma cravache pour t'en faire apercevoir.

PASCARIEL.

Cela est inutile. (A part.) Il me paraît plus raisonable que je ne l'espérais.

SCHABRAQUE.

Ah! mon cher Pascariel, que j'avais hâte de te conter les divers contre-temps dont m'accable coup sur coup la fortune ennemie.

PASCARIEL.

Hélas! je sais tout, monsieur!

SCHABRAQUE.

Non, tu ne sais pas ce que je souffre ici. C'est à ne pouvoir dire, c'est à ne pouvoir croire. Je suis la victime d'un abominable complot. Conçois-tu? à mon âge, dans ma condition, enlevé, garrotté, enfermé, privé d'air et de pain, de mes biens et de mes amis. Il n'y a donc plus de justice. Le vol, le rapt, l'assassinat sont donc tolérés.

PASCARIEL.

C'est vrai, au moins, ce que vous dites là.

SCHABRAQUE.

Ils ont dit que j'étais fou, les misérables ! mais c'est un horrible prétexte ! c'est un piége infernal ! Il suffit de dire qu'un homme est fou pour le piller et détruire à son aise. Comment se défendra-t-il ? Qui le croira ? Tu me connais, enfin, toi, Pascariel, suis-je fou ? Ce que je dis là est-il déraisonnable ? Fais-je des extravagances ? Ne sais-je pas bien que tu es, toi, Pascariel mon valet, et que je suis, moi, le capitaine Schabraque ? Mon esprit et mes yeux n'ont-ils pas toute leur netteté ?

PASCARIEL.

Mais oui vraiment ! vous m'étonnez.

SCHABRAQUE.

Veux-tu que je te rapporte ce que j'ai fait il y a un mois, il y a un an, il y a dix ans ? faut-il te rappeler la dernière journée que nous avons passée ensemble, et comment nous allâmes nous promener à l'esplanade, et quel cheval je montais, et de quelle couleur était mon harnais ? Ma mémoire te semble-t-elle obscurcie ?

PASCARIEL.

Voilà qui me confond. Je ne le trouve point changé du tout.

SCHABRAQUE.

Veux-tu que je raisonne sur une matière à ton choix ? Donne-moi un problème, un point de controverse, un dogme théologique, un sujet de conversation. Veux-tu que je t'explique le système planétaire, la généalogie des rois d'Espagne, le mouvement des marées, les révolutions du bas-empire ?

PASCARIEL.

En quoi trouve-t-on que cet homme ait le cerveau dérangé ?

SCHABRAQUE.

Donne-moi une plume, donne-moi du charbon ; je te démontrerai comment la somme des trois angles d'un triangle est égale à deux angles droits, comment la dilatation est l'augmentation du volume d'un corps dans toutes ses dimensions par l'accumulation du calorique entre ses molécules.

PASCARIEL.

Je vous crois, je vous crois, mon cher maître, et vous ne m'avez jamais paru si savant.

SCHABRAQUE.

Aimes-tu mieux que je te parle de la précession des équinoxes et de l'appareil électromoteur ?

PASCARIEL.

Non, cela me suffit, je suis convaincu.

SCHABRAQUE.

Te semble-t-il préférable d'ouïr nombrer les corps métalliques et les métaux alcalins ?

PASCARIEL.

Il n'en est pas besoin.

SCHABRAQUE.

Voyons, toi-même, Pascariel, regarde-moi face à face, suis-je fou ? Où le vois-tu ! où le sens-tu ? Qu'y-a-t-il dans mes yeux, dans ma voix, dans mon geste, dans ma contenance ? que dis-je ? que fais-je ? qu'ai-je en ma personne et en mon esprit de plus ou de moins que toi ?

PASCARIEL.

En vérité, vous me confondez : ou vous êtes aussi sage que moi, ou je suis aussi fou que vous.

SCHABRAQUE.

Eh bien, le croirais-tu ? soupçonnerais-tu de pareils attentats ? C'est mon oncle lui-même qui m'a réduit où tu me vois parce que j'avais des biens, parce qu'il les convoitait, parce qu'il me rendait compte de mon patrimoine. On m'a enlevé la nuit, dans un carrosse fermé, entouré de maréchaussée comme un voleur, comme un assassin, on m'a caché au monde entier, on étouffe mes cris, je suis à moitié vêtu, tu le vois? (Il pleure.) De l'eau! du pain noir! — J'ai faim, j'ai froid dans cette maison.

PASCARIEL, pleurant.

Hélas! mon pauvre maître, vous me fendez le cœur! quel tissu d'iniquités! ô ciel! ô bonté divine!

SCHABRAQUE, riant.

Du reste, j'ai des compagnons si divertissants, qu'il y a de quoi crever de rire. Ces pauvre fous donnent dans le travers les plus extravagans. Imagine d'abord un homme qui se fâche sans cesse de ce que son ombre le suit partout.

PASCARIEL, riant.

Bah! oui-dà! ô le plaisant original!

SCHABRAQUE, pleurant.

Ah! Pascariel, quelle misère en cet horrible endroit et qu'il est triste de voir l'intelligence ravalée au-dessous de la bête! Il y a ici des pères de famille qui se roulent nu-pieds, hagards, furieux, sur les dalles de leurs loges, et leurs femmes leur amènent en pleurant de petits enfants réduits à mendier et qu'ils ne connaissent point; cela fait frémir à voir.

PASCARIEL, pleurant.

Ah! c'est qu'en effet c'est une chose bien douloureuse.

SCHABRAQUE, riant.

Il en est un autre qui s'imagine que son nez va tomber et qui se le cogne patiemment à grands coups de poings pour se l'enfoncer plus avant dans la tête.

PASCARIEL, riant.

Ah! sur ma foi! voilà qui est bien drôle.

SCHABRAQUE, pleurant.

Mais, hélas! je ne suis pas ici la seule victime des basses passions des hommes. Ceci est une prison aussi bien qu'un hôpital. Quelques-uns de ces fous ne sont pas plus fous que moi. Ce sont des neveux, des pupilles, des cadets de bonne maison que d'exécrables parents ont réussi à faire rayer du nombre des vivants, comme moi. Nous vois-tu, nous autres jeunes gens de famille, autrefois bien nourris, bien vêtus et donnant la mode à la ville, sur la paille à présent, sous des verrous, bâtonnés par un geôlier, sans recours, sans espoir, comme si nous étions chargés d'un crime abominable, comme si le bourreau nous avait flétris en place publique, comme si l'on nous avait cloués dans notre bière et descendus à six pieds sous terre?

PASCARIEL, pleurant.

Arrêtez, arrêtez, mon cher maître, je me sens fondre en eau.

SCHABRAQUE, souriant.

Mais ne te désole pas tant, mon ami; tout ceci n'est pour moi qu'amusettes, et je songe à bien autre chose.

PASCARIEL.

Bon! qu'est-ce maintenant?

SCHABRAQUE.

Je suis homme à sortir de pas plus difficiles, et l'on ne me mènera pas où l'on pense bien.

PASCARIEL.

Oui-dà.

SCHABRAQUE.

Écoute. Parmi ces prétendus fous dont je te parlais, nous avons ici le roi de Circassie, qui est venu en Europe étudier la sagesse et les mœurs des peuples divers. Nous nous sommes liés d'amitié. C'est un homme dur et tyrannique. Tu sais combien j'étais mal en cour autrefois. L'ambition me creusait les joues et me rongeait le cœur. J'ai consumé ma jeunesse pour quelques piètres faveurs. J'ai trouvé ici un royaume.

PASCARIEL.

Un royaume! pour qui? pour vous! Ici!

SCHABRAQUE.

Tu t'ébahis et tu t'inquiètes, et voilà que tu vas croire à présent que je suis un fou comme tu es un sot!

PASCARIEL.

Oh! pour cela non, monsieur, c'est fini. Je voudrais n'être pas plus sot que vous n'êtes fou.

14.

SCHABRAQUE.

Écoute encore, alors. Je veux régner à la place du roi. Ses ministres l'accompagnent et je les ai gagnés. Des proclamations ont déjà répandu mon nom et mes titres. J'échauffe doucement la foule mécontente. Le baron de Trastullo, qui demeure là, au n° 5, m'a promis cent hommes à lui pour le premier mouvement. L'électeur de Saxe, qui est mon voisin, m'accompagne jusqu'à la mer Noire avec trois mille lansquenets. Le vice-roi des Indes que voilà là-bas, m'équipe une flotte. Ils y sont tous intéressés, puisque je les délivre. Au premier signal nous déposons le roi, je mets le feu à la maison, et nous nous mettons en marche.

PASCARIEL.

Mais, monsieur, on appellera le guet, et que pensera de tout ceci le commissaire? C'est une grave équipée.

SCHABRAQUE.

Ah çà, tu bredouilles, tu extravagues, tu bats la campagne. Ne vois-tu pas que notre gouvernement n'a qu'à gagner en tout ceci, puisqu'il se voit débarrassé de ce monarque qu'il retenait ici de son mieux, et qu'au surplus il s'en lave les mains et s'en soucie autant que de cela. (Il donne une chiquenaude à Pascariel.)

PASCARIEL.

Ah! c'est fort différent. Expliquez-vous. Vous savez que je ne me suis jamais entendu aux choses de la politique.

SCHABRAQUE.

Seulement, il me faut ici quelqu'un, et je ne me puis confier qu'à toi pour certains détails d'importance. Il faudrait me trouver une paire de manchettes assez galantes pour le jour de la cérémonie, et puis je n'ai point de pommade à cirer la moustache. Tu me serais fort nécessaire. Tu m'es dévoué, n'est-ce pas?

PASCARIEL.

Oh! mon maître, en pouvez-vous douter?... J'ai franchi tantôt ce grand mur pour vous rejoindre, car on ne voulait point.

SCHABRAQUE.

Or çà, fais un dernier sacrifice. Tu as suivi jusqu'alors ma fortune ; tu la partageras. Viens me servir ici.

PASCARIEL.

Je ne vous abandonnerai jamais dans la bonne ou mauvaise fortune.

SCHABRAQUE.

Embrasse-moi.

PASCARIEL.

Vous comblez de joie votre serviteur. Il faut cependant que je retourne chez M. votre oncle rendre compte de mon message.

SCHABRAQUE.

Va-t'en donc et reviens. (Il sort.)

SCÈNE V

PASCARIEL.

Çà, recueillons-nous et courons répandre par toute la ville les abominations que je viens d'aprendre ici. Voyons, que je n'oublie rien de cet entretien important. Le cas est compliqué pour une cervelle comme la mienne. *Primò*, mon maître qu'on enferme comme s'il était fou ; *secundò*, le roi de Circassie ; *tertiò*, le vice-roi des Indes. — Ah ! d'abord les manchettes. — Les proclamations, la marche sur la mer Noire, la flotte, mon échelle pour rentrer ici, les lansquenets, l'électeur, la révolte, l'incendie. Je n'ai pas bien saisi le plan de l'intrigue. Il faut que j'achète de la cire à moustaches, après quoi je reviens. Allons-nous-en d'abord. Je me sens bourdonner à l'oreille les fronfrons de ces musiciens qui n'auraient qu'à revenir pour achever de me troubler l'esprit. — Çà, le tour est joué ; maintenant, je ne me cache plus. Je suis entré par la fenêtre, il faudra bien que l'on m'ouvre la porte. On défend d'entrer, mais non de sortir. Je ne suis pas fâché d'ailleurs d'humilier ces gardiens par le récit de mon espiéglerie et de leur faire voir combien il sert peu de tirer les verrous au nez d'un valet de ma sorte. Voici un de ces argousins, je n'ai qu'à me nommer.

SCÈNE VI

PASCARIEL, LE GARDIEN.

PASCARIEL.

Serviteur, monsieur. Il feint de ne pas me voir. Monsieur, votre valet. — Baste? ces gens-là ne connaissent pas les cérémonies. — Ma foi! monsieur, vous devez être surpris de me voir céans; j'y suis venu un peu malgré vous, il est vrai, mais je n'y ai plus affaire, et je vous prie de me mettre dehors.

LE GARDIEN.

Qui est-ce qui vous a permis de sortir de votre loge?

PASCARIEL.

D'entrer, vous voulez dire? Je vous demande, au contraire, à sortir de cette maison.

LE GARDIEN.

Allons, morbleu! point de balivernes. Vous savez qu'il n'est pas permis d'errer dans les cours. Je vais vous cadenasser de la bonne façon.

PASCARIEL.

Un instant, monsieur. Croyez-vous donc parler à l'un de vos idiots? Je me nomme Pascariel, valet du seigneur Schabraque, que vous devez connaître, et je vous somme de me laisser sortir, ou sinon je crie à l'aide.

LE GARDIEN.

Et moi, je me nomme frère Côme, gardien de votre seigneurie, que vous devez connaître aussi, et je vous somme de rentrer à l'instant dans votre loge, ou sinon je vous frotte les épaules de ce nerf de bœuf que vous connaissez encore.

PASCARIEL.

Mais c'est un guet-apens, c'est un trébuchet que cet endroit-ci. A l'aide! au meurtre!

LE GARDIEN.

Ah! vous faites le méchant et vous osez sortir au grand air dans l'état où vous êtes, au milieu d'un accès. (Il lui donne des coups de bâton.)

PASCARIEL.

Eh! eh! doucement; ahi, ahi! vous m'assommez.

LE GARDIEN.

Soyez donc calme, et marchez devant moi. Vous savez qu'il m'en coûte d'être sévère.

PASCARIEL.

Mais, monsieur, vous vous méprenez. Je ne suis pas fou, que diable!

LE GARDIEN.

Allons, vous ne voulez pas être raisonnable. (Il lève le bâton.)

PASCARIEL.

Arrêtez donc, arrêtez. Je ne suis que trop raisonnable. C'est-à-dire que vous voudriez que je fusse fou. Je ne le suis point, morbleu! O malheureux Pascariel! Que faire? Quel expédient? Ah! tenez, monsieur! je suis sauvé, j'ai sur moi une lettre qui me tire d'affaire. Vous saurez qui je suis. Une lettre de M. le baron que je devais remettre au maître de cette maison, au sujet de mon maître. Lisez, monsieur. (Il tire une lettre de sa poche.)

LE GARDIEN.

Eh bien, voyons, donnez. On n'y saurait mettre trop de complaisance avec des gens comme vous. (Il lit.)

PASCARIEL.

Parbleu! il est encore heureux que j'aie gardé ce poulet. Je ne sais pas comment je n'y ai pas songé plus tôt. Peste! la méprise était bonne, et vous n'y alliez pas de main morte. Vous m'auriez traité comme un enragé. Je ris de la frayeur que vous m'avez faite. Lisez, monsieur, et apprenez votre métier.

LE GARDIEN, lisant.

« Je vous recommande de nouveau l'homme que je vous ai

envoyé ces jours-ci. Tenez-le bien. Les médecins nous ont fait espérer qu'une grande sévérité à l'endroit de ses lubies pourrait le ramener à lui. Vous savez que ses plus violents accès lui viennent de ce qu'il se croit sain. N'épargnez aucuns moyens, quelque durs qu'ils soient, et comptez que nous vous en saurons gré s'ils peuvent contribuer à sa guérison. »

PASCARIEL.

Vous voyez, ceci explique tout. Une autre fois, soyez plus circonspect. Pourtant, je ne vous en veux pas. Ne vous excusez point et laissez-moi m'en aller au plus vite.

LE GARDIEN.

Si vraiment ! Je vois maintenant à qui j'ai affaire, et je vous prie d'excuser...

PASCARIEL.

Il n'en vaut pas la peine.

LE GARDIEN.

Je ne vous traitais pas comme j'aurais dû.

PASCARIEL.

Chacun se peut tromper.

LE GARDIEN.

Je ne veux pas que vous preniez méchante opinion de moi.

PASCARIEL.

Il suffit, je suis pressé.

LE GARDIEN.

J'ai eu de grands torts à votre égard.

PASCARIEL.

C'est bon, c'est bon.

LE GARDIEN.

Permettez-moi...

PASCARIEL.

Non pas.

LE GARDIEN.

De les réparer.

PASCARIEL.

Je n'en ferai rien.

LE GARDIEN.
De grâce.
PASCARIEL.
Assez.
LE GARDIEN.
Souffrez.
PASCARIEL.
Laissez cela.
LE GARDIEN.
Mais si.
PASCARIEL.
Mais non.
LE GARDIEN.
Mais si, et tenez, mon ami, (Il le frappe à tour de bras.) tenez, mon cher monsieur, voici pour m'acquitter comme il convient.

PASCARIEL.
Hé ! hé ! holà ! Quoi, encore ? Le traître, le bourreau !
LE GARDIEN.
J'agis comme j'aurais dû faire et comme on m'en prie là-dedans. Je m'en vais maintenant vous mettre en lieu plus sûr et plus accommodé à votre position.

PASCARIEL.
Quoi ! vous avez le front de prendre encore le change ! Ah ! tenez, à la fin, vous êtes un fourbe et un coupe-jarret. Mon maître avait bien raison. Je m'en assure à mes dépens. C'est ainsi que vous enterrez vivants ici des gens que vous faites passer pour fous. On connaît vos façons.

LE GARDIEN.
On connaît aussi les vôtres et l'on n'en finirait pas si l'on se laissait rompre la tête par les billevesées qui poussent dans les vôtres.

PASCARIEL.
Oui, vous tenez ici enfermés des personnages qui ne le méritent point : et d'abord le seigneur Schabraque qui vous en remontrera, et puis ce malheureux monarque de Circassie

et ce pauvre électeur de Saxe, sans compter cet infortuné neveu du vice-roi des Indes. O nobles inconnus, faut-il que j'en sois réduit à partager votre triste destinée !

LE GARDIEN.

A la bonne heure ! voilà comme je vous aime. Divaguons franchement. Pauvre cher homme ! il n'est pas fou, il est fort réfléchi, seulement il a vu par ici quelque roi de Circassie.

PASCARIEL.

Non, certes, je ne suis pas fou, je le ferai bien voir. Je m'appelle Pascariel. Je suis entré par-dessus le mur que voici et je portais la lettre que voilà au maître de céans. Vous ne viendrez pas à bout de moi.

LE GARDIEN.

Holà, doucement, nous avons une méthode à l'usage des gens comme vous ; vous n'êtes pas fou ?

PASCARIEL.

Eh non, mille fois non, et je veux faire tapage.

LE GARDIEN, lui donnant des coups de bâton.

Voici donc nos potions pour les sujets qui se portent bien.

PASCARIEL.

Hé ! un instant, je suis tout ce qu'il vous plaira. J'aime encore mieux qu'on me laisse pour fou que pour mort.

LE GARDIEN.

Soyez donc traitable. Nous ne voulons que votre bien. Croyez-vous que ce soit pour notre plaisir que nous vous retenons ?

PASCARIEL.

Croyez-vous donc que ce soit pour le mien ?

LE GARDIEN.

Sans doute, on vous guérira et vous nous en saurez gré. Voyons, de la patience. Vous n'êtes pas fou si vous voulez, du moins pas très-fou. Il y a ici à côté des hydrophobes. Ce que vous avez est peu de chose. On vous mettra quelque peu tremper dans la glace, et tout ira pour le mieux du monde.

PASCARIEL.

Vous badinez. Je n'ai rien du tout. Je n'ai besoin que d'exercice et de déjeuner.

LE GARDIEN.

Là, voilà que cela vous reprend.

PASCARIEL.

Qu'est-ce donc qui me reprend ? Qu'est-ce que je dis donc d'extravagant ? Vous êtes fou vous-même. Vous voulez que je me laisse mettre à la glace comme une cruche. Non, morbleu, je crierai par-dessus les toits. Hé ! hé ! au secours ! à l'aide ! je ne suis pas fou !

LE GARDIEN, le frappant plus fort.

Ah ! vous n'êtes pas raisonnable.

PASCARIEL.

Eh ! si fait. Oui-dà, je suis un bien grand fou, fou à lier. Je suis maniaque, je suis idiot, je suis furieux, j'écume, je grince, j'enrage. Tenez, je danse à cette heure... tra deri dera deri dera ! Tenez, ce saut, tenez, cette gambade ! Mon cerveau est extrêmement dérangé.

LE GARDIEN.

A la bonne heure ! Entendez raison. Pourquoi me forcez-vous à être sévère ? Vous savez ce qu'il m'en coûte. Je ne demande pas mieux que de vous être agréable. Je vous plains déjà de reste, pauvres gens ! —Vous êtes dans un assez méchant moment. Tenez-vous tranquille. Je vais vous mettre entre les mains des médecins qui viennent.

PASCARIEL.

Les médecins ! je suis sauvé.

SCÈNE VII

Les Mêmes, MORTELABIA, LABIAMORTE, deux Garçons apothicaires.

LE GARDIEN.

Hâtez-vous, docteurs, il y a par ici un homme qui a grand

besoin de vos lumières. Il est de la pire espèce, j'entends de ceux qui ne croient pas à leur mal.

PASCARIEL.

J'entends qu'il y a ici un butor qui a plus besoin de vous que moi, et que vous ferez bien de mettre sous clé à ma place, pour peu que vous ayez le sens commun.

LE GARDIEN.

Vous l'entendez.

MORTELABIA.

Amenez-nous le sujet, et surtout qu'on le tienne.

PASCARIEL.

N'ayez pas peur, messieurs, et surtout écoutez-moi, je vous en prie. Je suis venu en cette maison par aventure. Je suis affligé de toutes mes facultés. Vous verrez cela d'un coup d'œil et me vengerez de ce traître qui me rend fou à coups de trique.

LABIAMORTE.

Pouls agité, parole rapide, salive épaisse, langue chargée, propos vagues et sans suite, compression du cervelet à la paroi gauche. C'est un imbécile.

PASCARIEL.

Imbécile vous-même !

MORTELABIA.

Je ne suis point de l'avis de mon confrère.

PASCARIEL.

Ah ! parlez-moi de celui-ci.

MORTELABIA.

Propos vagues et sans suite, langue chargée, salive épaisse, parole rapide, pouls agité, compression du cervelet à la paroi droite. C'est un enragé.

PASCARIEL.

A l'autre maintenant. Je ne suis ni imbécile ni enragé, et vous, messieurs, vous êtes deux ânes ou deux fripons qui vous entendez avec ce bourreau.

MORTELABIA.

Le sujet s'échauffe, la poitrine s'oppresse, l'œil s'anime,

les muscles se tendent. On lui jettera sur la tête, coup sur coup et brusquement, douze seaux d'eau glacée.

PASCARIEL.
Que toutes les gouttières de la ville te les puissent rendre, animal.

MORTELABIA.
Je ne suis point de l'avis de mon confrère.

PASCARIEL.
A la bonne heure ! Voyons cet autre.

LABIAMORTE.
Les muscles se tendent, l'œil s'anime, la poitrine s'oppresse, le sujet s'échauffe. On lui jettera sur la tête, coup sur coup et brusquement, douze seaux d'eau bouillante.

PASCARIEL.
Que le diable te cuise dans sa chaudière ! Ah çà, rêvé-je ! Pourquoi suis-je ici ? Et que font ces hommes autour de moi ? Sont-ce des médecins et moi suis-je malade ou ne suis-je pas plus malade qu'ils ne sont capables de me guérir ? Est-il bien vrai que je sois fou ?

LE GARDIEN.
Et dangereusement, si vous avez entendu ce qu'ont dit ces docteurs vénérables.

PASCARIEL.
Hélas ! ce n'est donc que depuis bien peu de temps. Je savais bien que vous finiriez par me tourner la tête. Mais non, morbleu ! il ne se peut pas que Pascariel, le flambeau de ce siècle, la fleur de son quartier, soit devenu tout à coup aussi sot qu'il vous plaît à dire. Je me sens bien, que diable ! et je sens bien aussi sur mes épaules les traitements benins de monsieur. Voilà bien mon pourpoint, voici bien mes chausses, et voilà bien devant moi les quatre oisons les plus funestes qui se puissent voir. A moi, seigneur Schabraque ! au meurtre !

MORTELABIA.
Les veines se gonflent, les lèvres bleuissent, le cœur palpite, la crise est suprême. Il y aura congestion au cerveau,

ou apoplexie ou catalepsie. Le sujet n'a qu'une heure à vivre si l'on n'administre aussitôt les réfrigérants.

LE GARDIEN.

Hélas! pauvre jeune homme, quel dommage! si jeune encore et d'une si heureuse physionomie!

PASCARIEL.

Eh! monsieur, je suis donc bien mal. Il n'y a vraiment point de ma faute. (On l'inonde d'eau froide.) Eh! holà! ahi! ahi! je e e e suis i i transi i, oh! oh! oh! quel frrrrrisson on on! je e e e e perds connais é é san an an ce, eh! eh! eh! je e e e suis hi! hi! guéri, hi! hi! hi!

LABIAMORTE.

Les joues se décolorent, les extrémités blanchissent, la gorge se contracte. Il y aura paralysie, ou phthisie catarrhale, ou étisie. Le malade est perdu si l'on ne recourt aux toniques.

LE GARDIEN.

Ah! chère créature du bon Dieu! Puisse-t-il en réchapper, je me sens tout ému.

PASCARIEL.

Faites donc votre possible pour me tirer de là, s'il est vrai que je sois si bas. Je ne sentais rien. J'ai donc la tête bien dérangée. (On lui verse de l'eau bouillante.) Eh! houp! oh! fich... pes... dia... oh! la la la la, je cuis, je pèle, je... quelle légion de diables!

LABIAMORTE.

Tenez-le maintenant chaudement.

MORTELABIA.

Mettez-le au frais s'il se peut.

LE GARDIEN.

Du repos surtout et tout ira bien. Il est déjà plus calme. Venez, mon pauvre homme. Oui, nous vous sauverons. Vous n'êtes pas si malade qu'on le dit. Je vous trouve déjà plus raisonnable. — Il faut un peu flatter ses visions.

PASCARIEL.

Vous me cachez la vérité, je le vois.

LE GARDIEN.

Non pas, je vous jure, cela va mieux.

PASCARIEL.

Vous me trompez sur mon état. C'est bien à vous. Je me sens fort troublé. Il faut que j'extravague assurément, car il ne saurait arriver tant d'étranges et misérables aventures dans la matinée d'un homme de bon sens. J'espère que cela n'est point réel, et que vos visages, ô messieurs, n'existent point. Mais du moins, pour dernière faveur, envoyez-moi chercher le seigneur Pantalon qui demeure ici près, et selon ce qu'il pensera de ceci, lui qui me connaît, je me résignerai à mon sort.

LE GARDIEN.

Je m'en vais le mander, si messieurs les docteurs n'y voient point d'inconvénient. (Il sort.)

MORTELABIA.

Comment vous trouvez-vous ?

PASCARIEL.

J'ai les reins tout roussis.

MORTELABIA.

Il ne fallait point de chaud.

LABIAMORTE.

Comment cela va-t-il ?

PASCARIEL.

J'ai l'estomac gelé.

LABIAMORTE.

Il ne fallait point de froid.

SCÈNE VIII

Les Mêmes, PANTALON.

LE GARDIEN.

Seigneur, c'est un pauvre homme que nous traitons ici d'un égarement d'esprit et qui a voulu vous voir. Il prétend n'être pas fou ; ne le contrariez pas.

PANTALON.

Quoi! c'est Pascariel!

PASCARIEL.

Oui, c'est moi, mon cher Pantalon. Je te reconnais, tu me reconnais. Je reviens à moi. Je ne suis pas fou. Tire-moi des griffes de ces messieurs qui m'échaudent ici sous de vains prétextes. Viens, que je te saute au cou.

PANTALON.

Doucement, doucement!

LE GARDIEN.

Approchez, il n'est pas méchant; il ne vous fera point de mal.

PASCARIEL.

Quoi! tu hésites aussi, toi, mon ami. M'as-tu oublié! Viens, enfuyons-nous. Je te conterai tous les maléfices de cet établissement. Tu vois d'abord qu'on m'y veut retenir, moi qui me porte bien; on y retient aussi mon maître, le capitaine Schabraque.

PANTALON.

Mais, mon ami, le seigneur Schabraque avait perdu sa raison.

PASCARIEL.

Quoi! le seigneur Schabraque fou! tu t'es laissé séduire à leurs perfidies. Passe encore celui-là. Mais le roi de Circassie qui gémit ici dans un cachot, mais le vice-roi des Indes, ou du moins son neveu qu'on tient en charte privée, mais cet innocent électeur de Saxe, ils ne sont pas plus fous que toi et moi.

PANTALON, pleurant.

Hélas! pauvre Pascariel.

PASCARIEL.

Ce n'est pas moi seulement qui suis à plaindre, ce sont ces innocentes personnes qui gémissent depuis long-temps. Mais te voilà, nous sommes sauvés.

PANTALON.

Ah! quel désastre! hélas! quel accident! Cher ami! qui aurait dit cela? Un garçon si sensé!

PASCARIEL.

Eh bien ! qu'as-tu donc ?

PANTALON, au gardien.

Y a-t-il long-temps qu'il est dans cet état-là ?

LE GARDIEN.

Si vous l'aviez vu tout à l'heure, c'était bien pis.

PANTALON.

O déplorable aventure! ce que c'est que de nous !

PASCARIEL.

Quoi! tu te moques ! je te semble fou aussi !

PANTALON.

Je ne dis pas cela. Sois tranquille ; laisse-toi soigner. (Au gardien.) Je caresse sa chimère, ayez bien soin de lui.

PASCARIEL, éclatant.

O mon Dieu ! mon Dieu ! je suis donc perdu sans ressource. Je suis enragé !

PANTALON.

Je ne dis pas cela. Il y a remède à tout. — Je me sens pénétré.

PASCARIEL.

Tu m'abuses, tu me caches le pire de mon état.

PANTALON.

Non pas. Cela n'est rien. — Les sanglots me suffoquent.

PASCARIEL.

Mon mal est donc bien avancé puisque tu l'as deviné aussitôt ?

PANTALON.

Je ne dis pas cela. Rassure-toi. — Je n'y tiens plus. O le pauvre garçon !

PASCARIEL.

Pantalon ! Pantalon ! encore un mot !

PANTALON.

Non, je ne puis soutenir un spectacle si pénible. Sois docile et prends courage. Messieurs, je vous le recommande. O catastrophe inattendue! Faible raison humaine ! accident pire que la mort ! (Il sort en pleurant.)

LE GARDIEN, à Pascariel.

Maintenant promenez-vous librement dans la cour avec vos compagnons.

MORTELABIA.

Il faudrait le tenir au chaud.

LABIAMORTE.

Il faudrait le tenir au frais.

LE GARDIEN, à Pascariel.

Promenez-vous dans la cour

SCÈNE IX

PASCARIEL, seul.

Il est certain qu'il se passe en moi ou hors moi quelque chose d'étrange et qui n'est pas sain. Un instant! est-ce bien moi qui viens de faire ce raisonnement qui paraît clair? Surveillons-nous et soyons sévère à mon entendement. Tâtons-nous. Je me promène sur mes deux pieds, mon pourpoint est rayé de jaune et de bleu, le soleil luit là haut, il est à peu près deux heures. Je me suis levé ce matin à six. — Oui, mais, il n'y a peut-être pas un mot de vrai dans tout cela et ce ne sont qu'imaginations de malade. Ah çà, s'il est vrai que je sois fou, n'ayons pas du moins de ces folies sottes et grotesques qui m'ont tant fait rire autrefois. Laissons mon nez à sa place et n'ayons point peur de mon ombre. Oui, mais si ma chimère est de vouloir être moi-même et qu'il n'en soit rien! Cela n'est pas moins risible. Hélas! il ne faut se moquer de personne. A quoi tient, bon Dieu, la raison! Qu'est-ce qui la sépare de la folie et combien de gens seraient aussi bien ici qu'ailleurs! — Pour moi je suis le même que l'an passé. — Ces réflexions sont profondes et difficiles à pousuivre. Asseyons-nous un peu. — Je suis fou, il me doit être permis d'être tout aussi sot que si je jouissais encore de ma raison. — Je voudrais cependant demander conseil à quelqu'un de mes compagnons. En voici deux qui paraissent fort échauffés à causer ensemble. Ce sont des savants, sans doute.

SCÈNE X

PASCARIEL, LE PHILOSOPHE, TRUFALDIN.

LE PHILOSOPHE.

Tous les jours le même phénomène se présente, et si l'esprit humain avait su garder ses premiers germes de bonne morale, le monde eût duré six mille ans de plus et je serais à cette heure le premier marmiton du shah de Perse.

TRUFALDIN.

Mon neveu rentrait tard tous les soirs et faisait cent fredaines, cela lasse à la longue, les gens à barbe grise sont patients, mais tout prend une fin.

LE PHILOSOPHE.

Je me plaindrai à M. le majordome. Je trouve le bouillon trop clair. L'esprit aussi a sa nourriture. Chaque chose en son lieu.

TRUFALDIN.

S'il faut achever de vous convaincre, je n'ai qu'un mot à dire. Est-il vrai que les pois verts se sèment en mai ? c'est à prendre ou à laisser.

LE PHILOSOPHE, vivement.

Parbleu ! qu'un étourneau s'en vienne me dire tout à l'heure que les merveilles de l'univers se peignent dans mon cœur comme en une lanterne magique, et qu'il voit du même coup d'œil les voiles qui sillonnent les mers, la couleuvre qui rampe au fond des abîmes, les neiges qui fondent en frisant les astres, et le lapin qui broute dans la rosée au point du jour, je vous dirai : vous êtes bien fait, mais ce n'est pas vous qui vous êtes fait.

TRUFALDIN, vivement.

Je ne veux point reprocher à un ami un misérable nœud de galons qui ne vaut pas vingt-quatre sous, mais en tout cas c'est une bassesse.

LE PHILOSOPHE, s'emportant.

Il part de là pour nous donner une soupe exécrable. Cela crie vengeance! j'ai trempé ma plume dans ce potage et j'en ai écrit une satire qu'on trouvera amère, je vous en réponds.

TRUFALDIN, s'emportant.

Fuyez, race des hommes, fuyez, impures créatures, je vous déteste, vous êtes des mal-appris, et le plus réservé d'entre vous devrait rougir de ce qu'il fait tous les jours.

LE PHILOSOPHE, furieux.

Ventrebleu! je me servirai du tonnerre comme d'un briquet et je fais éclater les constellations comme une traînée de poudre!

TRUFALDIN, écumant.

M'appeler coquin, moi! un homme que j'ai nourri de chenevis, à qui j'apprenais à chanter.

PASCARIEL.

Tout doux, messieurs! ne vous fâchez point.

LE PHILOSOPHE.

Laissez-moi, c'est indigne!

TRUFALDIN.

C'est un procédé sans pareil.

PASCARIEL.

Ne vous emportez pas.

LE PHILOSOPHE.

Quel est cet homme?

TRUFALDIN.

De quoi vous mêlez-vous!

PASCARIEL.

Je vous vois prêts à vous battre pour peu de chose; il est vrai que vous ne vous entendez guère, mais je ne sais pas sur quoi.

LE PHILOSOPHE.

Il est bouffon!

PASCARIEL.

Hélas! peut-être parliez-vous sensément et peut-être

est-ce moi qui n'ai point compris ? Suis-je donc assez déraisonnable pour faire pitié à des gens comme vous ?

TRUFALDIN.

Il a le nez fort de travers.

PASCARIEL.

Messieurs, de grâce, vous êtes ici en la même qualité que moi. Expliquez-moi ce que vous savez du métier. Que doit faire un honnête fou qui n'a plus l'espoir d'être autre chose ? Êtes-vous aussi fous que moi ou suis-je aussi fou que vous ?

LE PHILOSOPHE.

Écartons-nous, cet homme est pris de vin.

TRUFALDIN, riant aux éclats.

Oh ! oh! oh ! le pauvre sire !

SCÈNE XI

Les Mêmes, LE ROI DE CIRCASSIE, LE DOCTEUR, POPULUS, LE POÈTE, LE JUIF, autres Fous.

PASCARIEL.

Hélas ! hélas ! je suis trop fou ou je ne le suis pas assez car ces gens-là me méprisent. Mêlons-nous à ce groupe et tâchons d'apprendre quelque chose. Mon bon monsieur, pourriez-vous me dire ce que vous portez là dans ce sac ?

LE JUIF.

N'y touchez pas. C'est le langage universel, la clé de toute porte, la source de tout bien. Si vous n'avez pas beaucoup de cette monnaie, vous serez mal ici.

PASCARIEL.

Mais, à ce que je vois, ce sont de petits cailloux.

LE JUIF.

J'en puis faire des trésors et en acheter toutes choses.

PASCARIEL.

Je vous trouve plaisant alors de les garder.

LE DOCTEUR.

N'écoutez pas ce cuistre, mon ami. Je méprise ses cailloux.

c'est une matière vile, j'en donnerais plein le lit d'un fleuve pour une de ces merveilles que voici.

PASCARIEL.

Ce sont, il me semble, des brins d'herbe que vous avez là?

LE DOCTEUR.

C'est une collection unique. J'ai passé ma vie à la faire. J'y rêve nuit et jour. Il n'y a pas un astre au ciel ni une couronne sur terre qui vaillent pour moi ce que vous appelez un brin d'herbe.

LE JUIF.

Hi! hi! hi! le vieux fou!

SCÈNE XII

Les Mêmes, SCHABRAQUE.

SCHABRAQUE.

Ah! te voilà revenu, Pascariel.

PASCARIEL.

Hélas! monsieur, c'est bien malgré moi, ils disent que je suis fou comme vous.

SCHABRAQUE.

Au fait, tu en as l'air. C'est dommage, je ne te croyais pas assez d'esprit pour en perdre.

LE ROI.

Moi, Olibrius, par la grâce du ciel, roi de Circassie et du Clos-Bouget, faisons savoir à tous goujons, brochets, escargots et autres gens de haut et bas vivier, qu'ils aient à se rendre dans le ruisseau des saules entre le pont et le moulin où nous irons pêcher en personne dans l'après-midi. Tel est notre bon plaisir.

SCHABRAQUE, à Pascariel.

Tu vois à quoi s'occupe cet imbécile monarque. Toujours des impôts ou des listes de proscription, du sang ou de l'or! Mais son heure a sonné, nos compagnons sont ici, dans une heure sa couronne tombera avec sa tête et c'est moi qui la ramasserai. Parlons bas.

LE ROI.

Mon cher Schabraque, vous conspirez contre moi, mais je ne veux pas avoir l'air de m'en apercevoir. Vous êtes un drôle et je vais me mettre sur mes gardes.

SCHABRAQUE.

Oui, je te hais, tyran. Tu tiens un rang qui ne convient qu'à moi. Je creuse une mine sous ton trône de parade. En attendant je dissimule et baiserai, s'il le faut, la poudre de tes pieds.

LE ROI.

Est-ce qu'il n'y aurait pas quelque moyen de te casser la tête avant que tes projets fussent mûrs ? Je ne le puis pas ouvertement. Je te nomme mon chambellan, si tu veux.

SCHABRAQUE.

J'ai l'air de te remercier, vil despote ; mais je n'en travaille que mieux à ta perte.

LE ROI.

A mon secours, citoyen. Viens ici, Populus, tu as les bras forts. Donne un soufflet à monsieur.

POPULUS, frappant.

Voilà pour toi, Schabraque.

SCHABRAQUE.

Tu méconnais tes amis, mon garçon ; c'est monsieur qu'il faut gourmer.

POPULUS, frappant.

Voilà pour vous, seigneur.

SCHABRAQUE.

Je suis content de toi.

POPULUS, le frappant encore.

Et moi de vous.

LE POÈTE.

Je n'ai dans l'esprit que satin et dentelles. Mes pensées sont des perles, et je crache des rubis en parlant comme la fille du conte. Je me crée à ma guise des contrées et des femmes qui seraient les plus belles du monde si elles existaient. (A un fou.) Donnez-moi une cuillerée de ce que vous mangez-là.

LE FOU.

Vous êtes bienheureux que ces dames n'existent point, car elles ne sauraient vous voir les chausses si mal tirées. Il vous sied bien de promener le nez dans les astres en traînant à terre des souliers percés.

LE POÈTE.

Vous êtes un sot et je vous méprise.

LE FOU.

S'il ne faut que cela, je vous méprise bien aussi.

UN AUTRE FOU, à Pascariel.

Mais, si je ne me trompe, vous n'êtes pas autre que le mage Sadoch.

PASCARIEL.

Pour vous servir, mon ami.

TOUS.

Adorons Sadoch.

PASCARIEL.

Je vous sais gré de votre courtoisie.

UN FOU.

Ma méthode est de le saluer ainsi. (Il chante.) Lan derira, landerirette! houp la la la.

DEUXIÈME FOU.

Moi, j'ai coutume d'aborder de cette façon. (Il danse et fait des culbutes.)

PASCARIEL.

Voilà qui est réjouissant, et je m'en vais aussi m'en donner tout mon saoul. (Il chante et gambade.) Landerirette... houp la, la, la... Mes pensées sont des perles .. Sadoch, Hénoch, Moloch... la, la, la. Ah! je suis fou; eh bien, lan derira. Ah! je suis libre d'extravaguer, tenez, tenez: la, la, la, la...(Il jette son bonnet en l'air.)

SCHABRAQUE.

Nous avons l'idole, voici la victime.

LE ROI.

O mon Dieu, je veux bien. Si cela vous amuse, égorgez-moi,

SCHABRAQUE.

Après quoi je mets le feu aux quatre coins de la ville.

LES FOUS.

Vive Schabraque !

SCÈNE XIII

Les Mêmes, LE GARDIEN, LE DIRECTEUR, LE BARON.

LE GARDIEN.

Eh ! Dieu me pardonne, je crois que ces marauds vont mettre le feu à la maison. Qui donc a ouvert les grilles ! ils ont tout mis sens dessus dessous. Rentrez, rentrez, vilaines gens. (Il chasse les fous à coups de fouet.)

LE POÈTE.

C'est le dénoûment du destin. (Les fous se retirent.)

LE BARON.

Ce que vous me dites là explique toute l'affaire et c'est mon valet que vous retenez ici comme privé de raison. Je ne m'étonne point qu'il se soit débattu. Le voilà justement. Ici, Pascariel !

PASCARIEL.

Tra la la la !

LE BARON.

Soyez plus respectueux, je viens vous délivrer.

LE DIRECTEUR.

C'est M. le baron, votre maître.

PASCARIEL.

Il peut ressembler à un maître que je puis avoir eu, mais je ne l'assurerais pas.

LE BARON.

Que signifient ces drôleries ? N'êtes-vous pas content de ce que je viens vous chercher ?

PASCARIEL.

Foin ! l'on est bien ici et je veux achever de guérir.

LE DIRECTEUR.

Mais vous êtes fort sain, et l'on s'était trompé.

LE BARON.

Ah ! bon Dieu ! est-ce que la cervelle lui aurait tourné, en effet.

PASCARIEL.

Si je suis fou, vous allez voir — et lan derira la la la houp ! (Il fait des culbutes.)

LE GARDIEN.

Allons donc, vous avez tout le bon sens qu'il vous est permis d'avoir, vous n'êtes pas fou.

LE BARON.

Finissons cette plaisanterie.

PASCARIEL.

Qui vous dit que je ne suis pas fou maintenant ou que j'étais sage autrefois ?

LE BARON.

Je sais un moyen de te rappeler à la raison. (Il le frappe de sa canne.)

PASCARIEL.

Eh ! eh ! eh ! les idées me reviennent. Ma raison dépend décidément de ce procédé.

LE BARON.

Suis-moi donc à la maison, et vous, messieurs, ayez le plus grand soin de mon neveu.

GILLES MAGICIEN

PARADE

GILLES MAGICIEN

PERSONNAGES

LE DOCTEUR.   TRIVELIN.
GILLES.   JACQUELINE.

SCÈNE PREMIÈRE

GILLES, LE DOCTEUR, TRIVELIN.

LE DOCTEUR.

Gilles, mon ami, voici un garçon que je te présente et qui veut faire ta connaissance.

GILLES.

Oh !

TRIVELIN.

Ah !

GILLES.

Trivelin !

TRIVELIN.

Gilles !

GILLES.

Que je baise tes pieds !

TRIVELIN.

Que je serre tes mains.

GILLES.

D'où viens-tu par là ?

TRIVELIN.

Que fais-tu par ici ?

GILLES.

Ce cher coquin !

TRIVELIN.

Ce doux maroufle! (Ils s'embrassent à plusieurs reprises.)

LE DOCTEUR.

Voilà qui va le mieux du monde et je suis heureux que vous soyez déjà si tendrement liés. Gilles, mon ami, je prends Trivelin à mon service; vous ne pouviez suffire, toi et Jacqueline, aux soins de ma maison. Tu avais les chambres et l'antichambre, Trivelin aura l'office et les commissions en ville. J'espère que vous continuerez de vivre en bonne intelligence et que tout n'en ira que mieux. Cela te convient-il ?

TRIVELIN.

Il est impossible que nous ne soyons pas d'accord, d'anciens amis comme nous! N'est-ce pas, Gilles, nous nous chérissions fort ?

GILLES.

Je ne dis pas que non... Cependant, monsieur le docteur, je me mêlais assez bien de l'office.

LE DOCTEUR.

Cela est vrai, mais tu y prenais trop de peine; ce garçon qui m'a l'air vif te remplacera. Je compte qu'en bon camarade tu le mettras au fait de la besogne.

TRIVELIN.

Il n'y saurait manquer. Je suis comme son frère, et si je ne le suis pas tout à fait, c'est qu'il n'a pas tenu à lui. N'est-il pas vrai, mon brave, mon vieux, mon charmant compagnon !

GILLES.

Il se pourrait... Mais, monsieur le docteur, la besogne est rude et il faut bon pied bon œil.

LE DOCTEUR.

Eh bien, Trivelin a tout ce qu'il faut. On m'en a dit grand bien et que ne fait pas mentir sa figure.

TRIVELIN.

Gilles m'a dit cela cent fois et vous le redira de même. Il me connaît, d'ailleurs.

GILLES.

Je ne dis pas le contraire... Pourtant, monsieur le docteur, si je n'avais pas une longue habitude du service, je n'en viendrais point à bout.

LE DOCTEUR.

Bien. C'est cette habitude qu'il lui faut donner; tu l'aideras de tes conseils. C'est une affaire conclue. Je m'en vais en ville voir mes malades. Je vous laisse tous deux... A propos, qu'on ne fasse entrer personne; j'ai ici des papiers précieux. Vous ne serez pas trop de deux pour maintenir tout en ordre. Surtout, Gilles, je te recommande là-haut mon laboratoire. Tu as la clé, n'y laisse entrer personne, n'y entre pas toi-même. Il pourrait arriver de grands malheurs; j'ai des opérations secrètes en train. Je demeurerai long-temps dehors. C'est fort désagréable. Enfin, je vous répète toutes les recommandations du monde. Soyez sages, gentils, discrets. Prenez soin de mes meubles. Vous serez contents de moi, si je le suis de vous.

GILLES.

Soyez tranquille, monsieur le docteur.

TRIVELIN.

Monsieur le docteur, allez en paix.

GILLES.

Je prends tout sur moi.

TRIVELIN.

Je réponds de tout.

LE DOCTEUR.

Surtout ma bibliothèque.

GILLES.

J'aurai l'œil dessus.

LE DOCTEUR.

Mes instruments.

TRIVELIN.

Je les prends sous ma garde.

LE DOCTEUR.

Mes boîtes, mes onguents, mes bocaux...

GILLES.

Je m'en charge.

TRIVELIN.

Fiez-vous à moi.

SCÈNE II

TRIVELIN, GILLES.

TRIVELIN.

Parbleu ! mon ami Gilles, je suis charmé de me retrouver avec toi au service d'un même maître.

GILLES

Bien obligé.

TRIVELIN.

Il n'est rien tel que deux amis comme nous pour s'entendre...

GILLES.

Comme larrons en foire, veux-tu dire ; je te préviens que je me suis converti.

TRIVELIN.

Conte-moi donc comment cela s'est fait, et ce que tu es devenu depuis ta sortie de chez Covielle.

GILLES.

Cela serait long et je n'ai pas le temps. Mais toi-même, qu'as-tu fait en quittant la geôle où l'on t'avait mis ?

TRIVELIN.

Ah ! tu sais... des malheurs ! un aubergiste qui fit saisir nos malles à la foire de Tarascon ! Depuis, ma foi, j'ai couru le monde. J'entrai d'abord chez le seigneur Statukelli qui montrait des figures de cire et me fit remplacer quelques-uns de ses sujets qui s'étaient fondus dans les caisses par une chaude journée de marche. Il me renvoya pour avoir éternué sous le manteau du roi Hérode, un jour que les curieux admiraient combien ma chair ressemblait à de la chair et mes yeux à des yeux; on trouva seulement que j'éternuais trop aussi à la façon des autres mortels.

GILLES.

Après ?

TRIVELIN.

Après! Je passai chez Bruscambille, le malheureux Bruscambille, qui se vit forcé, faute d'aliments, d'empailler sa ménagerie tout entière pour la conserver. On m'offrit de m'empailler aussi. Je refusai cette sorte de nourriture.

GILLES.

Ensuite ?

TRIVELIN.

Ensuite, j'entrai dans la troupe de Mezzetin et nous courûmes toutes les villes de l'Europe. Nous fûmes fort applaudis à Astrakan. On me jeta une pluie de bouquets, dont j'ai conservé quelque orgueil et cette balafre que tu me vois au-dessus de l'œil droit. Le coup était d'un enthousiaste. J'en restai six mois au lit.

GILLES.

Et puis ?

TRIVELIN.

Et puis, ma foi! dégoûté du monde, poussé par l'appétit, détestant les hommes, je me mis à les tuer. Je vendis de l'orviétan.

GILLES.

Ah! fi donc!

TRIVELIN

Ne t'alarme pas. Ma conscience se révolta bientôt. J'eus pitié de mes frères, et résolus de les tuer plus honnêtement. Je me fis spadassin et m'enrôlai dans la bande du fameux Spadabra.

GILLES.

Oh! qu'est-ce que j'entends? Quoi! tu tuais les gens?

TRIVELIN.

Que veux-tu! Il faut que tout le monde vive. Je serais mort de faim. Plains-moi surtout, moi qui suis né débonnaire. Je n'ai pas fait d'ailleurs tout le mal que l'on croit. La première fois qu'on me mit en embuscade, je m'arrangeai si charitablement que le seigneur que je devais tuer me roua de coups de canne.

GILLES.

Quel horrible métier!

TRIVELIN.

C'est vrai, je fus bien coupable et m'en repentirai toute ma vie. Une autre fois, un capitaine que j'attaquais me jeta la tête la première dans un canal qui coulait tout près.

GILLES.

Je ne t'aurais jamais cru si scélérat.

TRIVELIN.

Hélas! la misère fait faire bien des choses. C'est un crime dans ma vie. Le juste pèche sept fois par jour. Qui n'a point ses petits défauts? Un autre soir, j'allai dépêcher un cavalier cordouan qui me laissa pour mort de trois estocades furieuses.

GILLES.

Fi! le mauvais garnement que tu fais?

TRIVELIN.

Oh! je pleurai long-temps de cette aventure et combien je me la reproche encore! car enfin si j'avais tué ce cavalier, hein! quel remords! heureusement toutes mes autres entreprises ont fini aussi bien que celle-là.

GILLES.

Tu es plus heureux que tu ne mérites... Çà, maintenant, à l'ouvrage, tu as entendu les recommandations du docteur, je n'ai plus le temps de t'écouter.

TRIVELIN.

Soit, je vais mettre aussi la main à la besogne.

GILLES.

Doucement, il n'y a rien à faire, il s'agit de garder la maison...

TRIVELIN.

Eh bien, je la garderai aussi.

GILLES.

Garder les meubles.

TRIVELIN.

Nous garderons les meubles.

GILLES.

C'est moi que cela regarde.

TRIVELIN.

Cela me regarde aussi! sango di mi!

GILLES.

Je vais ranger cette table.

TRIVELIN.

Et moi ces tabourets.

GILLES.

Non point, je les rangerai.

TRIVELIN.

Je vais ranger les livres.

GILLES.

Laissez cela aussi.

TRIVELIN.

Les bocaux.

GILLES.

Encore moins.

TRIVELIN.

Ah! tu me romps la tête.

GILLES.

C'est fort bien fait.

TRIVELIN.

Je vais casser la tienne.

GILLES.

Tu me la paieras.

TRIVELIN.

Je rangerai.

GILLES.

Tu ne rangeras point.

TRIVELIN.

C'est moi qu'on en a chargé.

GILLES.

C'est moi.

TRIVELIN.

Ces bocaux?

GILLES.

Non pas.

TRIVELIN.

Ces instruments?

GILLES.

Nenni!

TRIVELIN.

Ces cartons?

GILLES.

Du tout. (Ils s'entr'arrachent un plateau chargé de verres et de porcelaines.)

TRIVELIN.

Tu lâcheras.

GILLES.

Je ne lâcherai pas. (Le plateau tombe et se brise.)

TRIVELIN.

Là! voilà qui est bien fait!

GILLES.

Bon! ceci me plaît fort.

TRIVELIN.

C'est toi qui en es la cause.

GILLES.

C'est parbleu toi-même!

TRIVELIN.

Que dira le docteur à cette heure?

GILLES.

Je te le demande?

TRIVELIN.

Il te cassera son jonc sur les reins, et il fera sagement.

GILLES.

Il t'enfoncera une côte et ce sera bien pensé.

TRIVELIN.

La fureur me saisit à la fin.

GILLES.
Aussi bien tu m'exaspères.
TRIVELIN.
Tiens! puisque c'est toi qui te charges de tout.
GILLES.
Tiens! puisque c'est toi qui t'en mêles. (Ils courent tous deux par la chambre en brisant tout ce qu'ils rencontrent.)
TRIVELIN.
Par la mort!
GILLES.
Par la tête!
TRIVELIN.
Tu me le paieras!
GILLES.
Je t'assommerai!
TRIVELIN.
Tiens ce coup!
GILLES.
Tiens ce horion! (Ils frappent tous deux sur une pile d'assiettes.)

SCÈNE III
Les Mêmes, JACQUELINE.

JACQUELINE.
Quel est ce bruit? bonté divine! qu'y a-t-il?
GILLES.
C'est ce maraud qui casse tout ici.
TRIVELIN.
Ne l'écoutez point, c'est lui qui fait ce tapage.
JACQUELINE.
Ah! peccaïré! toutes les porcelaines de M. le docteur en morceaux; les livres déchirés, les outils dispersés! toute la maison sens dessus dessous!
GILLES.
Je ne sais qui me tient d'exterminer ce pendard.
TRIVELIN.
Je vais couper les oreilles à cet oison.

JACQUELINE.

Juste Dieu! quoi, vous allez vous battre encore. Eh! de grâce, apaisez-vous et aidez-moi à réparer ce désastre. Allons, tout doux! qu'on se sépare.

GILLES.

Non point.

TRIVELIN.

Je n'entends rien.

GILLES.

Laissez-le moi dévorer.

TRIVELIN.

Ne me l'arrachez pas.

GILLES.

Avance donc.

TRIVELIN.

Frappe si tu l'oses.

GILLES.

Or çà, dégaînons. (Ils tirent leurs sabres de bois.)

JACQUELINE.

Au secours! au secours! Ils vont se découper. Oh! M. le docteur, quelle aventure! où vous trouver et comment vous apprendre cette calamité! Pauvre cher homme, ses meubles et ses domestiques en morceaux! Au secours! au secours! s'il passait du moins une patrouille! (Elle court à la porte.)

GILLES.

Je te préviens, faquin, que je ne manque jamais de tuer mon homme.

TRIVELIN.

Je crois t'avoir averti que c'était mon métier.

GILLES.

En garde donc!

TRIVELIN.

Sus, sus, je suis altéré de carnage.

GILLES.

Nous qui étions si fort amis! mais, puisque tu le veux...

TRIVELIN.

Oh! je déplore ce combat, car mon cœur est bon au fond, mais puisque tu me pousses à bout.

GILLES.

Hélas! je ne demandais pas mieux qu'à bien vivre avec toi.

TRIVELIN.

Mon Dieu! j'eusse donné beaucoup pour te presser sur mon cœur. (Ils rengaînent.)

JACQUELINE, revenant.

Holà! holà! attendez du moins! Ne vous égorgez pas! qu'on juge le différend? Dieu! que les hommes sont méchants!

GILLES.

Je n'écoute rien.

TRIVELIN.

Ne me retenez pas.

GILLES.

Il faut que je l'embroche.

TRIVELIN.

Il faut que je l'empale.

GILLES.

Pare-moi cette botte.

TRIVELIN.

A toi cette estocade. (Ils dégaînent encore.)

JACQUELINE, s'en retournant à la porte.

Il ne viendra donc personne. Laissera-t-on s'égorger ces deux mauvais sujets. Ils le mériteraient. Au secours! au secours!

GILLES.

Eh bien, avance, frappe, voici ma gorge. Je ne me sens pas le courage de me battre avec un ami.

TRIVELIN.

Écharpe-moi plutôt toi-même. Je ne veux pas te résister. Que ce soit ta conscience qui demeure chargée de ce crime.

GILLES.

Ah! Trivelin, qui m'eût dit cela de toi.

TRIVELIN.

Ah! ce n'est pas moi qui l'eusse pensé de mon ami Gilles.

GILLES.

Pour si peu de chose!

TRIVELIN.

Un rien qu'on aurait pu raccommoder en trois mots. (Ils rengaînent.)

JACQUELINE, revenant.

Attendez, du moins. Voici du monde, vous vous expliquerez. On n'a jamais vu pareil acharnement. Vous êtes pires que des bêtes farouches.

GILLES.

Hors de là.

TRIVELIN.

Laissez-nous.

JACQUELINE.

Qui vous point si fort de vous trouer le ventre?

GILLES.

C'est mon bon plaisir.

TRIVELIN.

C'est mon amusement.

JACQUELINE.

On va venir.

GILLES.

Dépêchons.

TRIVELIN.

N'attendons point.

GILLES.

Ton heure est venue, scélérat.

TRIVELIN.

Tu n'as qu'à te recommander à Dieu.

JACQUELINE.

Je me jette entre vous.

GILLES.

C'est inutile.

TRIVELIN.

Vous ne l'arracherez pas de mes mains. (Ils dégaînent.)

JACQUELINE.

Par pitié!

GILLES.

Je veux me faire un tambour de sa peau.

TRIVELIN.

Je veux tailler ses os en flûte à sarabandes.

JACQUELINE.

Je vous supplie.

GILLES.

Goûte un peu ce revers. (Il frappe sur le dos de Jacqueline.)

TRIVELIN.

Attrape ce fendu. (Il arrache la coiffe de Jacqueline.)

JACQUELINE.

Dieu! le sang doit couler, ils se sont touchés, j'en ai senti le vent. Je ne veux pas voir cette boucherie. (Elle sort.)

SCÈNE IV

TRIVELIN, GILLES.

GILLES.

Est-ce que je t'ai blessé?

TRIVELIN.

Et moi, t'ai-je fait mal?

GILLES.

Tiens, si c'est moi qui ai tort, je l'avoue; je pourrais te donner un méchant coup et je ne m'en consolerais de ma vie.

TRIVELIN.

Voilà parler. L'honneur est satisfait. Nous sommes deux braves, il serait dommage de nous massacrer, ce qui ne manquerait pas de nous arriver; car, c'est une chose malheureuse, il n'y a que les poltrons qui ne se tuent point, parce qu'ils ne se battent jamais. Viens dans mes bras et caressons-nous, nous le méritons.

GILLES.

Je retrouve mon cher Trivelin,

TRIVELIN.

Je pleure d'attendrissement.

GILLES.

Je palpite d'allégresse.

TRIVELIN.

Or çà, rangeons ces tessons et tâchons d'accommoder la chose à notre avantage.

GILLES.

Porte ces débris dehors, et commande à Jacqueline de venir balayer.

TRIVELIN.

Que je te serre encore dans mes bras.

GILLES.

Que je t'embrasse de nouveau. Nous venons d'échapper à un grand danger. (Trivelin sort.)

GILLES.

Ah! gibier de gibet! poteau de potence! gale de galère! ah! pendard! Je me vengerai de toi, gueux, va-nu-pieds, bohème, garnement, qui viens ici rogner ma prébende et partager ma pitance. Je vous dégoûterai du service, monsieur le spadassin, et vous n'aurez qu'à vous en aller ailleurs faire le roi Hérode et la bête à quatre pattes et vos trente métiers, dont le plus doux vous devait plutôt mener à la potence qu'ici. — Il n'a jamais vu le laboratoire de M. le docteur. Moi qui ne l'ai vu qu'une fois, j'en faillis mourir de peur. J'y préparerai quelques petites sorcelleries; j'aurai soin de l'y envoyer, et il faut qu'il y reste sur le carreau. Montons discrètement et préparons bien nos mesures. (Il sort.)

SCÈNE V

Le laboratoire du docteur. — Des cornues. — Des alambics. — Des creusets. — Des bocaux. — Des oiseaux empaillés. — Des livres pêle-mêle. — Un automate dans un coin. — La nuit tombe.

GILLES, seul.

GILLES, ouvrant la porte avec précaution, une chandelle à la main.

J'ai ouï dire que les ténèbres augmentaient de beaucoup

les effets de la peur; quant à moi je ne les aime point, et j'estimerais mieux un voleur vivant, en plein jour, qu'un honnête homme mort, dans la nuit. Je vous demande un peu ce que doit être cet endroit dans l'obscurité, quand il a pareille mine avec cette lumière? Voyons un peu, examinons les localités et le parti qu'on en peut tirer pour mâter un peu cet effronté Trivelin qui m'a manqué tuer. — Mon maître travaille ici la nuit et cela sent diablement le fagot. Ce sont, si je ne me trompe, affaires de magie. Voici un fourneau, des grimoires, des animaux malfaisants et qui font leur possible pour avoir l'air vivant, des hiboux qui me regardent de tous leurs yeux, un crocodile qui se promène au plafond, des fioles cachetées, et puis... holà! quelqu'un... Qu'est-ce que cette longue figure? est-ce un mort? est-ce un vivant? C'est un mannequin qui a l'air assez bonhomme. Dieu! que Trivelin aurait peur, — il y a de quoi avoir bien peur; — Heun, heun, bruum! — Si je sifflais, cela me tiendrait compagnie. — Voici la robe de M. le docteur, endossons-la et voyons quelles évocations formidables je puis préparer pour terrifier ce maroufle quand je l'amènerai. — Je trouve qu'on a moins peur quand il s'agit de faire peur à un autre. — La robe, bon! (il passe une robe noire à longues manches.) Maintenant, le bonnet, et maintenant cette longue canne... Je ne dois point avoir l'air de grand' chose qui vaille. — Hé! Gilles, mon ami, est-ce bien toi, toi qui n'es pas méchant, n'est-ce pas? — Si quelque diable s'était mis à ma place? si cette robe faisait de moi un personnage sinistre? — Holà, Gilles, eh! Gilles, souviens-toi que tu ne te veux aucun mal, et qu'au fond tu n'as aucun goût violent pour ces diableries. — Ho! ho! ho! il fait froid ici; je grelotte. — Trivelin va venir, exerçons-nous; oui, c'est cela, quelques conjurations! — Ouvrons ce livre, disposons ces fioles, mettons là cette chouette, cela ne sera point mal du tout; donnons à ce mannequin une pose tragique; peste! il est dur en diable! Ah! voilà, je pense, un ressort. (Il tourne le ressort.) Voilà qui est bien, maintenant commençons. Où trouver quelque latin de circonstance pour éblouir ce drôle? *Et cok caca foui cirious chi ribibi escacouarella — gratis pro deo — recto verso et vice versa — abracadabra.* J'en trouverai plus long dans ce livre — *cactus purpureus, cactus aureus, cactus spinosus.* Ce doivent être là de terribles paroles; eh bien, oui, (Il se promène en agitant sa canne.) *cactus purpureus, cactus spinus, cactus!* — (Un hibou bat des ailes.) O mon Dieu, qu'ai-je entendu là? un de ces monstres a remué. (L'automate lève les bras.) Que vois-je, ce mannequin me menace. Ayez pitié de moi, seigneur! seigneur!

L'AUTOMATE.

Cuic! cuic! cuic!

GILLES.

Mon patron, mon saint patron, je mets mon âme entre vos mains! (La roue de la machine électrique se met à tourner et une foule de petits crapauds sautent en cadence.) Oh! oh! c'est un sabbat! Messieurs les diables, ne vous dérangez pas. Je ne l'ai point fait exprès. Je ne voulais toucher à rien. Je suis un pauvre diable aussi, épargnez-moi?

L'AUTOMATE.

Cuic!

GILLES.

Cela est vrai.

L'AUTOMATE.

Cuic!

GILLES.

Vous avez raison.

L'AUTOMATE.

Cuic! cuic! cuic!

GILLES.

C'est parfaitement juste. Il est plein d'esprit. Si je comprenais du moins! que demande-t-il? des messes peut-être. Miséricorde! (Le hibou éteint la chandelle, des flammes verdâtres s'allument. Gilles tombe la face contre terre.) Au secours! au secours! tout l'enfer est déchaîné; messieurs, messieurs! soyez bons diables. Je vous exorcise, je vous conjure, je vous souhaite le bonsoir, je vous... Saints anges, priez pour moi. (Les roues tournent avec bruit. Les flammes vacillent, les crapauds sautent. L'automate agite ses bras armés d'une gaule qui retombe sur le dos de Gilles.)

L'AUTOMATE.

Cuic! cuic! cuic!

GILLES.

Oh! je suis moulu, je grille, je sens les coups de fourche! Ah! ah! au secours, au nom du ciel! au secours!

SCÈNE VI

GILLES, TRIVELIN, à la porte.

TRIVELIN.

Eh bien, qu'y a-t-il donc? O Dieu! qui jette donc des flammes! du feu! des diables égorgés! Je me meurs.

GILLES.

Quelle voix! quelle apparition!

TRIVELIN, tombant à genoux.

Grâce, grâce, c'est le sabbat.

GILLES.

L'ombre de Trivelin!

TRIVELIN.

L'ombre de Gilles!

GILLES.

Grâce!

TRIVELIN.

Miséricorde!

GILLES.

Je l'ai donc tué!

TRIVELIN.

Il est donc mort tantôt!

GILLES.

Fantôme de mon ami!

TRIVELIN.

Ombre chérie!

GILLES.

Pardonne-moi.

TRIVELIN.

Je prie à tes genoux.

GILLES.

Ne me fais pas rôtir.

TRIVELIN.

Ne m'entraîne pas dans ta chaudière éternelle.

GILLES.

J'embrasse tes genoux.

TRIVELIN.

Oh! il veut m'emporter.

GILLES.

Dieu! il danse autour de moi.

TRIVELIN.

Ne me touche pas!

GILLES.

Garde-moi de tes griffes!

TRIVELIN.

Je te supplie.

GILLES.

Je t'implore.

TRIVELIN.

Pitié!

GILLES.

Merci! (Ils tombent à genoux l'un devant l'autre.)

SCÈNE VII

Les Mêmes, LE DOCTEUR, JACQUELINE, avec des flambeaux.

LE DOCTEUR.

Çà, mes drôles! que fait-on ici? quel désordre? quel vacarme! je vous trouve en bel état!

GILLES.

Oh! je suis à demi mort.

TRIVELIN.

Je n'en puis plus.

LE DOCTEUR.

Vous avez eu de belles peurs, je suppose, et qui sont la juste punition de vos bons soins à me servir. Vous apprendrez à ceci plusieurs choses; d'abord, qu'on est souvent puni d'un mauvais tour qu'on apprête, et qu'on tombe souvent dans le piége qu'on tendait à autrui; ensuite, qu'il ne faut point s'effrayer sottement d'effets étranges en apparence et qui peuvent être fort naturels; ces flammes étaient tout bonnement du phosphore, ces roues une machine électrique, ce mannequin un mécanisme ingénieux dont vous aviez lâché le ressort; enfin, que si vous n'étiez des ânes et des ignorants si consommés, vous auriez su tout cela.

LA
FOIRE SAINT-NICOLAS

OU LA

PARADE DES PARADES

LA
FOIRE SAINT-NICOLAS

OU LA
PARADE DES PARADES

PERSONNAGES

CLAUDINET, clerc de procureur.
JAVOTTE, ravaudeuse.
ROBINSON, }
FRANCA-TRIPA, } bateleurs.
PAILLASSE, }
UNE PATISSIÈRE.
UNE BOUQUETIÈRE.
UNE MARCHANDE D'ORANGES.
MADEMOISELLE SUZON.
L'ESPADRON, }
CATOGAN, } soldats.
BOURGEOIS, BOURGEOISES.

SCÈNE PREMIÈRE

Un coin de rue. — Un tonneau de ravaudeuse où Javotte travaille.

JAVOTTE, CLAUDINET, qui arrive tout endimanché.

CLAUDINET, à part.

Tiens, mamzelle Javotte ne m'a point vu ! Comment se fait-il qu'elle ne m'ait point vu venir ? je tapais pourtant des pieds en courant. Moi qui ai fait un détour pour passer devant elle ! je ne m'en irai certes pas qu'elle n'ait vu comme je suis bien ajusté. Je vais recommencer comme si j'arrivais. (Il recule et se met à courir.) Elle ne lève pas le nez ! (Haut.) Hum ! hum !

JAVOTTE, chantant.

Sur le bord du chemin
La fille à la meunière,

CLAUDINET.

Mamzelle Javotte!

JAVOTTE.

Durant sa vie entière,
File, file du lin.

CLAUDINET.

Bonjour, mamzelle Javotte!

JAVOTTE.

O vous, gens qui passez,
Moines et mousquetaires,

CLAUDINET.

Vous êtes là fort occupée.

JAVOTTE.

Marchands, apothicaires,
Vous êtes bien pressés!

CLAUDINET.

Je vous souhaite bien le bonjour!

JAVOTTE.

Vous êtes bien pressés!

CLAUDINET.

Ah! diantre! je n'aurais pas voulu qu'elle se doutât que je venais tout exprès pour me montrer... (Très-haut.) Mamzelle Javotte!

JAVOTTE.

Ah! quelle peur vous m'avez faite!

CLAUDINET.

Bien le bonjour, mamzelle Javotte.

JAVOTTE.

Tiens, c'est vous, m'sieu Claudinet?

CLAUDINET.
Pour vous servir, mamzelle.
JAVOTTE.
Où allez-vous donc comme cela ?
CLAUDINET, à part.
Elle n'a point vu mon habit... (Haut.) Dam! vous voyez, je m'en vais me promener. C'est grande fête aujourd'hui.
JAVOTTE.
Ah! oui-dà! Je vous souhaite bien de l'agrément. (Comptant ses mailles.) Une, deux, trois, quatre...
CLAUDINET.
Quand je dis fête, c'est la foire, et l'on se pare toujours un peu ces jours-ci.
JAVOTTE.
Oui, quand on a le temps. Six, sept et huit.
CLAUDINET.
Justement on m'avait apporté un habit neuf, et mon papa m'a permis de l'étrenner.
JAVOTTE.
Ah! c'est bien à vous de venir me le montrer. Voyons un peu cela.
CLAUDINET.
Oh! ce n'est point cela. Je passais ici par hasard. Tenez, voilà le devant et voici maintenant les basques.
JAVOTTE.
Neuf, dix, onze... Voyons cela; ah! bon Dieu! Ah comme vous voilà fait! Ah! ah! ah!
CLAUDINET.
Eh! bien, vous riez à cette heure.
JAVOTTE.
Ah laissez-moi! Ah! ah! ah! j'étouffe. Ah! ah! je vais rouler par terre. Ah! ah! ah! ah! mon pauvre m'sieu Claudinet! ah! ah! ah!
CLAUDINET.
Quoi, vous aussi! vous faites comme ces badauds qui me regardaient dans la rue et qui me riaient au nez.

JAVOTTE.

Ah! ah! ah! ne vous fâchez pas; ah! ah! ah! c'est malgré moi; ah! ah! l'on n'est pas maîtresse, hi! hi! hi! de se retenir; hi! hi! hi! j'en crève.

CLAUDINET.

Savez-vous bien, mamzelle Javotte, que cela n'est pas honnête?

JAVOTTE.

Oui, hi! hi! hi! oui, hi! hi! cela n'est pas poli, hi! hi! hi! vous m'excuserez, eh! eh! eh! je ne devrais pas, ah! ah!

CLAUDINET.

Je n'aurais point cru cela de vous.

JAVOTTE.

Ne faites pas attention, oh! oh! oh! vraiment je vous plains, hin! hin! je n'ai pas envie de rire, hi! hi! hi! croyez-moi, ah! ah! ah!

CLAUDINET.

Qu'est-ce donc qu'il y a tant à rire, après tout.

JAVOTTE.

C'est votre habit, hi! hi! hi! hi!

CLAUDINET.

Eh bien, qu'a-t-il donc, cet habit, de si extraordinaire, un habit de beau drap écarlate et tout neuf avec une belle garniture de boutons de porcelaine?

JAVOTTE.

C'est votre veste, eh! eh! eh! eh!

CLAUDINET.

Eh quoi! une jolie veste de soie à fleurs, que mon père n'a jamais portée qu'une fois, le jour de ses noces.

JAVOTTE.

C'est votre coiffure, oh! oh! oh!

CLAUDINET.

Qu'est-ce donc? un crêpé poudré à blanc et tout fraichement!

JAVOTTE.

C'est que tout cela est si drôlement accommodé!

CLAUDINET.

Tenez, mamzelle Javotte, vous me rendez tout honteux d'être sorti de chez nous. Voilà ce que c'est. Je ne sais qui me tient de m'en retourner pleurer toute la journée dans ma chambre.

JAVOTTE.

Vous êtes fou, m'sieu Claudinet. Ce que j'en dis n'est que pour badiner. Vous êtes fort bien comme cela.

CLAUDINET.

Tout de bon?

JAVOTTE.

Tout de bon! C'est du premier coup, vous savez, qu'on s'effarouche. Ces habits vous vont à ravir.

CLAUDINET.

Il me le semblait; et puis sentez un peu mon mouchoir.

JAVOTTE.

Dieu! que cela est fort!

CLAUDINET.

Plein d'eau de lavande, je l'ai prise dans un flacon à mon grand frère.

JAVOTTE.

Cela pourrait bien être du vinaigre.

CLAUDINET.

Oh! je ne crois pas.

JAVOTTE.

Et qu'est-ce qui vous a pris d'aller comme cela à la foire?

CLAUDINET.

Dam! je vais m'amuser.

JAVOTTE.

J'entends. Vous allez voir quelques marionnettes.

CLAUDINET.

Vous vous moquez, mamzelle Javotte. Je vais m'amuser comme les grands jeunes gens. Je ne me suis jamais amusé, voyez-vous, et à la fin on en prend fantaisie.

JAVOTTE.

Mais vous n'êtes pas encore un grand jeune homme.

17.

CLAUDINET.

Bah! laissez donc, je connais un petit qui est encore plus petit que moi et qui s'amuse comme je ne puis vous dire. Il porte en cachette des bottes de son papa qui sont tout éculées. C'est jour de foire. J'ai bien travaillé cette semaine, et j'ai dit que je voulais aller aussi me promener, moi!

JAVOTTE.

Cela est trop juste.

CLAUDINET.

Maman m'a donné mes habits neufs, et puis, tenez, un bel écu de trois livres. Rien que cela!

JAVOTTE.

Un écu! mais vous n'en avez que faire.

CLAUDINET.

On m'a dit de le rapporter ce soir, mais je puis le dépenser si je veux. Je sais qu'il faut de l'argent pour se donner de l'agrément et je compte m'en donner à la foire.

JAVOTTE.

Ah! vous êtes bien heureux.

CLAUDINET.

Oui, je suis assez heureux. Voulez-vous venir avec moi?

JAVOTTE.

Je vous remercie, m'sieu Claudinet. Il faut que je travaille.

CLAUDINET.

Je ne sais point comment vous avez ce courage. On ne peut pas toujours griffonner comme moi chez le procureur, ni ravauder comme vous dans ce tonneau. Pour ce qui est de moi, quand j'entends les carillons, que je vois les boutiques fermées, que je sais qu'il est fête et qu'il y a tout plein de gens en beaux habits qui se promènent dans les rues, je ne puis tenir en place et je grille de m'aller divertir avec eux.

JAVOTTE.

Mais est-ce qu'ils se divertissent extrêmement?

CLAUDINET.

Oh! pour cela oui, ils se divertissent extrêmement. Il n'y a qu'à les voir.

LA FOIRE SAINT-NICOLAS

JAVOTTE.

Et que font-ils pour cela ?

CLAUDINET.

Eh bien ! ils sont beaucoup de monde ; ils se tiennent tout raides parce qu'ils sont bien parés, les uns vont par ici, les autres par là, et puis ils rentrent chez eux satisfaits.

JAVOTTE.

En ce cas, je m'amuse autant que cela ici.

CLAUDINET.

Eh ! mais, je passe mon temps à jaser avec vous et je suis sûr que toutes les boutiques de bamboches là-bas sont déjà en train de tambouriner. Vous ne voulez donc point venir ?

JAVOTTE.

Non, vraiment ! je vous suis obligée.

CLAUDINET.

Je vous dirai tout ce que j'aurai vu de beau.

JAVOTTE.

N'allez point vous faire voler votre argent, ni le dépenser mal à propos.

CLAUDINET.

Oh ! je suis économe ! je tâcherai de n'y point toucher.

JAVOTTE.

Bien du plaisir, m'sieu Claudinet.

CLAUDINET.

Merci bien, mazmelle Javotte.

SCÈNE II

La foire. — Des boutiques. — Des bateleurs.

CLAUDINET, seul.

La peste soit du butor ! Holà ! dites donc, monsieur le cocher, est-ce que vous ne pouvez point prendre garde aux gens de pied ! — Il fait semblant de ne pas m'entendre. — Ah ! quelle éclaboussure ! Tout mon escarpin couvert de crotte. Hé ! cela est fort désagréable, monsieur le cocher ! et mes bas tout mouchetés ! Ah ! ah ! monsieur le cocher, je me plaindrai. Et ma boucle tout emplâtrée! Il est déjà bien loin, ce cocher. Holà! vous êtes un maladroit! Des bas de soie tout neufs et le pied droit en marmelade! Si c'était seulement le pied gauche! Il ne me manquait plus que cela. On m'a déjà tant heurté, tant bousculé dans cette cohue, que j'en suis tout moulu. J'allongeais le cou pour qu'on ne gâtât point ma frisure, je haussais mon chapeau de peur qu'on ne l'écrasât; je trépignais comme sur des orties, de peur qu'on ne me marchât sur les pieds; c'était bien la peine! Sans compter que ces habits me gênent! j'étrangle dans cette cravate. — Comment faire à présent avec cet escarpin si crotté. Je voudrais pourtant bien me récréer un peu. Quel contre-temps! Voilà bien des boutiques et bien du monde.— Que vais-je devenir?

SCÈNE III

ROBINSON, CLAUDINET, FOULE.

CLAUDINET.
Que veut cet homme avec ce tambour?

ROBINSON, en battant la caisse.
Approchez, messieurs, mesdames. Il y a place pour tous. On demande l'honneur de votre présence. (A un enfant.) Hors de là, galopin.

CLAUDINET.
O les jolis petits serins! est-ce qu'ils sont privés? Oh! oui, car ils sont morts. Des serins, des serpents, qu'est-ce que cela signifie?

ROBINSON.
Messieurs et dames, vous avez devant vous le fameux Robinson, dit le *Flambeau des arts*, le *Soleil de la science*, et dont vous avez tant ouï parler. Je reviens des voyages les plus lointains. J'ai visité la Perse, la Moscovie, l'Indoustan, la Tartarie, l'empire de Maroc et l'empire d'Hyperborée. J'ai été à Astrakan, à Trébizonde, chez les Cosaques, les Sibériens, les Allobroges et jusque chez les Russiens. Jeté par la

bourrasque sur une île déserte, j'ai profité de cet accident pour me consommer dans la connaissance des simples et des aromates.

CLAUDINET, à son voisin.

Tout cela est vrai, je l'ai lu dans un livre.

ROBINSON.

J'ai fait l'ornement des cours étrangères, et les plus grands monarques des pays d'outre-mer m'ont fêté tour à tour. Le sophi de Constantinople ne se plaisait qu'en ma compagnie. Le grand-mogol ne pouvait se passer de moi. Et son Altesse royale le pacha de Samarcande ne s'amusait qu'à me donner des croquignoles, ce qui est un insigne honneur dans ces régions ; mais, me direz-vous, qu'est-ce qui t'a valu tant de renom ?

CLAUDINET.

Oui, c'est là ce que je voudrais savoir; ces petits serins m'intéressent.

ROBINSON.

C'est la composition, l'invention, la découverte de ce baume, de ce dictame, de cette ambroisie que vous voyez là dans cette boîte et que vous connaissez sans doute en ce pays sous le nom bas et trivial de CIRAGE. Sans doute, messieurs et dames, s'il ne s'agit que de lustrer simplement la chaussure, ce n'est là que du cirage ; mais si vous considérez pour quelque chose l'illumination soudaine de l'escarpin, l'éclat miraculeux et phosphorescent du cuir animal, les merveilles de cette composition et les usages variés à l'infini qu'on peut en faire, vous ne me blâmerez point de l'avoir appelée *l'amie des lumières*.

CLAUDINET.

Un cirage merveilleux ! Et moi qui suis si crotté ! cela me fait venir l'eau à la bouche.

ROBINSON.

Mais, me direz-vous, combien faut-il de ce cirage pour obtenir le résultat que tu nous promets. Une prise, une pincée, gros comme une noisette ! Vous l'étendez sur la chaussure, vous l'échauffez doucement de votre haleine ; brossez ensuite activement avec la première brosse venue, et vos souliers sont de l'acier poli, des escarboucles, des miroirs. Vous êtes chaussé de deux soleils. La lueur en est si vive, que les voyageurs s'en éclairent pour marcher dans la nuit, à l'instar des sauvages de certaines contrées qui attachent des vers luisants à leurs pieds. Les alouettes se viennent jouer dans vos jambes comme à la chasse au miroir, et vous n'avez qu'à vous baisser pour les prendre. Vous manquez de glace dans une auberge? on peut vous raser devant une botte. Vous n'avez point de feu? vous frottez une allumette sur votre talon. Vous marchez seul? on dirait deux comètes qui courent l'une après l'autre. Vous êtes plusieurs? on dirait que les étoiles du ciel sont tombées sur la terre. Êtes-vous en fête? vous mettez vos souliers sur la fenêtre. Êtes-vous en deuil? vous n'avez qu'à ne les point cirer. Vous épargnez désormais huile, suif, bougie, mèches, mouchettes, lampions, lanternes, flambeaux, et les réverbères sont détrônés. Tout cela, messieurs, sans brûler le cuir et en augmentant sa durée. Tenez, messieurs, je vais le travailler sous vos yeux. Donnez-moi le soulier le plus sale, le plus crotté, la savate la plus déchirée et la plus chargée d'ordure, j'en vais faire un rubis. Une personne de bonne volonté? le plus mal chaussé de la société? J'en fais l'essai pour rien.

CLAUDINET.

S'il pouvait me nettoyer ces vilaines éclaboussures ! Cela ne coûte rien. Je n'ose point m'avancer. Le plus mal chaussé ! Des savates chargées d'ordure ! devant tout ce monde, moi qui étais si bien mis. Fi ! cela est humiliant.

ROBINSON.

Eh ! vous-même, mon petit monsieur, qui êtes si crotté. Dieu ! quelle chaussure ! Où diable avez-vous marché. Venez çà, venez çà.

CLAUDINET.

Je le veux bien, Monsieur.

ROBINSON.

Posez un peu le pied sur ma sellette. Vous voyez, messieurs et dames, qu'il n'est guère possible de trouver de chaussure plus fangeuse, plus malpropre, plus encrassée que celle de Monsieur. Monsieur est chaussé comme un va-nu-pieds. Ce sont là des souliers à jeter à la borne. Vous allez me voir opérer. Donnez-moi l'autre pied, mon petit monsieur.

CLAUDINET.

Je vous donne d'abord le pied droit qui a été éclaboussé.

ROBINSON.

Donnez-moi le pied gauche. (Il brosse.) Voyez, messieurs et dames, cela prend tournure.

CLAUDINET, à part.

Il me tarde d'avoir l'autre aussi reluisant.

ROBINSON.

Voilà qui est fini ! Admirez, messieurs, mesdames, l'éclat, le brillant de ce vernis. Si vous êtes contents et satisfaits, je vends mes boîtes cinq sols, cinq sols les boîtes ! cinq sols ! Je vous remercie, mon petit monsieur.

CLAUDINET.

Eh bien et l'autre soulier ?

ROBINSON.

C'est inutile, un seul suffit pour que ces messieurs voient.

CLAUDINET.

Eh ! c'est le plus crotté. Vous pouvez cirer.

ROBINSON.

Il vous en coûtera cinq sols.

CLAUDINET.

Mais, monsieur, vous disiez que...

ROBINSON.

Çà, drôle, qu'on se taise ! Cinq sols les boîtes ! cinq sols !

(Il sort.)

CLAUDINET.

Quoi ! il aura la barbarie de me laisser dans un état pareil. Quoi ! un pied parfaitement poli et l'autre tout gâté ? Je n'aurais jamais soupçonné cette incommodité. Oh ! cela saute aux yeux et fait peine à voir ; mais cinq sols, c'est bien cher. Cependant je ne puis pas rester ainsi. — Hé ! monsieur, monsieur le marchand de cirage ! — Il a disparu, il y a tant de monde ! Je n'ose plus regarder à mes pieds. On dirait des souliers borgnes. Ils sont bien plus laids qu'auparavant. J'aimerais bien mieux qu'ils fussent tous deux malpropres, et je suis tenté de me faire crotter celui qui ne l'est point; du moins, cela ne doit pas coûter aussi cher. D'où vient donc ce bruit de trompette?

SCÈNE IV

CLAUDINET, LE SEIGNEUR FRANCA-TRIPA.

FRANCA-TRIPA.

Voici, messieurs et dames, la rareté incomparable, la méthode ingénieuse, la ressource inappréciable pour détacher, purger, rapproprier, remettre à neuf, nettoyer.

CLAUDINET.

Qu'est-ce donc que cela nettoie ?

FRANCA-TRIPA.

Drap, soie, linge, fil, laine, coton, feutre, hardes, surtouts. Mon savon blanchit également la peau. Il lave les mains comme la pâte à la reine et le visage comme du petit-lait.

CLAUDINET.

Il ne noircit pas les souliers ?

FRANCA-TRIPA.

Malheureusement mon savon est blanc ; s'il était noir ou si les souliers étaient blancs, cela irait à merveille.

CLAUDINET.

Alors je n'en ai que faire.

FRANCA-TRIPA.

Avec mon savon, vous pouvez vous tremper dans l'huile, marcher dans le ruisseau, vous frotter de cambouis. Vous êtes libre de renverser une sauce sur votre veste. Il vous est permis de vous asseoir dans un chaudron. En une minute, il n'y paraît rien.

CLAUDINET.

Je n'aime point à m'asseoir dans les chaudrons.

FRANCA-TRIPA.

Essayez, mon petit bourgeois, essayez de mon savon.

CLAUDINET.

Non, je vous rends grâce.

FRANCA-TRIPA.

Tenez, vous avez là une tache.

CLAUDINET.

Lâchez donc la basque de mon habit.

FRANCA-TRIPA.

Laissez, laissez; il n'en coûte rien : un coup de brosse et la tache disparaît.

CLAUDINET.

Oh! monsieur, qu'est-ce que vous venez de me mettre là?

FRANCA-TRIPA.

Laissez, laissez, c'est un peu de mon savon, laissez frotter.

CLAUDINET.

Voulez-vous me lâcher à la fin. C'est un beau gâchis que vous avez fait là sur mon habit. Je m'en vais me fâcher tout à l'heure.

FRANCA-TRIPA.

Vous ne voulez point que j'achève ; allez-vous-en vous faire lanlaire. (Il sort.)

CLAUDINET.

Holà, monsieur! enlevez-moi au moins le savon, cela fait une grande tache. — Hé monsieur! Holà! Par ici! — Je l'ai piqué, à ce qu'il paraît, et il ne veut point revenir. — Eh bien, cela est gentil, ce grand placard blanc au milieu de mon habit! — Dieu! si maman me voyait fait de la sorte! il faut pourtant que je m'essuie. Tiens, cela devient jaune. J'aime mieux que cela soit jaune, mon habit est écarlate.

SCÈNE V

CLAUDINET, PAILLASSE, FOULE.

PAILLASSE.

Entrez, messieurs, entrez mesdames; c'est l'instant, c'est le véritable moment.

CLAUDINET.

Qui est-ce qui fait cette musique d'enragé?

PAILLASSE.

Vous y verrez ce que vous n'avez jamais vu; vous y verrez monsieur le soleil et madame la lune et leurs enfants mesdemoiselles les étoiles. Vous y verrez le premier homme et la première femme et les principaux animaux qui leur tenaient compagnie après leur naissance. Entrez, entrez! suivez le monde!

CLAUDINET.

Eh! doucement, monsieur, vous me bourrez.

PAILLASSE.

Il faudrait ne pas avoir trois sols dans sa poche pour se priver d'un spectacle aussi intéressant.

CLAUDINET.

Prenez donc garde! monsieur.

PAILLASSE.

On ne paye qu'en sortant et l'on ne paye que comptant.

CLAUDINET.

Mais, monsieur, finissez donc de me donner des gourmades. Je ne suis point content du tout, moi.

PAILLASSE.

La bataille de Fontenoy! Sa Majesté le feu roi en personne! Le jugement du grand Salomon! Le célèbre Cartouche et le très-illustre scélérat Mandrin!

CLAUDINET.

Je vous dis que je ne veux point entrer.

PAILLASSE.

Tout cela vivant et animé et représenté au naturel.

CLAUDINET.

Mais laissez-moi !

PAILLASSE.

Entrez, messieurs, entrez, mesdames; c'est l'instant, on va commencer !

CLAUDINET.

Tout beau là.

PAILLASSE.

Trois sols ! trois sols ! pas davantage.

CLAUDINET.

Eh ! un peu de trêve.

PAILLASSE.

Suivez le monde ! tapez, la musique ! tapez ! bon, la caisse ! bien, le fifre ?

CLAUDINET.

On ne s'entend pas.

PAILLASSE.

Poussez, poussez le monde ! hu ! hu ! on va commencer !

CLAUDINET.

Eh ! paix là ! vous me houspillez. Je vous dis que je ne veux point entrer.

PAILLASSE.

Vous entrerez, monsieur, il faut que vous voyiez cela.

CLAUDINET.

Eh non, je ne...

PAILLASSE.

Vous vous en repentiriez. Je ne me le pardonnerais jamais.

CLAUDINET.

Laissez donc, je vous...

PAILLASSE.

Vous ne voudriez pas ne pas l'avoir vu.

CLAUDINET.

Mais puisque...

PAILLASSE.

Vous vous en prendriez à moi.

CLAUDINET.

De grâce ! laissez...

PAILLASSE.

Vous me remercierez après ; entrez, monsieur, entrez !

CLAUDINET.

Ne bourrez donc...

PAILLASSE.

Je ne permettrai pas que vous vous priviez de ce plaisir.

CLAUDINET.

Quelle chienne de...

PAILLASSE.

Ce serait un passe-droit : suivez, suivez le monde !

CLAUDINET.

Je n'entrerai pas.

PAILLASSE.

Eh! vous entrerez, mon bourgeois, il le faut, je le veux, je l'ordonne, c'est amitié pure. Vous entrerez, ou morbleu! nous verrons. (Il achève de le pousser à coups de poing dans sa baraque.)

SCÈNE VI

DES MÉNÉTRIERS, FILLETTES, SOLDATS.

UN MÉNÉTRIER.

En place, les cavaliers ! en place, mesdemoiselles ! en place pour le rigodon !

UN SOLDAT.

Hé ! la musique ! une contredanse !

UNE DAME DE LA HALLE.

Le rigodon ! le rigodon !

LE SOLDAT.

C'est z'avec plaisir, ma commère, et z'uniformément.

UN AUTRE.

Le menuet !

TOUS.

Oui, le menuet ! le menuet !

UN MÉNÉTRIER.

Sommes-nous d'accord ? entonnons ! en avant, dame et cavalier ! (On danse.)

UN BOURGEOIS, chantant.

Bien frisé,
Pan troussé
D'une brette,
Vous dansez, beau milicien,
Ainsi qu'un petit chien
A la queue en trompette.

UN SOLDAT, chantant.

Quand je vois
Des bourgeois
Sans épée,
Je crois voir grogner entre eux
Quelques roquets honteux
Dont la queue est coupée.

UN BOURGEOIS.

Un instant ! nous ne devons point souffrir qu'on nous insulte de la sorte.

UN SOLDAT.

Qui qui z'a insulté les premiers ? mille grrrrrenades !

LES BOURGEOIS.

Cela ne saurait se passer ainsi.

LES SOLDATS.

Eh ! mille-z-yeux ! ventre de cartouches ! qu'on se déboutonne spontanément et tirons à qui paiera les violons.

UN MÉNÉTRIER.

La paix ! de grâce, allez plus loin.

UNE HARENGÈRE.

Hé, cadet, la musique ! nous voulons danser, mon garçon.
(La danse reprend.)

CLAUDINET, sortant de la baraque.

Lâchez-moi donc enfin ! J'irai trouver M. le commissaire. On ne peut arracher des dents malgré les gens, cela ne doit pas être permis. Ils ont le diable au corps ! ne voulaient-ils pas encore m'estropier pour l'exemple. Je la reconnaîtrai cette maison où l'on montre des noyaux de pêche à travers une lunette en guise du soleil, et où l'on vous démantibule la mâchoire pour la peine! et trois sols pour le tout, trois sols! — Je vais serrer le reste de mon écu pour n'y point toucher. — Qu'est ceci, on danse? à la bonne heure! voilà comme on s'amuse! — Je ne me suis pas encore amusé depuis ce matin. Tra la la la! le joli air! il faut que je danse aussi, moi! que je ne m'en retourne pas au moins comme je suis venu. — Heureusement, je suis un peu rajusté. Je n'ose parler à ces demoiselles. (A une jeune fille.) Comment vous appelez-vous, mamzelle?

LA JEUNE FILLE, riant.

Suzon, m'sieu, pour vous servir, hi! hi! hi!

CLAUDINET.

Mamzelle Suzon, voulez-vous danser avec moi?

SUZON.

Volontiers, hi! hi! hi!

CLAUDINET.

Pourquoi riez-vous comme cela?

SUZON.

Je ne ris point, hi! hi! hi!

CLAUDINET.

Entrons donc en danse.

SUZON.

Attendez, ce n'est point encore notre tour, hi! hi! hi!

UNE MARCHANDE D'ORANGES.

Monsieur le cavalier, achetez donc une belle orange à votre danseuse.

CLAUDINET.

Il fait bien beau temps ce soir, mamzelle.

LA MARCHANDE.

Prenez donc cette orange, mamzelle, monsieur vous l'offre.

CLAUDINET.

Il est vrai que si mamzelle...

SUZON.

Non, je vous remercie, m'sieu.

LA MARCHANDE.

Prenez donc, vous dis-je. Offrez donc, m'sieu.

CLAUDINET.

Eh! prenez-la, mamzelle.

SUZON.

Non, je ne veux point celle-là.

CLAUDINET.

Oh! oui, elles ne doivent pas être bonnes.

SUZON.

Donnez-moi celle-ci qui est plus belle.

LA MARCHANDE.

C'est deux sols de plus, cela fait douze sols.

SUZON.

Je vous suis bien obligée, m'sieu.

CLAUDINET.

De rien, c'est moi qui vous donne cette orange. Je veux la payer, moi! cela me fait plaisir! elle doit être bonne, je parie.

SUZON.

Excellente, hi! hi! hi!

UNE BOUQUETIÈRE.

Parez votre danseuse, m'sieu! un petit bouquet.

CLAUDINET.

Il fait extrêmement chaud, ce me semble.

LA BOUQUETIÈRE.

Donnez donc un petit bouquet à mamzelle, fleurissez-la.

CLAUDINET.

Oh! que ces fleurs sentent fort!

LA BOUQUETIÈRE.

Soyez donc galant, m'sieu, soyez aimable : un bouquet à mamzelle!

CLAUDINET.

Mais, si mamzelle en désire...

SUZON.

Vraiment non.

LA BOUQUETIÈRE.

Prenez donc ce bouquet puisque m'sieu vous le donne.

CLAUDINET.

Eh! là, tout doux, il ne faut pas forcer les gens.

LA BOUQUETIÈRE.

Prenez celui-ci qui embaume.

SUZON.

Non pas, laissez.

LA BOUQUETIÈRE.

M'sieu ne souffrira pas que vous n'ayez point de bouquet.

CLAUDINET.

Mais, si mamzelle ne les aime pas?

SUZON.

Oh! que si fait, je les aime.

LA BOUQUETIÈRE.

Prenez donc, alors.

CLAUDINET.

Oui, oui, prenez.

LA BOUQUETIÈRE.

Celui-ci est le plus beau, il est de vingt sols.

SUZON.

Je vous remercie bien, m'sieu.

CLAUDINET.

Cela n'en vaut pas la peine. Vous avez là un superbe bouquet et qui flaire d'un goût exquis. Voilà comme je fais les choses, moi!

UNE PATISSIÈRE.

Régalez donc votre dame, m'sieu! voyez, voyez! des gaufres, des massepains, des gimblettes, des darioles, des tartelettes, des biscotins.

CLAUDINET.

Ah! cela est ennuyeux d'être à chaque instant heurté comme cela! retirons-nous un peu de ce côté.

LA PATISSIÈRE.

Tout est bon, tout est chaud! voyez donc, m'sieu, faites une politesse à mamzelle.

CLAUDINET.

Il y a trop de monde ici.

LA PATISSIÈRE.

Choisissez, mamzelle; croquez-moi ce nougat.

CLAUDINET.

Eh! prenez garde, madame, vous me marchez sur les pieds.

LA PATISSIÈRE.

Mille excuses ! Régalez donc mamzelle.

CLAUDINET.

Est-ce que vous avez faim, mamzelle Suzon?

SUZON.

Non, m'sieu.

LA PATISSIÈRE.

Cela n'y fait rien, c'est léger, c'est exquis, c'est appétissant, ce ne sont que des friandises. Prenez cette meringue.

CLAUDINET.

Eh ! doucement.

LA PATISSIÈRE.

Cette frangipane.

CLAUDINET.

Un moment.

LA PATISSIÈRE.

Cette marmelade.

CLAUDINET.

De grâce.

LA PATISSIÈRE.

Ce petit pâté.

CLAUDINET.

Attendez.

LA PATISSIÈRE.

Cette bergamotte.

CLAUDINET.

Laissez donc.

LA PATISSIÈRE.

Ce macaron.

CLAUDINET.

Eh! que diable, paix donc ! vous importunez mamzelle. Nous n'avons point faim et vos croûtes ont une maigre apparence.

LA PATISSIÈRE.

Des croûtes ! goûtez-y, mamzelle.

SUZON.

Non, cela n'est point mauvais.

LA PATISSIÈRE.

Vous en avez là pour dix sols.

SUZON.

Vous êtes bien aimable, m'sieu. Voulez-vous en goûter aussi?

CLAUDINET.

Non, merci, je ne mange jamais de ces sucreries, moi. Ah! voici notre tour pour le rigodon. J'espère que nous danserons ensemble toute la soirée.

SCÈNE VII

CLAUDINET, SUZON, L'ESPADRON, CATOGAN.

L'ESPADRON.

Vous v'là, mamzelle Suzon! c'est z'à moi que vous avez promis la contredanse consécutive.

SUZON.

Mais, vous croyez?... Il me semble... Ah! je me souviens.

L'ESPADRON.

En place et accéléré! La pointe basse, ça va commencer.

CLAUDINET.

Mais, mamzelle, vous m'avez promis aussi.

SUZON.

C'est vrai, j'avais oublié... je suis fâchée...

L'ESPADRON.

C'est z'assez s'attarder, ne faites point z'attention.

CLAUDINET.

Eh! cela est bien désagréable, entendez-vous? mamzelle.

L'ESPADRON.

On raisonne par là, z'à ce qu'il me paraît.

CLAUDINET.

Sans doute, je dis que mamzelle devait danser avec moi.

L'ESPADRON.

Je crois, parbleu! qu'il y a là un petit bourgeois qui bouge entre les pavés. Gare, si je me baisse!

LA FOIRE SAINT-NICOLAS

CLAUDINET.

Hum! hum!

L'ESPADRON.

Que dit-il?

CLAUDINET.

Je ne dis rien.

L'ESPADRON.

Veut-il qu'on lui coupe les oreilles?

CLAUDINET.

Je ne veux rien.

L'ESPADRON.

Ah, m'sieu se rebiffe!

CLAUDINET.

Je ne vous parle point.

L'ESPADRON.

M'sieu se joue z'à moi!

CLAUDINET.

Je ne vous ai point insulté, laissez-moi en paix.

L'ESPADRON.

Un petit bourgeois, corbleu! qui raisonne, qui m'offusque, qui me picote! Je te rosserai, morbleu! je te découdrai, ventrebleu! je t'avalerai, saperbleu!

CLAUDINET.

Eh! eh! vous me déchirez.

L'ESPADRON.

Tais-toi, petit bourgeois, tais-toi! tu me fais bouillir la cervelle. Tiens, petit bourgeois, tiens! tiens! tiens, v'là pour toi et dégaînons.

(Il le frappe, Suzon s'enfuit.)

CLAUDINET.

Holà, holà, au secours.

CATOGAN, se mettant entre deux.

Doucement, l'Espadron! doucement, mon petit m'sieu! point de torgnole, expliquons-nous; l'honneur avant tout.

CLAUDINET.

Oui, c'est cela, expliquons-nous d'abord.

CATOGAN.

Passons là derrière, et vidons la querelle en gens d'épée, et non point z'à la façon des crocheteurs.

CLAUDINET.

Mais je n'ai rien fait; je ne veux point me battre.

L'ESPADRON.

Vous ne vous battrez point, mille z'yeux ! Vous vous battrez ou je vais vous battre. Il me faut z'au moins te fendre en cinq ou six tranches.

CATOGAN.

Ah çà! voyons, vous avouez vos torts, mon bourgeois : venez un peu par ici. (Ils s'écartent.) A ce que je vois, vous ne tenez point z'absolument à verser du sang.

CLAUDINET.

Non, m'sieu le militaire, je vous en prie, je ne veux point me battre.

CATOGAN.

Je connais l'Espadron, c'est un sans-quartier. Je me sens de l'amitié pour vous ; faites-lui honnêteté, payez un broc de genièvre, et j'arrange l'affaire.

CLAUDINET.

Si ce n'est que cela, dites-le donc, m'sieu le soldat, je paie beaucoup de genièvre.

CATOGAN, à l'Espadron.

M'sieu te fait ses excuses, il nous régale et te demande ton estime.

L'ESPADRON.

A la bonne heure! voilà parler.

CATOGAN.

Holà, garçon! un broc de genièvre, c'est m'sieu qui paie.

UN GARÇON.

Cela nous fait vingt sols.

L'ESPADRON.

A votre santé, camarade !

CLAUDINET.

Je vous remercie, messieurs.

L'ESPADRON.

V'là les violons ! je m'en vais retrouver mamzelle Suzon. Au revoir, camarade.

CATOGAN.

Mes compliments à votre papa.

SCÈNE VIII

CLAUDINET, JAVOTTE, dans son tonneau.

JAVOTTE, chantant.

Sur le bord du chemin
La fille à la meunière,
Durant sa vie entière,
File, file du lin.

CLAUDINET.

Elle chante encore, mamzelle Javotte.

JAVOTTE.

O vous, gens qui passez,
Moines et mousquetaires,
Marchands, apothicaires,
Vous êtes bien pressés.

CLAUDINET.

Vous avez donc le cœur bien content, mamzelle Javotte ?

JAVOTTE.

Ah ! c'est vous, m'sieu Claudinet ? vous devez être bien plus joyeux, vous qui revenez de la foire.

CLAUDINET.

Ah ! ne m'en parlez pas.

JAVOTTE.

Dieu ! comme vous voilà fait !

CLAUDINET.

Je ne me suis pas amusé du tout.

JAVOTTE.

Et ces gens en parure qui se promènent par-ci, par-là, ces

carillons, ces chansons, ce beau monde des fêtes qui vous donnaient tant d'envie !

CLAUDINET.

Voulez-vous que je vous dise? je crois que toute la joie et le bruit qu'ils font paraître n'est que pour attraper les autres, et qu'ils font semblant de s'amuser.

JAVOTTE.

Vous voyez que j'ai bien fait de demeurer ici à travailler en chantant, et cela fait justement le troisième couplet de ma complainte. (Elle chante.)

> Allez, gens du moulin,
> Nous irons tous en terre,
> Durant la vie entière
> Filez, filez du lin.

TEL
MAITRE, TEL ÉCOLIER

TEL MAITRE, TEL ÉCOLIER

PERSONNAGES :

CASSANDRE.
MADAME CASSANDRE.
JEANNOT, leur fils.
SCARAMOUCHE.
LE SEIGNEUR PANDOLFE.
UN SERGENT.

SCÈNE PREMIÈRE

Une place publique devant la maison de Cassandre.

CASSANDRE, PANDOLFE.

CASSANDRE, *frappant à la porte du seigneur Pandolfe.*
Holà ! quelqu'un.

PANDOLFE.

Qui est là ?

CASSANDRE.

Votre voisin.

PANDOLFE, *à la fenêtre.*

Ah ! ah ! c'est le seigneur Cassandre.

CASSANDRE.

Moi-même, seigneur Pandolfe.

PANDOLFE.

Qu'y a-t-il pour votre service ?

CASSANDRE.

Deux mots, s'il vous plaît.

PANDOLFE.

Qu'est-ce ?

CASSANDRE.

Descendez donc.

PANDOLFE.

Je vous entends d'ici.

CASSANDRE.

Peste! je le crois bien, tout le quartier m'entend aussi, je m'égosille.

PANDOLFE.

Continuez.

CASSANDRE.

Descendez donc.

PANDOLFE.

Je ne puis.

CASSANDRE.

Allons donc!

PANDOLFE.

J'ai affaire.

CASSANDRE.

Moi aussi, et je voudrais vous demander conseil.

PANDOLFE.

Bah! quelque bavardage.

CASSANDRE.

C'est fort pressé et de conséquence.

PANDOLFE.

Je gage que c'est encore pour me conter quelque merveille de votre bijou de fils.

CASSANDRE.

Non, certainement, cela est sérieux.

PANDOLFE.

Ah! diable!

CASSANDRE.

C'est une affaire de famille; descendez, je vous prie.

PANDOLFE.

Puisque vous le voulez, me voici. Qu'y a-t-il?

CASSANDRE.

Faites-moi d'abord le plaisir de considérer ceci.

PANDOLFE.

Eh bien, c'est un chiffon de papier.

CASSANDRE.

Ne voyez-vous rien sur ce papier?

PANDOLFE.

Je vois des barbouillages.

CASSANDRE.

Des barbouillages! n'y voyez-vous point de l'écriture?

PANDOLFE.

Je vois des pattes de mouche qui ne signifient rien et des griffonnages alignés à peu près comme de l'écriture.

CASSANDRE.

Eh! justement. De l'écriture, vous y êtes. Savez-vous qui est-ce qui a fait cela?

PANDOLFE.

Eh! pardi non, ni ne m'en soucie.

CASSANDRE.

C'est mon fils! c'est Jeannot!

PANDOLFE.

Au diable! j'en étais sûr.

CASSANDRE.

Ce matin, comme j'étais occupé à je ne sais quoi, je le vois qui grimpe sur une chaise et s'assied devant une table. Je l'observe sans dire mot; il tenait une plume qu'il trempait dans une vieille écritoire et qu'il promenait ensuite sur du papier, puis il se cognait le front comme cela en ayant l'air de réfléchir. Madame Cassandre et moi, nous en mourions de rire. Enfin, au bout d'une heure il m'a rapporté cet écrit.

PANDOLFE.

Là! voyez-vous cela!

CASSANDRE.

Est-ce que vous ne trouvez pas cela singulier?

PANDOLFE.

Quoi donc?

CASSANDRE.

Que cet enfant si jeune, qui ne sait pas lire et qui n'a rien appris encore, ait écrit de la sorte.

PANDOLFE.

Mais il n'y a rien là d'écrit.

CASSANDRE.

Comment? voyez donc.

PANDOLFE.

Ce n'est point de l'écriture; l'on n'y voit rien.

CASSANDRE.

Parbleu, je ne prétends pas que cela soit tout à fait bien, puisque c'est d'un pauvre enfant, vous ai-je dit, qui ne sait pas du tout écrire.

PANDOLFE.

La peste! qu'est-ce que vous me faites donc voir!

CASSANDRE.

Mais ne dirait-on pas que c'est comme écrit?

PANDOLFE.

Au diable! vous dites vous-même qu'il ne sait point écrire!

CASSANDRE.

Voilà précisément qui est étonnant pour son âge. C'est l'intention qu'il y a là-dedans.

PANDOLFE.

Ces pattes de mouche sont au hasard et ne veulent rien dire.

CASSANDRE.

Sans doute, puisqu'il ne sait pas écrire; mais s'il avait appris le moins du monde, elles diraient beaucoup : il y manquerait fort peu de chose..

PANDOLFE.

Que la fièvre vous serre! C'est là tout ce que vous me voulez? Votre serviteur.

CASSANDRE.

Hé! deux mots de plus.

PANDOLFE.

Pas un seul.

CASSANDRE.

Seigneur Pandolfe!

PANDOLFE.

Je n'ai pas le temps.

CASSANDRE.

Ce n'est point cela que j'avais à vous dire.

PANDOLFE.

Point d'affaire.

CASSANDRE.

Je voulais vous consulter...

PANDOLFE.

Je ne puis.

CASSANDRE, le retenant.

Eh! un instant! que diable! vous n'êtes pas si pressé. Écoutez donc le cas où je me trouve.

PANDOLFE.

Hâtons-nous.

CASSANDRE.

Seigneur Pandolfe, comment trouvez-vous le petit air que voici? — tra tra tra, houp houp houp, lahoup lahoup lahoup!

PANDOLFE.

Eh! que me chantez-vous là?

CASSANDRE.

Écoutez donc : tra tra tra, lahoup lahoup lahoup. N'est-ce pas là de la musique?

PANDOLFE.

C'est une chienne de musique et une musique de chien.

CASSANDRE.

Songez donc que cet enfant n'a jamais appris la musique et qu'il a tiré cela tout seul de sa tête.

PANDOLFE.

Encore! je vous souhaite bien le bonjour.

CASSANDRE.

Hé! hé! doucement.

PANDOLFE.

Laissez-moi, je vous prie.

CASSANDRE.

Je suis au fait, je suis au fait; écoutez-moi : Jeannot ne sait pas la musique, remarquez bien ceci; je l'ai surpris il n'y a qu'un instant devant un guéridon; devinez ce qu'il faisait là?

PANDOLFE.

Eh! parbleu! vous m'impatientez.

CASSANDRE.

Il promenait ses doigts de long en large sur le guéridon, en dodelinant de la tête, absolument comme s'il jouait...

PANDOLFE.

Du clavecin?

CASSANDRE.

Justement! et si c'eût été un clavecin, il eût fait de la véritable musique : c'était la faute du guéridon.

PANDOLFE.

Allons, cela me suffit, je vous tire ma révérence.

CASSANDRE.

Attendez, ce n'est pas là que j'en veux venir.

PANDOLFE.

Finissons.

CASSANDRE.

Je commence. Mon fils Jeannot ayant montré des dispositions si heureuses, je me suis résolu de lui donner un précepteur. Quoi qu'on puisse dire, rien ne saurait m'en détourner. Je vous demande votre avis là-dessus.

PANDOLFE.

Donnez-lui un précepteur, croyez-moi.

CASSANDRE.

C'est qu'il se trouvera de malignes gens qui en jaseront; on trouvera que je prends là un ton au-dessus de ma condition, et qu'il ne convient pas que le fils d'un bourgeois soit traité comme un fils de seigneur.

PANDOLFE.

Faites mieux, ne prenez point de précepteur.

CASSANDRE.

D'autre part, Jeannot est d'une étoffe à illustrer la souche des Cassandre, et je ne me pardonnerais jamais d'avoir laissé périr de si belles espérances.

PANDOLFE.

Eh! morbleu! donnez-lui un précepteur, et n'en parlons plus.

CASSANDRE.

Oui, vertubleu ! on jasera, on chuchotera, on caquettera, mais je n'en ferai qu'à ma tête. Mon fils a de l'esprit, j'en ferai un savant, un docteur, un poëte.

PANDOLFE.

C'est bien vu.

CASSANDRE.

Il apprendra la philosophie, la géométrie, la théologie et l'astronomie et la chiromancie et la trigonométrie.

PANDOLFE.

C'est d'un bon père.

CASSANDRE.

Et si l'on jase encore, la chirurgie, la stratégie, la géorgie, l'hémorrhagie et la géographie.

PANDOLFE.

Il n'y a pas de mal à ça.

CASSANDRE.

Et si l'on bronche, l'arithmétique, la mathématique, la pathétique, l'hydraulique et la mécanique.

PANDOLFE.

Il le doit.

CASSANDRE.

Et si l'on ajoute un mot l'orthographe.

PANDOLFE.

Et qu'on s'y frotte !

CASSANDRE.

N'êtes-vous pas de mon avis ?

PANDOLFE.

Si vraiment.

CASSANDRE.

Qu'en dites-vous ?

PANDOLFE.

Je dis qu'au lieu de les faire apprendre à votre fils, vous auriez dû apprendre vous-même l'astronomie, la philosophie, l'arithmétique, l'hémorrhagie, la géorgie et l'orthographe, car vous n'êtes qu'un vieux fou, un vieux sot, et moi un autre fou, qui ai la bonté de vous écouter, et qu'on n'y reprendra plus. Votre très humble valet. (Il sort.)

SCÈNE II
CASSANDRE, puis SCARAMOUCHE.

CASSANDRE.

Diable d'homme! il ne peut rien entendre. Je m'aperçois bien que lui-même il ne voit pas la chose d'un bon œil. Je l'aurais cru plus fort de mes amis; le monde est si jaloux!... Allons cependant m'occuper de chercher l'homme qu'il me faut. Trivelin m'a parlé d'un bachelier... Quel est cet étranger tout habillé de noir et d'apparence si respectable? il m'a l'air d'un savant.

SCARAMOUCHE, à part.

Que veut cet homme-ci?

CASSANDRE, haut.

Sa seigneurie arrive en cette ville?

SCARAMOUCHE.

Non, j'en pars à l'instant. (A part.) C'est un espion.

CASSANDRE.

En ce cas, vous y demeurez?

SCARAMOUCHE.

J'ai dit que j'en sortais.

CASSANDRE.

J'entends que pour partir, il faut être arrivé.

SCARAMOUCHE, à part.

C'est plutôt un brave homme.

CASSANDRE.

Vous êtes étranger en un mot?

SCARAMOUCHE.

Hélas! oui, comme vous. Je suis étranger ici, vous le seriez ailleurs. Étranger vient d'étrange, qui signifie extraordinaire : un homme comme vous serait fort extraordinaire dans mon pays.

CASSANDRE.

Je ne m'étais pas trompé, vous êtes un homme d'esprit,

cela se voit tout de suite à votre manière aimable de dire les choses : moi, je l'avais pensé rien qu'à voir votre habit. Vous êtes médecin ?

SCARAMOUCHE.

Grand médecin.

CASSANDRE, saluant.

Ah! ah! j'en suis fort aise; cette ville n'a que de bien méchants praticiens.

SCARAMOUCHE.

Parlez, monsieur : je voyage pour mon agrément et pour l'instruction du public; j'arrache les dents, j'extirpe les cors, et j'ai là une petite poudre qui détruit la vermine.

CASSANDRE.

Hélas ! ce n'est point de vermine que j'ai besoin.

SCARAMOUCHE.

De plus, je guéris la surdité au son de la grosse caisse.

CASSANDRE.

Vous êtes musicien ?

SCARAMOUCHE.

Grand musicien.

CASSANDRE, saluant.

Permettez que je vous en félicite.

SCARAMOUCHE.

La musique est la plus haute éloquence, et je ne parle jamais en public sans accompagnement de cymbales.

CASSANDRE.

Ce n'est point là encore ce qu'il me faut... Mais monsieur, à ce que je vois, est philosophe.

SCARAMOUCHE.

Grand philosophe.

CASSANDRE, saluant.

Oh! oh! mais ce n'est point tout à fait là ce que je voudrais.

SCARAMOUCHE.

Les sciences se tiennent par la queue, et le sage n'en dédaigne aucune. Je panse aussi les chevaux et sers fort bien à table.

CASSANDRE, saluant.

Oh! oh! oh! est-il possible!

SCARAMOUCHE.

S'il est possible? mais c'est où je brille le plus. Je n'ai point mon pareil pour le service d'office et d'écurie; je frotte, j'époussette et je balaie d'un goût tout particulier : il n'y a pas un médecin dans le monde pour me le disputer. C'est encore un avantage que j'ai sur le commun des philosophes, et si vous voulez en user...

CASSANDRE.

Vous vous moquez : ce n'est point de cela que j'ai besoin.

SCARAMOUCHE.

Dans une maison bourgeoise, par exemple, je serais un excellent concierge.

CASSANDRE.

Ah! si vous saviez seulement le latin!

SCARAMOUCHE.

Le latin! c'est ma langue maternelle.

CASSANDRE.

Quoi! avec tout le reste, vous savez le latin?

SCARAMOUCHE.

C'est le patois des paysans de mon pays...

CASSANDRE.

Vous pourriez donc faire l'éducation de mon fils?

SCARAMOUCHE.

D'autant mieux que je viens de finir celle d'un petit prince.

CASSANDRE.

Vous êtes donc un précepteur?

SCARAMOUCHE.

J'ai d'abord été le mien, et votre serviteur est un élève qui me fait honneur.

CASSANDRE.

Hé! hé! ho! holà! madame Cassandre! holà! Jeannot! descendez, accourez! j'ai trouvé un précepteur, un savant, un philosophe, un musicien! — Monsieur le docteur, vous daignerez d'abord interroger mon fils qui s'appelle Jeannot.

J'espère que vous serez content. Il a été mal commencé ! mais c'est un petit espiègle qui pourrait bien faire.

SCARAMOUCHE, drapé dans son manteau, avec importance.
Je verrai bien d'un clin d'œil.

CASSANDRE.
Holà ! ho ! descendez !

SCÈNE III

CASSANDRE, SCARAMOUCHE, MADAME CASSANDRE, JEANNOT.

CASSANDRE.
Venez çà, petit morveux, et tenez-vous bien. Vous êtes ici devant votre maître.

MADAME CASSANDRE.
Mouchez-vous d'abord.

CASSANDRE.
Vous n'avez qu'à vous bien tenir, mon petit ami. Ah c'est que M. le précepteur est un habile homme, qui vous questionnera sur tout plein de choses à quoi vous ne vous attendez pas. Écoutez bien et songez à bien répondre.

SCARAMOUCHE.
Hum ! hum ! brumm !

MADAME CASSANDRE.
Levez donc la tête, mon bichon, et soyez savant. Vous n'avez qu'à vouloir.

CASSANDRE.
Il est un peu timide ? mais vous ne laisserez pas de voir qu'il n'en sait pas mal pour son âge.

MADAME CASSANDRE.
Trop, trop, il ne me laisse pas un moment de repos à la maison ; c'est une fable par-ci, du catéchisme par-là. Il ne fait que piailler ; et puis des chansons ! oh ! des chansons ! il retient. Jeannot, chantez à monsieur la ronde à *maman Truiton*.

CASSANDRE.

Laissez donc, madame Cassandre. De quoi, vertubleu ! allez-vous parler à M. le docteur ! Interrogez à votre guise, monsieur, et sur des études plus sérieuses.

SCARAMOUCHE.

Hum ! hum ! brumm ! approchez, mon petit ami. (A Cassandre.) Sa figure me revient. Peste ! il a là une bosse à la nuque qui ne trompe jamais : c'est un signe de grand esprit.

MADAME CASSANDRE.

Ce petit garnement sera tombé ce matin : il n'a point de bosse ordinairement.

CASSANDRE.

Laissez parler, madame Cassandre.

MADAME CASSANDRE.

C'est que je trouve cela singulier. Lui qui n'a jamais de bosse !

CASSANDRE.

Mais taisez-vous donc, madame Cassandre ! M. le docteur ne blâme pas cela, au contraire.

SCARAMOUCHE.

Monsieur, ma méthode en ceci est que le maître doit plaire à l'élève, comme l'élève au maître. J'ai ici sous ma soutanelle divers ingrédients pour faciliter la communication des idées. Tenez, jeune homme, croquez-moi cette dariole. Vous sentez-vous du penchant pour moi ?

MADAME CASSANDRE.

Oh ! que certainement, n'est-ce pas, Jeannot ?

CASSANDRE.

N'est-il pas vrai, mon fils, que vous aimez monsieur ?

JEANNOT.

Oui... c'est bon.

MADAME CASSANDRE.

Oui. Voyez-vous ça ! Oh ! il n'a pas la langue mal pendue !

SCARAMOUCHE.

Très-bien ! très-bien ! Cela me suffit. Cet enfant n'en restera pas là.

CASSANDRE.

Maintenant, faites-lui quelque petite question... à sa portée, j'entends.

SCARAMOUCHE.

Fort bien. Hum! hum! Sur quelle matière souhaitez-vous que je l'interroge?

CASSANDRE.

Mais... les commencements : un peu de latin, de géographie, de mythologie, de ces petites babioles que vous savez.

SCARAMOUCHE.

Ah! j'y suis. D'abord du latin, puis un peu de mythologie, nous terminerons par la géographie. Il sait tout cela mieux que vous et moi, le drôle.

CASSANDRE.

Ah! monsieur, vous badinez. Çà, que je ne vous trouble point.

SCARAMOUCHE.

Voyons donc. Je voudrais d'abord, mais non, hum! hum! brum! Mon petit ami, qu'est-ce que... Oh! oh! qu'allais-je dire! ceci est trop fort pour lui. Mon petit ami, qu'est-ce qu'un... substantif?

CASSANDRE.

Voyons, Jeannot, écoutez bien... Qu'est-ce qu'un substantif?

SCARAMOUCHE, à Cassandre.

Ceci, comme vous voyez, est fort simple.

CASSANDRE.

Mais oui, c'est... assez simple.

SCARAMOUCHE.

Quand je dis simple, j'entends... c'est peut-être un peu fort pour un enfant.

CASSANDRE.

Je crois aussi que c'est un peu fort. Ne pourriez-vous pas gazer un peu la question? J'entends... la dévoiler, au contraire.

SCARAMOUCHE.

Non, parbleu! Il est en état de savoir cela.

CASSANDRE.

Voyons en ce cas. Un substantif, Jeannot, un substantif?

SCARAMOUCHE.

Un subs-tan-tif.

JEANNOT.

C'est le verbe *sum*.

SCARAMOUCHE.

Corbleu! très-bien! très-bien!

CASSANDRE.

Il a bien dit?

SCARAMOUCHE.

Mieux que moi, vous dis-je, mieux que moi!

CASSANDRE.

C'est bien, ça, Jeannot!

JEANNOT.

Hi! hi! c'est drôle! Je ne savais pas que c'était ça.

MADAME CASSANDRE.

Baisez-moi, mon petit loup.

CASSANDRE, à sa femme.

Quel homme que ce docteur!

MADAME CASSANDRE.

Ne m'en parlez pas!

SCARAMOUCHE.

A présent, jeune homme, qu'est-ce qu'on entend par les parties aliquotes?

JEANNOT.

Heu, heu, eu eu eu — l'Europe...

SCARAMOUCHE.

Fort bien! Allons!

JEANNOT.

L'Asie, l'Afrique et l'Amérique.

SCARAMOUCHE.

Parfaitement!

MONSIEUR ET MADAME CASSANDRE.

Parfaitement!

SCARAMOUCHE.

De plus fort en plus fort! Dites-moi, mon ami, qu'est-ce que vous entendez par le carré de l'hypothénuse?

JEANNOT.

J' n'entends pas.

MONSIEUR ET MADAME CASSANDRE.

Il n'entend pas.

SCARAMOUCHE.

Le carré de l'hypothénuse, plus la quadrature du cercle selon le système de Copernic?

JEANNOT.

C'est l'art de parler et d'é...

SCARAMOUCHE.

Allez! allez! allez!

JEANNOT.

...crire correctement... eu... eu... eu... Les mots sont composés de lettres, les voyelles et les conson...

SCARAMOUCHE, à Cassandre.

Monsieur, cet enfant n'a pas besoin de moi. J'y renonce, il serait mon maître.

CASSANDRE.

Laissez donc, seigneur, vous voulez rire.

SCARAMOUCHE.

Non, sur mon âme, il en sait plus que moi. Continuez, jeune homme, continuez!

MADAME CASSANDRE.

Continue, mon chou, ne te gêne pas.

JEANNOT, bredouillant.

Les consonnes eu, euh, euh, Pierre Paul, livre, chapeau, eu... eu... à la place du nom, eu... eu... Ludovicus rex, eu... eu... Calypso ne pouvait se consoler du départ d'Ulysse; dans sa douleur elle, eu... eu... eu... tenait dans son bec un fromage, eu... eu... est long dans pâte et bref dans flûte, eu... eu... eu...

SCARAMOUCHE.

C'est bien. (A Cassandre.) Monsieur, permettez que je vous embrasse.

CASSANDRE, pleurant.

Ah! c'est un bien beau jour que celui-ci, ce n'est point parce que je suis son père...

MADAME CASSANDRE, pleurant.

Ah! que cela est bien doux pour une mère!... Pauvre enfant, va!... comme c'est triste aussi.

CASSANDRE.

Allons, chère femme, vous voilà à pleurer!

MADAME CASSANDRE.

Vous pleurez bien, vous.

CASSANDRE.

Jeannot, pour finir dignement, récitez une fable à monsieur.

MADAME CASSANDRE.

Non, pas une fable, la ronde à maman Truiton.

CASSANDRE.

Eh bien, la ronde à maman Truiton.

JEANNOT, d'une voie aiguë.

C'est la maman Truiton
Qui nous mène avec elle,
Quand revient l'hirondelle,
Pêcher à — l'hanneton —
Et ton ton et ton taine
La farira!

SCARAMOUCHE.

Et ton ton et tontaine!... Il se fatigue, assez! Il est charmant!

CASSANDRE.

A cette heure, monsieur le docteur, je vous le livre; vous pouvez vous retirer chez moi et le perfectionner à votre guise, il n'y peut que gagner; quant à vos honoraires... Reposez-vous sur moi.

SCARAMOUCHE.

Ne parlons point de cela, je vous prie.

SCÈNE IV

CASSANDRE, PANDOLFE.

CASSANDRE.

Hé! hé! seigneur Pandolfe, d'où revenez-vous si alerte?

PANDOLFE.

J'ai fait un grand tour en ville, où il y a grand bruit.

CASSANDRE.

Qu'est-ce donc?

PANDOLFE.

Un drôle qui jouait la parade sur les tréteaux du seigneur Scapiglione, le marchand d'orviétan, et qui s'est enfui avec la recette. Les sergents sont à ses trousses.

CASSANDRE.

J'ai aussi du nouveau à conter. J'ai trouvé enfin un précepteur.

PANDOLFE.

Quelque cuistre de village.

CASSANDRE.

Un docteur, s'il vous plaît, un philosophe, et qui a trouvé mon fils digne de lui. — Voici Jeannot, au surplus, qui est beaucoup plus savant qu'on ne croyait. Je ne dis pas cela pour vous mortifier.

SCÈNE V

CASSANDRE, PANDOLFE, JEANNOT.

PANDOLFE.

Je suis curieux de connaître les commencements de cette éducation.

CASSANDRE.

Venez ici, Jeannot. — Eh bien, qu'est-ce que vous me jetez-là?

JEANNOT.

C'est une pomme cuite.

CASSANDRE.

Mais, savez-vous que cela n'est pas bien?

JEANNOT.

Si! mon précepteur a dit que cela était bien. — J'en jetais tout à l'heure à mon grand cousin; mon précepteur a dit comme ça que j'étais bien gentil et qu'il fallait en jeter beaucoup.

PANDOLFE.

Ce précepteur est donc un sauvage! A votre aise, voisin!

JEANNOT.

Mon précepteur? Il est bien gentil et moi aussi. Il veut que je boive du vin en cachette.

CASSANDRE.

Cet enfant ne sait ce qu'il dit. Venez ici, Jeannot.

JEANNOT, chante à tue-tête.

Boire et chanter toute la vie
C'est ma philosophie.

CASSANDRE.

Qu'est-ce que vous chantez là?

JEANNOT.

C'est une jolie chanson de mon précepteur.

CASSANDRE.

Il n'est pas possible! Venez ici sur-le-champ.

JEANNOT.

Ah bien, attrapez-moi. (Il se sauve.)

PANDOLFE.

Je vois, mon cher voisin, que je suis arrivé à temps pour mettre tout en ordre chez vous, car, vous le savez, je vous aime sincèrement et vous porte intérêt, quand vous voulez bien entendre raison. Amenez-moi ce précepteur.

CASSANDRE.

N'en croyez point cet enfant, c'est un digne docteur. Le voici, au surplus, ne le rudoyez pas.

SCÈNE VI

CASSANDRE, PANDOLFE, SCARAMOUCHE, JEANNOT.

PANDOLFE.

Monsieur le précepteur, mon cher voisin Cassandre, brave homme, excellent père, un peu faible peut-être, veut bien s'en remettre à moi pour le choix du précepteur de son fils. Qu'enseignez-vous à cet enfant?

SCARAMOUCHE.

Hum! hum! monsieur, je trouve singulier que... J'enseigne ce qu'il faut. Seriez-vous en état de juger?...

PANDOLFE.

Faites seulement devant moi quelques questions à votre élève.

SCARAMOUCHE.

Je ne m'abaisserai point jusqu'à... Enfin puisqu'on l'exige, répétez, mon élève ce que...

CASSANDRE.

Le carré de l'hypothénuse.

SCARAMOUCHE.

Justement! Qu'est-ce que c'est que la quadrature du cercle?

PANDOLFE.

Eh bien, monsieur le docteur, c'est moi qui vous le demande.

SCARAMOUCHE.

Vous?

PANDOLFE.

Moi!

SCARAMOUCHE.

Vous êtes un insolent!

CASSANDRE.

Tout doux.

PANDOLFE.

Vous êtes un faquin!

CASSANDRE.

Hé! la paix!

SCARAMOUCHE.

Vous ne savez pas ce que vous demandez.

PANDOLFE.

Vous ne savez pas ce que l'on vous demande.

CASSANDRE, à Pandolfe.

Mais si vraiment, c'est un homme instruit.

PANDOLFE.

Je vous dis que c'est un âne.

CASSANDRE, à Scaramouche.

Il est bon homme au fond; ne vous en piquez point.

PANDOLFE.

Sarpejeu!

SCARAMOUCHE.

Sambrejeu!

CASSANDRE.

Hé! pour dieu! la paix!

UN SERGENT, entrant.

Quel est ce bruit? Hé! c'est mon homme! Au nom du seigneur Scapiglione, monsieur le Scaramouche, qui m'avez tant fait courir, je suis bien aise de vous rencontrer et je vous arrête.

PANDOLFE.

Tenez! c'est justement le drôle de tantôt.

CASSANDRE.

Je demeure confondu. (Le sergent emmène Scaramouche.)

PANDOLFE.

Et grâce à moi, vous voilà retiré d'un fier guêpier. J'espère enfin, mon voisin, que ceci vous guérira d'un aveuglement qui a failli compromettre l'éducation de votre fils; et vous, Jeannot, mon garçon, vous y apprendrez que des éloges trop facilement et trop indulgemment accordés ne prouvent point toujours qu'on est savant et ne doivent tout au plus qu'encourager un enfant sage à le devenir.

TOUT CE QUI LUIT

N'EST PAS OR

PROVERBE

TOUT CE QUI LUIT
N'EST PAS OR

PERSONNAGES

LE DUC.
LÉOPOLD, son fils.
L'ESPINGOLE, sergent racoleur.

LA CHAMADE, tambour.
GRENADIERS.
VALETS.

SCÈNE PREMIÈRE

Un salon du château, fenêtres sur le perron de la cour et du jardin.

LE DUC, LÉOPOLD.

LÉOPOLD, *entrant tout en pleurs et l'œil poché.*
Holà, monseigneur! holà! à mon secours, j'ai la tête traversée. Holà là! mon Dieu, j'en mourrai, c'est certain.
LE DUC.
Qu'est-ce encore?
LÉOPOLD.
C'est le petit chevalier qui m'a accommodé comme me voilà : nous jouions à la bataille, et comme c'est moi qui étais vainqueur, il m'a lâché un grand coup de fouet au travers de la figure. — Ho! ho! ho! il faut vite courir après ce méchant chevalier.

LE DUC.

Il est assez à plaindre si vous l'avez vaincu.

LÉOPOLD.

Oui, c'est moi qui suis le vainqueur, il ne le peut nier. Ho! ho! ho!

LE DUC.

Laissez-le donc se retirer en désordre; il faut savoir vaincre et ne pas abuser de la victoire.

LÉOPOLD.

Mais c'est lui qui m'a fait cette estafilade.

LE DUC.

Ce sont là des hasards de la guerre.

LÉOPOLD.

Hé! hé! hé! cela me cuit.

LE DUC.

Cela vous fait honneur.

LÉOPOLD.

J'en suis tout ébloui, hi! hi!

LE DUC.

Ce n'est que glorieux.

LÉOPOLD.

Oh! la la! je n'y tiens plus.

LE DUC.

Sans doute.

LÉOPOLD.

Je me meurs si l'on ne me donne des secours.

LE DUC.

A merveille!

LÉOPOLD.

On m'a dit que cela saignait... Cela doit saigner.

LE DUC.

Je le veux croire.

LÉOPOLD.

C'est un coup dangereux.

LE DUC.

J'en suis bien aise.

LÉOPOLD.

Je vais m'évanouir, monseigneur, appelez vos gens.

LE DUC.

Je m'en garderais bien.

LÉOPOLD.

Cela vous réjouit donc de me voir si malade?

LE DUC.

Assurément.

LÉOPOLD.

Oh! pourquoi cela, mon bon père?

LE DUC, sévèrement.

Vous me le demandez, monsieur! ne vous avais-je point défendu ces jeux-là? ne deviez-vous point étudier ce matin? où sont vos devoirs? où sont vos leçons? (Léopold s'apaise tout à coup et s'éloigne confus.) Vous nous avez désobéi, à moi et à votre précepteur. C'est une double faute dont je compte vous punir. Rendez-moi d'abord votre épée que vous êtes indigne de porter, toute postiche qu'elle est.

LÉOPOLD.

Monseigneur, vous m'avez dit souvent qu'elle convenait à un homme de ma condition.

LE DUC.

Oui, quand l'homme convient à son épée: mais vous la déshonorez, vous dis-je, et n'en faites qu'un jouet ridicule.

LÉOPOLD.

Précisément, je grille d'en faire un plus noble usage, et ne souhaite rien tant que de m'en servir tout de bon.

LE DUC.

On en peut juger par le coup de fouet qu'elle vous a si bien paré.

LÉOPOLD.

Vous badinez, monseigneur; mais on dit que nous sommes en guerre, que le roi vient de partir pour l'armée, et je vous proteste que je m'enrôlerais pour le suivre s'il ne tenait qu'à moi.

LE DUC.

Quoi! encore ces idées belliqueuses, encore ces idées guerrières qui vous trottent par la cervelle? Sachez, mon fils, qu'il est toujours ridicule de choisir une carrière à votre âge, parce qu'on n'a ni la raison ni l'esprit qui la décident plus tard, et la carrière des armes surtout, parce qu'on n'est encore qu'un petit poltron.

LÉOPOLD.

Et pourquoi ne serais-je pas un grand capitaine, puisque j'en ai le goût à cette heure? n'ai-je pas lu dans Plutarque que les héros donnaient à voir dans leur enfance ce qu'ils seraient plus tard?

LE DUC.

Sachez encore qu'il n'est rien de plus vaniteux que de se comparer tout d'abord à des hommes extraordinaires. Car je vous le répète, ce qui vous séduit dans le métier de la guerre, ce n'est point la vraie gloire d'un bon gentilhomme, que vous ignorez encore; ce sont les hausse-cols, les plumets éclatants, la frivolité d'un riche uniforme, et voilà précisément ce qui vous confond avec les enfants du vulgaire.

LÉOPOLD.

Il en sera pour ce moment ce qui vous plaira; mais j'espère, Dieu aidant, faire quelque jour un bon gentilhomme et un bon soldat.

LE DUC.

Voilà qui vous trompe. Je n'ai point mis cela dans mes idées. Vous êtes mon fils unique, et vous mourrez, si vous le trouvez bon, dans votre lit et dans ce château que voici. Plaise à Dieu que vous ne veniez point me supplier quelque jour de vous faire chanoine.

LÉOPOLD.

Qui, moi, me faire d'église? cela est bon pour des goutteux; et, Dieu merci, tant qu'il me restera cette main droite pour brandir un sabre, elle sera au service du roi.

LE DUC.

Brisons-là, monsieur : vous perdez votre temps et me feriez mettre inutilement en colère. Çà, qu'on apprenne cette leçon.

LÉOPOLD, intimidé, s'accoude sur ses livres.

Oui, monseigneur.

LE DUC.

Et ne bougez point d'ici, entendez-vous, monsieur?

LÉOPOLD.

Oui, monseigneur.

LE DUC.

Relisez Plutarque, monsieur.

LÉOPOLD.

Oui, monseigneur.

LE DUC.

Et tâchez d'en tirer meilleur profit. (Il sort.)

LÉOPOLD, se levant.

Ils ont beau dire, je ne suis bon qu'à faire un héros, et dans dix ans j'irai à l'armée sur un beau cheval, oh! un cheval! (Il court autour du salon.) Patatras! patatras! patatras!

LE DUC, revenant.

N'oubliez pas surtout d'être en mesure de réciter à midi.

LÉOPOLD, se rasseyant.

Oui, monseigneur. — Je veux une housse verte d'abord, puis je vais à la tranchée, on bat la charge. Voilà l'ennemi! Ran, ran, ran, tchin, tchin, baoum, pif, paf, pouf.

LE DUC, revenant.

C'est moi-même qui vous interrogerai.

LÉOPOLD, se rasseyant.

Oui, monseigneur. — Et l'assaut à la baïonnette! Enlevez, ran ran ran ran ran ran ran ran!

LE DUC, revenant.

Et si je ne suis pas content, aux arrêts forcés pour huit jours!

LÉOPOLD, se rasseyant.

Oui, monseigneur. — (Il court autour de la salle en culbutant les chaises.) Et ran ran ran ran ran ran.

LE DUC, revenant.

Au pain et à l'eau !

LÉOPOLD, se rasseyant.

Oui, monseigneur. — Ran ran ran ran pif paf pouf ! — Tiens, misérable ! voilà pour les Espagnols, voilà pour les Allemands, voilà pour les lansquenets, et tiens, et tiens, et tiens ! Ce sont les Français qui l'emportent ! — Oh ! que j'aurais voulu suivre M. de Grammont ! comme son hausse-col brillait au soleil ! quel galant uniforme ! Bah ! il faudra bien que cela finisse ainsi. Voici que j'ai bientôt dix ans; c'est bien près de vingt ; alors il n'y aura plus moyen de m'appeler petit garçon. On m'équipe, on m'achète un trousseau, et me voilà parti pour l'armée du roi. (On entend le bruit d'un tambour.) Oh ! qu'est-ce que cela ? Des militaires ! un tambour ! (Il s'approche de la fenêtre.) Oh ! des grenadiers ! un, deux, trois, quatre, cinq grenadiers ! qu'est-ce que cela signifie ? Il faut que j'aille voir. — Le sergent est tout cousu d'or ! bon Dieu ! le grand plumet ! Il faut absolument que je voie cela de plus près. (Il enjambe la balustrade et saute dans la cour.)

SCÈNE II

La cour du château.

LE SERGENT L'ESPINGOLE, LA CHAMADE, DES GRENADIERS, puis LÉOPOLD.

L'ESPINGOLE.

Halte ! front ! alignement ! portez armes ! fixe ! reposez vos armes ! rompez les rangs !

LA CHAMADE.

Ouf ! je suis sur les dents.

L'ESPINGOLE.

Toi, La Chamade, va-t'en porter nos billets de logement au maître de cette maison. Holà ! mon petit garçon, qui lorgnez si bien mes torsades, pourriez-vous me dire où est le seigneur du château ?

LÉOPOLD.

Je suis son fils, monsieur le soldat.

L'ESPINGOLE.

En ce cas, mon jeune monsieur, dites-nous où est monseigneur votre père.

LÉOPOLD.

Je m'en vais aller le chercher si vous le voulez bien, monsieur le soldat.

L'ESPINGOLE.

Non, morbleu! mon tambour l'ira bien trouver.

LÉOPOLD.

Est-ce que vous allez loger ici?

L'ESPINGOLE.

Hélas! oui, monsieur. Cela vous fâche?

LÉOPOLD.

Oh! que non! Bien au contraire, j'en suis tout ravi.

L'ESPINGOLE.

Vous aimez donc les gens de guerre?

LÉOPOLD.

Beaucoup, monsieur le soldat. Est-ce de l'or que vous avez là? Oh! les belles plumes! le grand sabre!

L'ESPINGOLE.

N'y touchez pas, il mord.

LÉOPOLD.

Bah! laissez donc, monsieur le soldat, je sais bien que cela n'est que pour badiner. Voulez-vous me permettre d'y toucher?

L'ESPINGOLE.

Le voilà, mon petit monsieur.

LÉOPOLD.

Oh! la belle lame! oh! oh! — Si on donnait un grand coup de cela à travers le ventre, hein? Comme ça doit tuer cela! et ran plan plan, et ran tamplan.

L'ESPINGOLE.

Vous me paraissez d'un goût décidé pour les armes.

20

LÉOPOLD.

Oh! oui, monsieur; je veux être soldat comme vous.

L'ESPINGOLE.

Eh! morbleu! il faut vous enrôler dans notre régiment; Royal-Cravate, beau régiment! Je recrute justement pour le corps, et j'ai surtout besoin de beaux hommes.

LÉOPOLD.

Ah! monsieur! j'en meurs d'envie.

L'ESPINGOLE.

Bah! vraiment?

LÉOPOLD.

Je vous en prie, enrôlez-moi.

L'ESPINGOLE.

Qu'à cela ne tienne, mon gentilhomme.

LÉOPOLD.

Quoi! vraiment, vous me prenez avec vous?

L'ESPINGOLE.

Il n'y a pas de doute.

LÉOPOLD.

Je serai soldat?

L'ESPINGOLE.

Soldat.

LÉOPOLD.

J'aurai une giberne, un sabre, un fusil, et je m'en irai à la guerre.

L'ESPINGOLE.

Tout comme nous.

LÉOPOLD.

Cela n'est pas possible. Que je suis content! J'en mourrai de joie. Tra tra deri dera.

L'ESPINGOLE.

Seulement, vous pensez bien qu'il me faut le consentement de monsieur votre père.

LÉOPOLD, tristement.

Ah! il ne le voudra pas.

L'ESPINGOLE.

Je m'en charge.

LÉOPOLD.
Quoi ! vous le lui demanderez ?
L'ESPINGOLE.
Et je l'obtiendrai.
LÉOPOLD.
Charmant, charmant ! Bon militaire, brave sergent, je vous aimerai bien. Ainsi me voilà soldat.
L'ESPINGOLE.
Il ne reste qu'à signer l'engagement; après quoi, il n'y a plus à s'en dédire.
LÉOPOLD.
Fort bien. Dites-moi un peu alors ce qu'il faut faire quand on est soldat, et quel train de vie on mène.
L'ESPINGOLE.
Un train de vie assez agréable, comme vous allez voir. Voici comme les jours se passent. Le matin, on bat la diane, on se lève...
LÉOPOLD.
Il m'est revenu qu'on se levait un peu grand matin.
L'ESPINGOLE.
C'est selon. On n'empêche point de se lever de grand matin ceux qui le veulent. Aimez-vous à vous lever de bonne heure ? Si vous le voulez absolument...
LÉOPOLD.
Non, j'aime assez à dormir.
L'ESPINGOLE.
Tant mieux, vous êtes dans l'ordre. Le matin donc on vous éveille entre neuf et dix heures.
LÉOPOLD.
Voilà qui me plaît.
L'ESPINGOLE.
Bon ! Vous avez une heure pour la toilette et pour vous débarbouiller; après quoi la cantinière vous apporte à déjeuner, lequel déjeuner, je dois vous le dire, se réduit pour l'ordinaire, à une jatte de crème, une douzaine de gimblettes, quelques confitures et des biscuits.

LÉOPOLD.

Mais cela n'est point si mauvais.

L'ESPINGOLE.

Le dimanche, au surplus, on y ajoute des marmelades et des cédrats confits.

LÉOPOLD.

Ne craignez rien, je m'y accoutumerai. Après.

L'ESPINGOLE.

Après l'on se rend dans la cour de la caserne, pour la récréation qui ne dure à la vérité que deux heures au plus.

LÉOPOLD.

Oh! bien, cela est assez raisonnable.

L'ESPINGOLE.

A midi, l'on dîne.

LÉOPOLD.

C'est bien vu. Après?

L'ESPINGOLE.

Après? le régiment s'amuse encore une heure ou deux, après quoi, par exemple, il n'y a pas à s'en dispenser, on manœuvre pendant un gros quart d'heure.

LÉOPOLD.

Mais cela est bien juste.

L'ESPINGOLE.

Avec armes et bagages.

LÉOPOLD.

Sans doute.

L'ESPINGOLE.

En grande tenue.

LÉOPOLD.

J'aime ça. Après?

L'ESPINGOLE.

Après, l'on goûte dans le jardin, l'on joue à Colin-Maillard ou à cligne-musette, à volonté, et l'on s'en va paisiblement se coucher.

LÉOPOLD.

Est-ce là tout?

L'ESPINGOLE.

A peu près.

LÉOPOLD.

Oh ! bien, je suis né pour être soldat; aucune des fatigues militaires n'est capable de me rebuter. Mais voyez encore, j'ai ouï dire que le pain des soldats était fort noir.

L'ESPINGOLE.

Il est vrai, c'est du pain-d'épice, mais on peut en avoir d'autre pour de l'argent.

LÉOPOLD.

Point du tout, je mangerai du pain-d'épice; je ne le hais point. On m'a dit aussi qu'on mettait quelquefois les soldats au cachot.

L'ESPINGOLE.

Il est vrai, je ne saurais vous tromper. Il y a un cachot pour les soldats désobéissants qui s'avisent de lire, d'étudier et de s'occuper de choses qui ne sont point de leur état.

LÉOPOLD.

C'est fort bien fait cela. De quoi aussi vont-ils s'aviser; tant pis pour eux.

L'ESPINGOLE.

Oh! ça, point de grâce, je vous en avertis, si l'on vous voyait par hasard griffonner ou apprendre des leçons...

LÉOPOLD.

Soyez tranquille, monsieur le soldat.

L'ESPINGOLE.

Si l'on vous surprenait malheureusement à marmotter quelque grimoire latin, ou même français...

LÉOPOLD.

Je vous réponds de moi, monsieur le soldat.

L'ESPINGOLE.

Si l'on vous confisquait, Dieu vous en garde, le moindre livre...

LÉOPOLD.

Je ne lis jamais, monsieur le soldat. Je ne lirai point, je vous le promets; cela m'ennuie à la mort.

L'ESPINGOLE.

Fort bien, vous me paraissez un excellent sujet. Voilà qui est fait; je n'ai plus qu'à m'entendre avec M. votre père.

LÉOPOLD.

Et mon fusil, mon sabre, mon uniforme?

L'ESPINGOLE

Revenez dans une heure, tout sera prêt.

LÉOPOLD.

Oh! que je suis content! Merci, monsieur le soldat; au revoir, monsieur le soldat. (Il sort.)

SCÈNE III

L'ESPINGOLE, LE DUC, LA CHAMADE, LES GRENADIERS jouent aux cartes dans le fond.

LE DUC.

On m'envoie, dit-on, des soldats à loger.

L'ESPINGOLE.

Le sergent l'Espingole, pour vous servir, et son escouade. Voici, monseigneur, les billets de logement.

LE DUC.

C'est bien, mes amis. Où allez-vous? où est votre régiment?

L'ESPINGOLE.

Monseigneur, je suis détaché du corps pour compléter ma compagnie.

LE DUC.

Fort bien, fort bien. Or çà, braves gens, buvez, mangez, reposez-vous. Je vais donner mes ordres à mes gens; ma maison est au service du roi... A ce propos, que vous disait mon fils que j'ai vu de loin fort affairé avec vous?

L'ESPINGOLE

Sur ma foi, c'est un charmant enfant, il ne rêve que militaires; il me parlait de l'enrôler.

LE DUC.

Justement; la tête lui en tourne et je ne le voudrais point. Son précepteur n'en peut rien faire.

L'ESPINGOLE.

Morbleu! son petit babil m'amusait, et comme vous pensez, je l'ai laissé jaser, sauf, lui ai-je dit, à prendre votre avis.

LE DUC.

Le petit morveux! Vraiment, cela me fâche. Vous me donnez idée d'une petite pièce qu'on pourrait lui jouer.

L'ESPINGOLE.

Monseigneur, je serai ravi de vous pouvoir être agréable en quelque chose. Mon tambour La Chamade est un garçon plein de drôlerie qui vous pourrait servir.

LE DUC.

Venez, que je vous donne mes instructions là-dessus. (Ils sortent.)

SCÈNE IV

LA CHAMADE, LES GRENADIERS, puis LÉOPOLD.

LA CHAMADE.

Allez-vous-en faire lanlaire, finissez la partie comme il vous plaira; foin des dés et des cartes! je n'ai point le cœur à jouer. J'ai l'estomac trop faible : je ne puis dormir quand j'ai faim, et manger quand j'ai sommeil.

LÉOPOLD.

Monsieur le soldat, je viens voir si mon uniforme est prêt.

LA CHAMADE.

Plaît-il?

LÉOPOLD.

Je viens savoir si on a mis la dernière main à mon équipement.

LA CHAMADE.

Qu'est-ce que c'est que ce petit bonhomme-là?

LÉOPOLD.

C'est monsieur le sergent qui m'envoie.

LA CHAMADE, à un grenadier.

Sais-tu ce que c'est, toi, L'Aurore?

UN GRENADIER.

Connais pas.

LÉOPOLD.

C'est moi qu'on vient d'enrôler.

LA CHAMADE.

Voilà qui est bouffon.

LÉOPOLD.

Et je viens chercher mon fourniment.

LA CHAMADE.

Ah çà! veux-tu bien te sauver! allons, à quartier! alerte! qu'est-ce qui m'a planté ce petit galopin? je vais t'en donner du fourniment à travers les jambes.

L'ESPINGOLE, entrant.

Qu'est-ce qu'il y a? Ah! fort bien; je sais ce que c'est. Messieurs, je vous présente le fils du seigneur de ce château, qui nous fait l'honneur de choisir notre compagnie. (Il dit quelques mots aux soldats à voix basse.)

LA CHAMADE.

Oh! c'est fort différent : je vous demande bien pardon, mon petit monsieur, j'ignorais.

LÉOPOLD.

Passe pour cette fois, monsieur le tambour.

L'ESPINGOLE.

Monsieur, je vous annonce que j'ai le consentement de M. le duc votre père.

LÉOPOLD.

Quoi! il consent à me voir enrôler.

L'ESPINGOLE.

Il y consent d'autant plus volontiers que nous venons d'apprendre une nouvelle qui vous refroidira peut-être vous-même. Les Hanovriens et les Hollandais ont forcé par surprise nos lignes d'observation. Ils ne sont plus qu'à quelques lieues d'ici et mon escouade a reçu l'ordre d'occuper la forêt prochaine en avant-poste. Je suis obligé de hâter le départ; nous allons nous mettre en marche; voulez-vous encore être des nôtres?

LÉOPOLD.

Oh! oui, vraiment, où est mon sabre, ma giberne, mon équipage?

L'ESPINGOLE.

Ce sera l'affaire d'un moment.

LÉOPOLD.

Est-il bien possible, j'aurai un ceinturon comme celui-ci et un plumet comme celui-là; je serai armé, habillé et équipé comme vous?

L'ESPINGOLE.

Sans doute; je crains seulement que nos fourniments ne soient trop lourds et trop grands pour un conscrit de votre taille.

LÉOPOLD.

Oh! ne craignez rien, je suis très-fort et bien en état de les porter.

L'ESPINGOLE.

J'aurais voulu vous en faire de plus légers et de plus assortis.

LÉOPOLD.

Non, non, monsieur le sergent, je veux être comme un soldat, un vrai soldat.

L'ESPINGOLE.

En ce cas voici d'abord la giberne, essayez-la.

LÉOPOLD, endosse une giberne qui lui descend aux talons.

Ouf!

L'ESPINGOLE.

Cela vous gêne-t-il?

LÉOPOLD.

Non, non, monsieur le sergent.

L'ESPINGOLE.

Voici le baudrier et le sabre.

LÉOPOLD, s'affuble du sabre qui traîne derrière lui.

Ouf!

L'ESPINGOLE.

Le trouvez-vous trop pesant?

LÉOPOLD.

Pas le moins du monde, monsieur le sergent.

L'ESPINGOLE.

Voici le chapeau et le plumet.

LÉOPOLD, met le chapeau qui lui couvre la figure.

Ouf!

L'ESPINGOLE.

Ce chapeau vous offusque la vue?

LÉOPOLD.

Non, je vous jure, je ne m'en aperçois pas.

L'ESPINGOLE.

Prenez garde, il est bon surtout d'y voir clair.

LÉOPOLD.

J'y vois encore assez.

L'ESPINGOLE.

Voici donc le mousquet.

LÉOPOLD, fléchit sous le poids.

Ouf!

L'ESPINGOLE.

Il est un peu long et lourd.

LÉOPOLD.

Pas plus que rien, je porte cela comme une plume, tenez!

L'ESPINGOLE.

Donc, vous êtes à l'aise?

LÉOPOLD.

Bah! je gage faire au moins avec tout cela le tour du jardin.

L'ESPINGOLE.

Vos mouvements sont libres?

LÉOPOLD, chancelant

Ils sont libres.

L'ESPINGOLE.

Fort bien! à vos rangs! (Un roulement de tambour.) Attention! portez arme! — Par le flanc gauche! — gauche! — en avant! marche! (Les grenadiers défilent au son du tambour. Léopold sort le dernier en trébuchant.)

SCÈNE V

Le parc du château. Il est nuit. L'escouade débouche dans une clairière. Léopold paraît harassé.

L'ESPINGOLE, LA CHAMADE, LES GRENADIERS.

L'ESPINGOLE.

Halte! formez les faisceaux! Bourguignon, prends la faction. Les yeux sur la sentinelle avancée et aux armes à la première alerte! Nos détours dans le bois ont trompé l'ennemi; nous n'en sommes qu'à une portée de mousquet. — Or çà, mon jeune cadet, vous trouvez-vous incommodé de la marche?

LÉOPOLD.

Je ne crois pas.

L'ESPINGOLE.

Bien, ça! un bon soldat ne doit jamais être las.

LÉOPOLD.

Est-ce que nous n'allons pas un peu nous reposer?

L'ESPINGOLE.

Si vraiment, nous bivouaquons ici jusqu'à la première alarme; j'espère que nous y passerons la nuit.

LÉOPOLD.

Nous passerons la nuit ici?

L'ESPINGOLE.

Il n'y faut pas trop compter. J'ai tout lieu de croire cependant que nous dormirons tranquilles et à notre aise.

LÉOPOLD.

Mais où coucherons-nous donc?

L'ESPINGOLE.

Tenez, dans ce manteau : comme nous, c'est trop juste.

LÉOPOLD, se laissant tomber à terre en soupirant.

Ah! j'ai peur qu'on ne soit inquiet de moi au château.

L'ESPINGOLE.

Oh! que nenni! on sait maintenant qui vous êtes et que vous ferez votre chemin.

LÉOPOLD, essayant de quitter ses harnais.

C'est que voici l'heure où le vieux Jacques me menait coucher. Comme il doit me chercher! pauvre Jacques!

L'ESPINGOLE.

Que faites-vous là, mon cadet? Gardez, gardez vos armes! et si l'ennemi nous surprend? et si l'on sonne la charge? un soldat doit mourir les armes au moins sur le dos.

LÉOPOLD.

Je vais donc les garder, monsieur le sergent. Je suis sûr que j'en ai les épaules toutes meurtries, tenez, touchez plutôt.

L'ESPINGOLE.

Gardez aussi votre chapeau; un bon soldat doit se battre en tenue. Un chapeau pare quelquefois une balle.

LÉOPOLD.

Je parierais que celui-ci me fait plus de mal qu'une balle. J'ai le front tout en feu. Sentez.

L'ESPINGOLE.

Touchez-là, mon petit gentilhomme, je suis content de vous; vous ferez un brave officier. La Chamade, que penses-tu de ce cadet?

LA CHAMADE.

Je pense que c'est un brave soldat.

L'ESPINGOLE.

Oui, un brave soldat qui supporte à plaisir la fatigue de la guerre.

LA CHAMADE.

Et qui se prête aux circonstances les plus difficiles.

L'ESPINGOLE.

Qui ne regrette pas les dorloteries du château de son papa.

LA CHAMADE.

Et qui, tout conscrit qu'il est, en remontre à nos vieilles moustaches.

L'ESPINGOLE.

Qui ne nous le cédera en aucune occasion.

LA CHAMADE.

Qui est superbe à voir sous les armes.

L'ESPINGOLE.

Et qui mourra plutôt que de se plaindre. Reposez-vous, cadet.

LÉOPOLD.

Oh! je ne suis pas bien fatigué.

L'ESPINGOLE.

Reposez-vous, vous dis-je. Modérez votre ardeur. Il ne faut pas non plus en trop faire.

LÉOPOLD.

Est-ce qu'on ne soupera pas?

L'ESPINGOLE.

Si vraiment, je veux que vous soupiez. Un soldat soupe quand il peut et non quand il veut. Vous seriez capable de vous en passer pour courir au feu. Nous avons le temps; vous souperez, je l'ordonne.

LÉOPOLD.

Je le veux bien aussi, j'ai grand'faim.

L'ESPINGOLE.

Holà! Bourguignon, Sans-Quartier, La Chamade, qu'on apporte les provisions de la maraude, qu'on allume du feu, qu'on mette la marmite! Que mangeriez-vous bien, mon jeune cadet?

LÉOPOLD.

L'ordinaire me suffit, monsieur le sergent, un peu de confitures et quelques cédrats.

L'ESPINGOLE.

Servez, La Chamade, servez des confitures à ce cadet.

LA CHAMADE.

La maraude est maigre, sergent, nous n'avons point de confitures.

LÉOPOLD.

Eh bien, en ce cas, je tremperai du pain dans ma crème.

L'ESPINGOLE.

La Chamade, donnez de la crème à ce cadet.

LA CHAMADE.

Il a été impossible d'en trouver dans les fermes d'alentour.

LÉOPOLD.

Eh bien, seulement une couple de gimblettes.

LA CHAMADE.

Pas une seule gimblette.

LÉOPOLD.

Qu'y a-t-il donc aujourd'hui!

L'ESPINGOLE.

Enfin qu'a-t-on rapporté? qu'avez-vous à nous donner? que mangerons-nous?

LA CHAMADE.

Hélas! vous savez comme on a peine à vivre en campagne, j'ai là quelques oignons cuits sous la cendre.

L'ESPINGOLE.

Des oignons! peste! des oignons ont leur prix dans l'occasion. A la guerre comme à la guerre. Aimez-vous les oignons, mon gentilhomme?

LÉOPOLD.

On ne mangeait pas de cela au château.

L'ESPINGOLE.

Vous n'y voulez pas goûter?

LÉOPOLD.

Oh! si, je le veux bien tout de même.

L'ESPINGOLE.

Eh! vite, vite, mon ami La Chamade! qu'on nous donne de ces oignons. Nous mourons de faim. Il peut survenir quelque obstacle. Il est bon d'avoir soupé; ça, ça, L'Aurore, Bertrand, Caporal, en cercle, et distribuez! un temps et trois mouvements! Vous sentez-vous de l'appétit, mon cadet?

LÉOPOLD.

Extrêmement.

L'ESPINGOLE.

Prenez-moi cet oignon qui fait plaisir à voir. Corbleu! la bonne odeur!

LÉOPOLD.

Je n'ai pas de cuiller.

L'ESPINGOLE.

La Chamade, une cuiller à ce cadet.

LA CHAMADE.

Sergent, nous n'avons point de cuiller, voici une baïonnette.

L'ESPINGOLE.

Prenez la baïonnette, mon gentilhomme; mais il est plus commode de manger avec les doigts — voici pour toi L'Aurore; pour toi, Bourguignon; pour toi, Sans-Quartier; et en avant le jeu des mâchoires. (Un coup de fusil derrière les arbres.)

LÉOPOLD.

Ah! bon Dieu! qu'est-ce que cela?

L'ESPINGOLE.

Mille-z-yeux, c'est un coup de feu.

LÉOPOLD.

Oh! là, tout près?

L'ESPINGOLE.

L'ennemi est sur nous!

LA SENTINELLE, accourant.

Alerte! alerte, sergent! un gros de Hanovriens tourne le bois.

L'ESPINGOLE.

Aux armes! aux armes! serrez-moi ces oignons, la patrie avant tout. Enfants! à vos rangs! l'affaire sera chaude, pas de bruit! de ce côté! et débouchons à l'improviste. Il faut une védette ici même en observation! allons, morbleu, un homme de bonne volonté.

LÉOPOLD.

Je veux rester ici, moi.

L'ESPINGOLE.

Bravo, mon cadet, c'est d'un bon gentilhomme.

LA CHAMADE.

Sergent, vous ne pouviez mieux choisir.

L'ESPINGOLE.

C'est le poste le plus périlleux.

LA CHAMADE.

Et c'est lui le plus brave.

L'ESPINGOLE.

C'est à lui qu'il convient.

LA CHAMADE.

C'est lui qui s'y dévoue.

L'ESPINGOLE.

A lui les grands dangers.

LA CHAMADE.

A lui les grandes gloires.

TOUS.

Vive le cadet!

LÉOPOLD.

Est-ce que l'on me laissera ici tout seul?

L'ESPINGOLE.

Aimez-vous mieux partir au premier rang?

LÉOPOLD.

Oh! non.

L'ESPINGOLE.

Voici donc vos instructions, digne jeune homme. Vous demeurez ici; on tirera sur vous, ne bougez point; on tirera encore, n'y prenez pas garde. — Le mot de passe, *Soubise et bombarde*. — Si l'on avance, tirez et repliez-vous. Vous protégez la marche. L'affaire dépend de vous. — Hâtons-nous! grenadiers! en avant, marche! (Ils sortent.)

SCÈNE VI

LÉOPOLD, seul, et son mousquet entre les bras; il se met à pleurer.

Monseigneur! mon père! Jacques! où êtes-vous? venez chercher votre petit Popold que l'on va tuer; il est bien malheureux, allez; il vous écoutera maintenant, il fera tout ce qui vous plaira, je vous le promets; il ne s'en ira plus avec de grands vilains soldats qui ne mangent jamais. Grand coquin ce sergent! grand nigaud ce La Chamade! mon père!... Jacques! où êtes-vous? Si je pouvais m'en aller d'ici? — Je suis perdu au fond d'un bois, il fait tout noir partout, je me cogne à tous les arbres, les épines m'entrent dans les mollets. (Une fusillade, des cris, le tambour bat la charge dans l'éloignement.) Ho! ho! ho!

ho! quel est ce bruit? où m'enfuir? On se bat de tous les côtés! Seigneur, Seigneur, ayez pitié de moi. (Il tombe à genoux. La mousqueterie continue. Tumulte plus rapproché.) Oh! les cris! les canons! les soldats! tout s'approche. On s'égorge, on va me dévorer. Mon père! Jacques! madame Claudine; qui est-ce qui prendra pitié d'un pauvre petit garçon qui n'a plus ni père ni précepteur. — Mon Dieu! on s'avance, on vient de ce côté! Je suis mort! Je ne veux pas me voir mourir. Mon père! Jacques! Monseigneur! (Il s'enveloppe des pieds à la tête dans le manteau et se couche à plat-ventre.)

LA CHAMADE, entrant ridiculement déguisé en spadassin.)

Ah! derdeifle : par la sang! par la fentre : moi afuar endendu un betit bruit par ici, li être un boltron de Vrançais qui se gache. Ah! le trôle! ah! le bravache! moi le foulair truver pour lui tonner mon esbadon à travers le figure. Holà! holà, camarates! (Il contrefait la voix de plusieurs personnes.) De ce gôté, Meingott! — Ohé, Betremann! — Le pataille être pien figoureuse. — Moi en afuar tué cinq, six, de ces tiables de Vrançais. — Moi li afuar cupé son tête. — Mon poitrine li être tout du long purfendue. — Le bélit sapre à moi tout épréché. — Sus, sus, aux Vrançais. — Due! due! — Boursuivons ces trôles. — Gerchons bartout. — Boint de guartier! — Hurrah! hurrah! foici leurs pataillons. — Qui fife? (Il change de ton.) *Soubise et Lombarde!* — Les Hollandais! les Hollandais! — Serrez les rangs. — Pas de charge, en avant marche; vive le roi! (Il bat la charge.) — Serrez le flanc droit, appuyez à gauche; joue! feu! (Il tire deux coups de pistolet à l'oreille de Léopold.) Hurrah! hurrah! derdeifle! — (Il change de ton.) Par section! par peloton! par bataillon! par escadron, chargez à fond, mille canons! à la baïonnette, la pointe au front! arche! Vive le roi! — Tue, tue! à gauche, au centre, ferme là, hu! (Il frappe deux baïonnettes l'une contre l'autre et charge le manteau de Léopold à coups de houssine.) — Ah draites! ah bentards! ah! pélitres! nous point fuir, nous mourir, nous dailler des crupières à fous! hurrah! hurrah! (Il frappe plus vite et plus fort de sa houssine sur le manteau.) La déroute! la déroute! — à

21.

la poursuite! l'épée aux reins! — Meingott! — Sans quartier. — Ah! meinherr! — Sus! sus! point de prisonniers! (Il s'éloigne.)

LÉOPOLD, sous le manteau.

Notre père qui êtes aux cieux, que votre nom soit sanctifié, que votre règne arrive, que que... Je vous salue, Marie pleine de grâce, le Seigneur est avec vous... Donnez-nous notre pain quotidien... » Je n'entends plus rien. (Il montre sa tête.) Oh! oh! ah! je suis tué. Je suis blessé grièvement, ou tout au moins estropié pour la vie. Toute la cavalerie m'a passé sur le corps. Quel carnage! je suis haché de coups de sabre. Bon Dieu, bon Dieu! j'en deviendrai fou.

LA CHAMADE, revenant et changeant d'accent.

Per bacco! ze serais bien sarmé d'égouiser mon épée en passant dans la figoure de quelque Français.

LÉOPOLD, replongeant la tête dans le manteau.

Ciel, encore...

LA CHAMADE.

Depuis que ze souis au service de Flandres ze n'ai point vou de plus chaude affaire! Sango di mi! s'il me tombait quelqu'oun de ces diavles de Français sous la main. (Il contrefait un Gascon.) Eh! tè tè, en boici un dé Français, et dé Pézénas encore, et qui t'en rémontréra, cape dé biou! — En garde, monsiou de Pézénas. — A vous, moussu l'Itaillen. (Il frappe à coups de houssine sur le manteau.) — Pare-moi cette botte. — A tu catét. — Voilà qui te toue. — Voilà qui t'ébantre. — *Mala bestia!* — Cap dé porc. — A toi ceci! — A toi cela! (Il frappe toujours sur le manteau.) — Ze souis mort. — Par la morvlu! jé té beux acheber. (Il feint de s'éloigner en courant.)

LÉOPOLD, sous le manteau.

Ouf! (Il montre la tête.) Quels coups ils se sont donnés! Je ne veux pas rester ici. J'en mourrais.

LA CHAMADE, revenant et contrefaisant l'homme ivre.

Moi pas safuar encore qui être le fictuare... Le réchiment li être dans le puas. (Léopold remet la tête sous le manteau.) Mon fua! tife le vin! li tonner du curache. — Che sentir mua tut plein de betites enfies de tévorer quelques Franzais... Si serait-il gaché quelqu'un quelque bart... (Il frappe sur le manteau.) Eim baquet! tes hardes! eim manteau. Si être point quelque histuare là tetans, par hassard? (Il secoue le manteau du pied.) — Moi afoir une crande tésir te passer ma esponton à dravers. Oh! brrrrr! c'être bien lassant de tuer son semplaple... le prafure mé truple mon cerfelle... moi fuar ti mille betits lambions. (Il s'assied sur le manteau.)

LÉOPOLD.

Holà! grâce! j'étouffe!

LA CHAMADE.

Ah, ah! moi safuar bien li être quelque trôle là tessous!...
(Il tire Léopold du manteau.)

LÉOPOLD, à genoux.

Miséricorde, monsieur, ne me tuez pas.

LA CHAMADE.

Non, non! mua seulement drancher ton bétite tête qui l'être très chôli.

LÉOPOLD.

Arrêtez, arrêtez, mon bon monsieur; ne vous mettez pas en colère. Je ne suis pas ce que vous croyez.

LA CHAMADE, dégaîne en chancelant.

Mua fouluar afuar seulement ton tête, li être trop chôli.

LÉOPOLD.

Grâce, mon bon monsieur. Je ne suis qu'un pauvre petit garçon. Je ne suis pas un ennemi. Je vais tout vous dire : on m'a mis ici malgré moi; les Français sont de vilains soldats. Je ne suis pas soldat, je ne suis pas Français.

LA CHAMADE.

Ya, ya mais être tua pien trôle et tire à mua eine crande menterie, et mua cuper ton chôli tête.

LÉOPOLD.

Oh! non, vous êtes trop bon. Je vous aime trop. Je ne suis pas un soldat, moi, je déteste les Français.

LA CHAMADE.

Pien! pien! mua le fuar! Tua puvar me tonner le fictoire. Tis-moi le mot te passe tes Vranzais.

LÉOPOLD.

Soubise et bombarde, monsieur l'ennemi; Soubise et bombarde. Puis, prenez de ce côté; ils ne seront pas avertis, vous les tuerez tous.

LA CHAMADE.

Pien, pien, tua tuchurs être brisonnier à mua. Tua demeurer ici bendant le carnache, mua afuar le fictoire, et tua être brisonnier. Tonne-moi ta parole, tua me suivre, et tua être brisonnier.

LÉOPOLD.

Je vous donne ma parole.

LA CHAMADE.

Che te saurai bien rebrendre si tu t'en retournes barmi ces tiables de Vranzais..... et alors, couic! pentu sans miséricorte. (Il sort en chancelant.)

LÉOPOLD.

Je n'y retournerai pas, je vous le jure. Mais, que vais-je devenir? Mon Dieu, mon Dieu, je crois que dans toutes les guerres que j'ai lues il ne se voit point autant d'infortunes qu'il m'en arrive. Dieu! s'il faisait clair. Je suis sûr que je suis couvert de sang. Je tremble d'y penser. (Un bruit de tambour.) Encore! bon Dieu, encore! Hélas! qui est-ce qui va m'achever? (Il se remet dans le manteau.)

SCÈNE VII

L'ESPINGOLE et son escouade, LÉOPOLD, caché.

L'ESPINGOLE.

Tudieu! que dites-vous de l'escarmouche, mes lapins? Elle a été rude, corbleu! J'ai mon chapeau troué comme un crible. Voilà ce qui s'appelle mener dru la Hollande. Je suis content de toi, Bourguignon; tu t'es bien conduit, Sans-Quartier; je suis content de vous tous, mes enfants. Ah çà! le bois est balayé, le Hanovrien s'est dégoûté du jeu, il est temps de souper. Nous dormirons tranquilles.

LES GRENADIERS.

Vive le sergent L'Espingole!

LÉOPOLD, sous le manteau.

Oh! mais ce sont les nôtres, je suis sauvé!

L'ESPINGOLE.

Vive le roi! mes amis, vive le roi!

LES GRENADIERS.

Vive le roi!

LÉOPOLD, se montrant tout à coup.

Vive le roi! Ah! ah! la victoire est donc à nous?

L'ESPINGOLE.

Ah! mon petit monsieur, c'est là que vous étiez caché. Vous arrivez tout à point pour un jugement militaire qui ne sera point de votre goût. Votre affaire est claire.

LÉOPOLD.

Quoi! vous aussi, mon brave sergent? Serait-il possible? Que vous ai-je donc fait?

L'ESPINGOLE.

Peu de chose. Simple fait d'infraction à la consigne, de désertion, de couardise et de haute trahison : c'est une misère. Grenadiers, happez-moi ce maraud.

LÉOPOLD.

Arrêtez, sergent, je suis innocent. Je me suis défendu comme un lion. Je suis couvert de blessures.

L'ESPINGOLE.

Que s'est-il donc passé ici?

LÉOPOLD.

D'abord tout un gros d'ennemis qui m'ont assailli. J'ai succombé sous le nombre. J'ai failli périr pour le service du roi.

L'ESPINGOLE.

Pourquoi ne point donner l'alarme?

LÉOPOLD.

Le pouvais-je, sergent? Ils me passaient sur le corps. J'étais à demi mort.

L'ESPINGOLE.

Lâchez ce cadet. Il est digne d'estime.

LÉOPOLD.

Ensuite une foule d'Allemands qui parlaient toutes sortes de jargons. que j'ai mis en fuite et qui m'ont chargé de grands coups de sabre. Voyez plutôt. J'en ai les marques sur les bras, sur le dos, sur tout le corps ; enfin j'ai triomphé à mon poste.

LA CHAMADE, paraissant, toujours déguisé en spadassin.

Lui mentir ! lui mentir ! mentir !

LÉOPOLD, égaré.

Ah ! Dieu ! Dieu ! sauvez-moi, monsieur le sergent ; sauvez-moi de ce monstre ; prenez pitié de moi !

LA CHAMADE.

Ah ! trôlo ! ah ! draître ! mua te truver à la fin, monsir le Vranzais, li être mon brisonnier, li détester les Vranzais, li être point Vranzais, li l'afuar dit, li afuar trahi le mot te passe, li être causse que nu afuar peut-être le fictuare, moi le fenir brendre sans dancher selon les lois te la guerre.

L'ESPINGOLE.

Oh ! oh ! ceci change la gamme. Grenadiers, reprenez-moi ce coquin ; il sera fusillé.

LA CHAMADE.

Moi fouloir mon brisonnier bour lui drancher son tête.

L'ESPINGOLE.

Moi, je veux le fusiller.

LÉOPOLD.

Ah ! monsieur l'Espingole ! ah ! monsieur l'Allemand ! je vais mourir tout seul à vos pieds.

LA CHAMADE.

Li être mon brisonnier et mua fouloir son tête si chôli.

L'ESPINGOLE.

C'est mon déserteur et je veux son exécution.

LA CHAMADE.

Il afre manqué sa barole et drahi mua.

L'ESPINGOLE.

Il a forfait à l'honneur et trahi son pays.

LA CHAMADE.

Mua fouloir son bétite tête.

L'ESPINGOLE.

Je veux qu'on le fusille.

LÉOPOLD.

A mon secours, mon père! mon père! monseigneur, où êtes-vous?

SCÈNE VIII

LES MÊMES, LE DUC, DES VALETS avec des torches.

LE DUC.

Me voici, monsieur!

LÉOPOLD, se jetant dans ses bras.

Sauvez-moi la vie, monseigneur!

LE DUC.

Point du tout, mon enfant; ce sont ces messieurs qui vous la sauvent; sans eux vous l'auriez peut-être perdue dans quelques années d'ici. Demandez-leur pardon de les avoir pris pour de si méchantes gens (La Chamade ôte ses fausses moustaches et son attirail de spadassin), et remerciez-les de cet échantillon de l'état militaire; vous méritiez tout ceci pour vos fantaisies déraisonnables et surtout pour avoir pu quitter le château sans dire adieu à votre père. Vous plaît-il encore de rester soldat?

LÉOPOLD.

Non, monseigneur; je veux être chanoine.

LE DUC.

Eh bien! vous entrerez demain au séminaire.

FIN

TABLE

La Première Tragédie de Gœthe. 1
Chacun sa croix 21
Conquêtes, grandeurs et vicissitudes politiques de l'École
    de Palaiseau. 49
Le Fruit défendu. 77
Les Spadassins. 101
La Guérison de Pierrot. 127
Blanc et noir. 149
Qui casse les verres les paye. 173
Le premier jour de l'an. 221
L'hôpital des fous 233
Gilles magicien 269
La Foire Saint-Nicolas ou la Parade des Parades. . . . 291
Tel maître, tel écolier. 319
Tout ce qui luit n'est pas or. 341

POISSY. — TYP. ET STÉR. DE AUG. BOURET.

www.ingramcontent.com/pod-product-compliance
Lightning Source LLC
Chambersburg PA
CBHW070455170426
43201CB00010B/1345